東アジア・北米諸国の地域経済

中枢管理機能・工業の立地と政策

藤本典嗣＋朴 美善 著

The Regional Economies of East Asian and North American Countries

中央経済社

はじめに

2020年は，多くの人にとってコロナウイルス感染症拡大（COVID-19）に翻弄された１年間といっても過言ではない。その渦中である，2020年の社会情勢を表現する言葉で，働きかたに言及した代表的なものとして「テレワーク」がある。2019年12月から世界的な感染拡大を続けている新型コロナウイルス感染症は，日本においても，並行して感染拡大を続けているが（2021年２月時点），その感染拡大を予防・防止する一手段として，３密（密閉・密集・密接）を避け，できるだけ「ソーシャルディスタンス」を保ちながら，「新しい生活様式」を実践することが，厚生労働省・首相官邸により推奨されている[1)]。新しい生活様式としてテレワークもキーワードとなり，ローテーション勤務・時差通勤と並び推奨されている。

テレワークの定義を，ここでは情報通信技術（ICT）を利用しながら映像・音声・各種資料の同時双方向・多方向通信により空間（地理）的障壁を克服して，複数地域間の主体同士がコミュニケーションをとりながら遂行する業務とすると，日本では1970年代から，テレワークを可能とする技術的環境は整備されてきた。1970年に大阪万博で，東京-大阪間で電電公社（当時）による実験的な白黒テレビ電話装置が設置され，1972年にはカラー化に成功し，企業間の書類照会などに利用されていることからも，約半世紀も前から技術そのものは整備されている[2)]。当初は，設備投資額が高価で，通信の速度や画像の解像度が低かったために，主に大企業・官公庁のみで利用されていたものが，21世紀に入ってからインターネットの普及によるテレビ電話（動画・音声の双方向・多方向通信という意味では，skype，zoom，webexなどの同機能のサービスも含む）の低廉化・通信容量の増大により，インターネットに接続できる環境さえ整えば，空間的障壁を克服してコミュニケーションをとり仕事をおこなうことは，オフィスワークにおいてはより一層，容易となる技術的な環境は日増しに整備されている。

その反面，諸外国のなかでも欧米諸国と比較した場合，オフィスワークでも大企業による本社機能の業務が，東京の特定の都心地区において密集しながら立地する本社で遂行され，本社間・本社内ともにオフィスワーカー・オフィスそのものによる３密が形成されている社会現象は，戦後日本では，一貫して進行すれども，解消はされていない。今後の感染症拡大や収束次第で，本社立地の東京一極集中が，どう変動するのかは明らかではないが，近隣諸国と比較しても，日本の本社立地の特定都心地区への集中的立地が特殊であることは明らかである。本書の前半では，この特異な日本の状況を，米国・カナダ・中国・韓国・台湾の本社立地の状況と比較する。

感染拡大は，オフィスワークだけでなく，物財の生産にも影響を与えている。感染拡大の予防策として，マスク・アルコール消毒液など，オイルショック当時のさながら，小売り店舗における売り切れ状況が発生した。私（藤本）の勤務先である文京区白山地区のドラッグストアでも2020年３月以降は，アルコールなどの消毒液やマスクは，常に品切れであった。しかし，2020年６月からは徐々に陳列台に消毒液やマスクが並びはじめ，2021年１月の時点では，それまでの品薄状態がなかったかのように商品で埋め尽くされている。

オイルショック当時と異なり品薄状態の解消が早かったのは，中進国・途上国，中でも中国における工業の生産設備，さらにグローバルな物流網が，21世紀の現在では，当時とは比べ物にならないほど整備されていることである。物財の生産において，世界の一大中心となった中国における工業立地の状況を，ケーススタディも交えながら説明していく。

本書の刊行にあたり，中央経済社の市田由紀子編集長には大変お世話になった。また，2020年度の春学期（前期）の授業は全てオンライン・オンデマンド型授業であったために，通勤時間にとられるべき時間を，本社立地など中数管理機能の立地のデータベース機能の活用や統計分析にあてる事ができ，本書の前半の執筆につながった事は，「禍転じて福となす」として前向きに捉えたい。

注

1）厚生労働省のホームページより（2021年１月６日閲覧）。https://www.mhlw.go.jp/stf/seisakunitsuite/bunya/0000121431_newlifestyle.html

2）総務省「昭和51年版　通信白書」より（2021年１月６日閲覧）https://www.soumu.go.jp/johotsusintokei/whitepaper/ja/s51/index.html

目　次

第2部 工業立地からみる地域経済 —中国の事例—

第1章 北環太平洋地域の国際比較のために

1 問題の所在

本書は，北環太平洋における主要５国・１地域[1)]を対象として，各国・地域の地域構造について中枢管理機能立地，工業立地の国際比較の観点から明らかにしたものである。５国・１地域（６国）は，一国としての経済規模が大きく，先進諸国に分類され，国内総生産（GDP）に占める輸出入額の比率，すなわち貿易依存度が低い米国・日本，経済規模が，米国・日本よりも小さくなるが，先進諸国に分類され，貿易依存度の低いカナダ，先進国に分類されないが上位中所得国で，経済規模が大きく貿易依存度が低い中国，かつてはアジアNIESと呼ばれ，現在ではOECDの分類において先進国に分類されるが，貿易依存度が高い韓国・台湾と，所得水準・経済規模において多様である。

これらの諸国の相互依存度は，国際貿易をはじめ経済活動に着目すると，非常に高い。戦後の国家間関係は，資本主義を原則とし旧西側陣営に属した，米国・カナダ・日本・韓国・台湾と，社会主義を原則とし旧東側に属した中国との間の，冷戦状態は，1989年のベルリンの壁の崩壊を契機として，その影響が東アジアにも及び，徐々に解消されつつあるものの，依然として，国際政治上の関係は複雑である。1970年代から本格化した日米貿易摩擦，2000年代から本格化した米中貿易戦争，2019年からの日韓貿易対立などに代表されるように，国同士の貿易が増加することに伴う諸問題も生じている。

貿易摩擦などの問題が生じる一方で，各国の国民経済を構成する地域経済に着目すると，多様性がみられる。工業立地においても，素材型産業を中心とする鉄鋼・石油化学などの重化学産業の工場分布をみると，市場志向型として，太平洋ベルト地帯に集中する日本，西海岸に集中する台湾，首都から釜山にかけての地帯に集中する韓国，対照的に，原材料志向型として，石油・シェールガス・鉱産物などが賦存する地域に工場が集中する，中国・米国・カナダに大別できる。

大企業の本社立地を比較しても，首都圏，なかでも東京の都心部に一極集中する特異な形態をもつ日本，日本ほどではないものの，首都圏に本社立地が集中する韓国・台湾，首都が本社立地の首位都市でありながら，それ以下の順位の都市との格差が小さい中国，首都における本社立地が極めて少なく，本社立地が特定の都市に集中しない米国・カナダと大別できる。中枢管理機能の立地，工業の立地などによりでき上がった各国の地域構造は多様であるが，二つの視角から中枢管理機能立地，工業立地について，本書では説明していく。

第一に，日本における，東京一極集中をどう捉えるかである。2019年末から世界的に流行・拡大しているCOVID-19（新型コロナウイルス感染症），2011年の東日本大震災・福島原子力発電所事故，サブプライム住宅ローンの不良債権化を契機とした2008年のリーマンショック，1991年のバブル経済の崩壊，1973年・1979年の二度にわたるオイルショックなど，戦後だけでも，東京一極集中による社会的リスクが顕在化し，東京都やその周辺の３県（神奈川県・埼玉県・千葉県）の人口増加にブレーキがかかった時期もあった。にもかかわらず，戦後の人口増減を趨勢としてみると，首都圏１都３県における人口増加は継続し，あたかも不可逆的な社会現象かのようにもみられる。

首都圏における人口増加は，多様な立地主体の集中によってもたらされるが，なかでも，雇用・連関効果により地域経済に影響を与える大企業の本社が，東京都心部へ集中的に立地することが大きな要因となっていることが考えられる。対照的に，関西，なかでも大阪や，東海・瀬戸内海・北部九州・北陸など，大企業の創業が活発であった地域は，大企業の本社が，創業の地を離れ，東京に移転したものも多く，それらの地域の，人口減少もしくは首都圏と比べた場合の人口増加率の低さに反映されていることが考えられる。

国土全体をみた場合，首都，首位都市[2)]，かつ首都機能所在区や隣接する区により構成される都心，という三つの地理的特色をもちながら，大企業の本社が特定の地区に集中的に立地するという社会現象は，日本においては当然のことと認識されることが多いものの，世界的にみて，むしろ特異な形態である。この特異な国土構造における東京への本社の一極集中は，中枢管理機能立地論・都市システム論・都市体系論により取り扱われてきた。本書の前半も，これらの先行研究と同様の手法をとり，中枢管理機能の代表的なものとして大企業の本社の立地に着目する。いかに本社立地の東京一極集中が国際的にみて特異な状況であるのか，東アジアでは日本・中国・韓国・台湾，北米では米国・カナダの６国をとりあげ，各国で売上高上位2,000社の大企業を対象として，その立地を国際比較することで，明らかにしていく。

第二に，世界の工場とされる中国における工業立地をどう捉えるかである。かつては世界の工場と形容された日本は，国内総生産（GDP）において製造業が占める割合は20.8%であり，製造品出荷額等で約317兆円，従業者数で約763.5万人[3]を占め，また，その産業連関，取引関係をみると，依然として重要な産業であるものの，工業生産の規模そのものは，中国よりも小さくなり，世界の工場とは，一般的には，中国のことを形容する言葉となった。為替レートなどの影響を受けるため金額に換算した場合の製造業に関する数値の国際比較は困難であるが，ここでは単純に米ドル換算された製造業の輸出額をみると，世界第３位の製造業の輸出額であった日本は，2004年からは中国と順位が入れ替わり第４位となった。その後，日本は，ほぼ横這いであるものの，中国の輸出額は増加を続け，2008年においては，米国，ドイツを上回り，世界第１位となり，2019年においても第１位となっている[4]。

また，中国国内においても，国内総生産（実質値）において，製造業の占める割合は，2017年の数値において約40%と高く，日本の約２倍の比率となっている。製造業の内訳においても，日本においては，成長率が低く，かつ，従来型の産業である自動車産業（輸送用機械器具）の占める割合が高いのに対し，中国は，成長率そのものが高く，かつ，ハイテク型工業をはじめとする，今後も成長の可能性が高い産業の割合が高くなっている。

このことから工業立地が，地域開発・地域経済にもたらす影響は，中国において依然として大きいものと考えられる。工業立地については，本邦において実態・理論とも，工業立地論において，豊富な先行研究が存在するが，主に日本を対象としたものである。本書の後半では，世界の工場である中国における工業立地について，個別事例調査（天津市，吉林省，四川省など）や政策的課題を踏まえながら，その近年の動向を明らかにしていく。

2 本書の構成

第２章から第８章まで，都市システム分析として，国民経済の地域的分業の地理的投影としての，経済的中枢管理機能の立地を，北米・東アジアの６国（日本・米国・カナダ・中国・韓国・台湾）に本社を置く，大企業に焦点をあて，明らかにしていく。第２章では，首都・首都圏への集中がみられる日本・韓国・台湾と，首都圏に集中することなく，各地域の経済規模に見合った形態で分散的に本社立地がみられる北米，その中間である中国という立地パターンを説明する。

第３章では，米国の経済的中枢管理機能立地を明らかにしていく。都市・州を単位とした場合の本社立地の構造，主要３都市に立地する本社の業種構成，米国における州都の役割などについて説明する。

第４章では，カナダの経済的中枢管理機能立地を明らかにしていく。都市・州・準州を単位とした場合の本社立地の構造，主要５都市に立地する本社の業種構成，カナダにおける州都の役割や州レベルの産業構造について説明する。

第５章では，中国の経済的中枢管理機能立地を明らかにしていく。都市・省を単位とした場合の本社立地の構造，主要３都市に立地する本社の業種構成，中国における省都の役割や省レベルの経済規模について説明する。

第６章では，韓国の経済的中枢管理機能立地を明らかにしていく。都市・道を単位とした場合の本社立地の構造，主要５都市に立地する本社の業種構成，韓国における道庁所在地の役割や道レベルの産業構造について説明する。

第７章では，台湾の経済的中枢管理機能立地を明らかにしていく。都市・縣を単位とした場合の本社立地の構造，主要５都市に立地する本社の業種構成，台湾における縣政府所在地の役割や産業構造ついて説明する。

第８章では，日本における経済的中枢管理機能の立地を明らかにしていく。

都市を単位とした場合の本社立地の構造，東京特別区における本社立地の構造や業種構成，卸売商品販売額からみる地域格差，経済センサスを利用して，東京に本社を置く企業が，地域経済に占める比率について説明する。

第９章では，日系企業の中国進出を対象として，中国における外資誘致政策の変化が外資系企業の立地行動に及ぼす影響を検討する。近年の中国における外資系企業の立地環境と立地行動を分析することにより，日系企業の「チャイナ・プラスワン」指向の実態を明らかにし，中国がもつ工業の優位は依然大きく，中国からASEAN地域への生産拠点の移転は小幅なものに留まる可能性が高いという展望を明らかにする。

第10章では，北京市の外港として沿海部に位置する天津市にある，天津経済技術開発区（TEDA : Tenjin Economic-Technological Development Area ）における工業立地の実態を，事例として取り上げる。開発区が海外と国内の他の地域から先進的な企業や産業を誘致しながら技術革新を促進し，地域と国全体の経済発展と産業構造の高度化に大きな影響を及ぼしていることが説明される。TEDA の発展軌跡，開発区の発展に伴う企業誘致，立地している内外資系企業の産業構造の高度化を明らかにする。その中で，いくつかの日系企業の調査訪問により確認された，中国政府の工業現代化，産業高度化を促すための政策・措置をうまく活用しながら成長している日系企業の実態について紹介する。

第11章では，環境規制が企業の立地行動に及ぼす影響に関する先行研究を概観し，近年の中国における環境規制の強化が汚染型産業の空間構造の変化，および企業の立地行動に及ぼす影響の実態を明らかにする 。

第12章では，「新型都市化計画」の発表と実施に代表される中国式の都市化政策が，中・西部内陸の地域開発に及ぼしている影響を考察する。「新型都市化計画」は，内需拡大，産業構造の高度化，格差是正，三農問題の解決，および社会的安定の達成などの「一石多鳥」の目標を実現すべく推進されているが，この政府主導の都市化政策が，産業集積と企業立地を通じて地域経済の発展に寄与しているか，について検討する。

注

1） 台湾（中華民国）について国際政治上は，国であるか地域であるかの議論が分かれ，現日本政府は，台湾を国としては承認しない立場をとるが，通貨は台湾内で台湾元が統一的に流通し，財政も台湾を単位として，国民経済が形成されている。そのため，本書で，GDPをはじめ経済指標に関して記述する場合，文脈によっては，逐一，地域と区分しない場合もある。

2） 「首位都市」は，人口・産業など各種指標において，その国内で最も経済規模の大きな都市という意味で用いる。

3） 国内総生産は内閣府の「国民経済計算」における速報値であり，製造品出荷額等や従業者数は，経済産業省の工業統計速報である。なお，製造品出荷額等については，2017年の数値である。

4） 製造業の国際比較に関する数値は，経済産業省「2019年版ものづくり白書」による。

第1部

中枢管理機能立地からみる地域経済

—日本・米国・カナダ・中国・韓国・台湾の事例—

第2章　中枢管理機能立地の国際比較

1　中枢管理機能立地の研究

GAFAに代表される巨大化したグローバル企業の経営動向は，グローバル経済・国民経済・地域経済など多様なスケールで空間に影響を与える。企業本社の立地要因は，販売先である市場，原材料の取引先や労働力の調達に加え，意思決定に関わる「専門情報（specialized information)」の役割を重視する視角がある（Allan Pred, 1977)。対面接触（face to face）による情報交換が，本社の立地要因であるという仮説に基づき，専門情報がなぜ特定の場所で生じるかを考察することは，立地を考える上で重要な課題である。

本社立地において，中央政府・地方政府などの「行政」が，公的規制・産業政策・公共調達などにより，「企業行動」に影響を与えるという視角がある(小宮隆太郎ほか，1984)。これらの公的規制論・産業政策論では，行政が企業活動に影響を与えることは論じられているものの，どの場所で，意思決定に影響を与えるかという空間の問題は捨象されている。

どの場所（主に都市）で，行政が企業に影響を与え，本社・支所など経済的中枢機能の集中的立地をもたらすかは，経済地理学・地域経済学の都市システム分析によりおこなわれてきた。

2000年代に入ってから，デジタルデータの普及により，データそのものの大量化・広範囲化・精密化や公表の迅速化が進展している。これまでは都道府県・主要都市のみの指標が整備されていたものが，全市町村の指標が整備され，かつ迅速に公開されているものも少なくない。この流れに対応し，大企業の本社・支所立地に代表される中枢管理機能の立地をカウントし，都市（群）システムを捉えてきた阿部（2010）は，資料収集上の制約が大きかった20世紀から，着実に収集してきた国内の上場企業の本社・支所数などの諸データを時系列的にまとめ，システムの変容を明らかにしている。同様の手法により，海外の10国・１地域における，大企業の本社・支所数のデータをまとめ，政治制度の相違と経済的中枢管理機能の関連を指摘した（阿部，2015）。立地主体を，上場企業よりも，より中小規模の事業所までを含む総務省統計局の経済センサスを活用し，支所に焦点をあてた研究として，日野（2013）が代表的である．それまでの事業所・企業統計調査に基づいた分析を継続し，主要都市における支店立地を分析しつつ，郵政民営化などの影響により民営事業所の増加が支店従業者の増加にも反映されてしまうなど，経済センサスを用いることの課題点を明らかにしている。

このような豊富な先行研究があるが，国内の事例研究に目を向けると，中枢管理機能の首都である東京への集中が，諸外国と比べて著しいという特異な現象を説明したものとして，中央省庁－省庁の出先機関－都道府県庁の三層の行政中枢管理機能が，上場企業の本社－支社・支店－営業所の階層をもたらすことが，藤本（2015）で言及されている。阿部（2015）は，政治制度の相違と経済的中枢管理機能の，立地における関連を指摘しているものの，国際比較はおこなっていない。

本章から，都市システム分析として，国民経済の地域的分業の地理的投影としての，経済的中枢管理機能の立地を，北米・東アジアの６国（日本・米国・カナダ・中国・韓国・台湾）に本社を置く，大企業に焦点をあてて明らかにしていきたい。各国内の売上高上位2,000社の企業（日本は2,158社）をそれぞれ抽出し，その本社立地パターンを，各国の国民経済における地域の空間スケール（州・県・省・道や市区町村）を単位として明らかにしていく。必要に応じて，GISソフトを用い，詳細の場所の特定をおこない，本社立地と関連する地域経済指標との関係の分析をおこなう。そうすることで，首都機能（中央省庁など）・中央や連邦政府の省庁出先機関（地方支部分局など）・地方政府機能（州庁・県庁など）の配置と，企業本社の立地に関連性があるのかないのかという，本社立地の分布形態について，国際比較により，日本の特異な立地パターンを明らかにする。

2　分析対象

2.1　企業データベースの活用

大企業の本社の，国別立地パターンについて，北米・東アジアで，基礎的経済規模が大きく，かつ一人当たり国民所得水準も高い環境の中で，グローバル展開している企業が多く立地する，日本・米国・カナダ・中国・韓国・台湾を対象に，比較分析をおこなう。

対象とする企業は，日本については，2020年３月時点で，東京証券取引所第１部に上場し，企業本社や売上高についてのデータが，著者により収集可能な2,158社を対象とし，それ以外の国は，各国で売上高上位2,000社の企業を，対象とした。諸外国を2,000社としたのは，日本の東証一部上場企業数に近い数字であり，比較を容易にするためである。企業の売上や従業員などの指標は，2018年のものを用い，関連する経済指標も2018年のものを用いる。

企業の情報についてはデータベースを用いるが，日本の上場企業については，「eol（株式会社プロネクサス）」「DIAMOND D-VISION NET for Library & University（ダイヤモンド社）」から，諸外国の企業については，「D&B Hoovers（東京商工リサーチ）」を，それぞれ利用する。本社についての定義は，阿部（1997），田中（2011），松浦（2015）などで考察されている。本書では，本社そのものの明確な定義を追求することはせず，用いるデータベースで，本社・本社（head-office，head-quarter）と明記されている部門を，本社とし，その所在地についても，同様に明記されている都市・地域を本社所在地とする。

分析とする地域の単位は，一国とその副次的な構成単位である州・省・県・道や市区町村である場合と，立地の場所を特定する場合は，緯度経度が特定できる住所の単位まで明らかにする。なお，住所を緯度経度に変換するジオコーディング（geocoding）は，‘Geocode.xyz’（アドレス：https://geocode.xyz），という，課金式のインターネットサイトを利用する[1)]。

2.2　分析上の課題点

図表２－１に示すとおり，本社立地の国別パターンを分析するが，いくつかの課題点を予め指摘する。図表２－１の①について，国民経済規模が，最も大きな米国が，20兆4,940億米ドル，次に大きな中国が13兆4,070億ドルであるのに対し，最も小さな台湾が5,890億米ドルと差がある。②について，IMF統計では，先進経済諸国（advanced economies）として39カ国が挙げられているが，同表の中では，中国は入っておらず，アジアの新興・途上国（emerging and developing Asia）に位置づけられている。③については，国民経済規模に応じた，大企業の売上高の順位になっているものの，①と同様に規模が異なる。

④では，上位企業の売上高合計が，GDPと比較して，どの程度の規模であるかを示したが，カナダ，日本のように，売上高合計がGDPを上回る国もあれば，韓国は，GDPの半分以下の0.48であり，台湾も0.55，米国も0.62と高くない。⑤売上高からみる企業の規模も，ほぼ国民経済規模に比例するものの，最も小さい台湾は，一企業当たり平均売上高が１億6,300万USドル，韓国も３億8,900万USドルにすぎない。対照的に，最も大規模な米国は63億7,600万と，台湾のそれの約39倍になる（図表２－１）。

以上の点を考慮すると，厳密な国際比較は困難であるものの，本社立地パ

図表２－１　対象とする諸国の基礎指標（2018）

国民経済	① GDP（10億米ドル）	②一人当たりGDP(US ドル)	③上位 2,000 社の売上高(10億米ドル)	④＝③／①	⑤一企業当たり平均売上高(100万 US ドル)
カナダ	1,711	46,261	2,484	1.45	1,242
米国	20,494	62,606	12,752	0.62	6,376
中国	13,407	9,608	9,613	0.72	4,806
韓国	1,619	31,346	777	0.48	389
台湾	589	24,971	325	0.55	163
日本	4,972	39,306	8,360	1.68	4,180

注：③の項目は，日本に関しては2,158社であり，売上高は，１USドル＝110円で換算されている。

出所：IMF（2019）'World Economic Outlook Database October 2019'，東京商工リサーチ（2020）'D&B Hoovers' を基に作成。

ターンの国別多様性を明らかにすることと，そのことにより，日本における東京一極集中の特殊性を明らかにするために，比較をおこなう。

3　本社立地からみる産業構造と都市規模・順位分布

3.1　都市別本社立地数の比較

図表２-２では，本社立地の数からみた都市規模分布について，各国で本社立地数が上位10都市をグラフで示したものである。第１位の都市（首位都市）への立地数が最も多いのは，日本の東京であり1,153社が立地している。続いて，台湾の台北に938社が立地している。次に，韓国の首位都市であるソウルに754社が立地している。これらの３カ国の首位都市は，同時に首都という一国の行政・政治において，一国内での中心地機能をもつ。

最も少ないのは，ニューヨークが首位都市である米国で，同市への立地数は137社にすぎず，続いて，トロントが首位都市であるカナダは，同市への立地は228社である。中国は，北京が首都であり，かつ首位都市であるが，本社数は294社であり，韓国・台湾・日本ほど，首都かつ首位都市への本社立地の集中は見られない（図表２-２）。

ジップ法則（Zipf, G.K.,1949）でみられるように，主に人口で表される都市・都市圏の経済規模と，その国内での経済規模の順位を乗ずると，第２位以下の都市の数値は，首位都市の経済規模に，１を乗じたものに近似するという経験値が観察される。この数値は，経験的法則であり，それ自体が経済規模が大きくなる要因を示す訳ではないが，同様の手法により，各都市の本社数と，その国内での順位を乗じたものをあらわしたのが，図表２-３である。また，図表２-４では，順位・規模による都市別本社数について，各国の分散，標準偏差，平均をあらわしている。

同図をみると，米国，カナダ，中国は，都市によるばらつき自体が小さい。標準偏差が最も小さいのが，米国であり，中国，カナダと続いている。また，米国，カナダでは，順位・規模では，第２位以下の都市は，首位都市よりも全ての面で大きくなっている。

対照的に，日本は平均値は303と，米国に次いで低く出るものの，首位都市の本社数が極端に多いため，首位都市と平均値との乖離が大きく，その分，分散，標準偏差のいずれも数字が押し上げられ，６カ国中最も高くなっている。また，図表２-２の順位は，図表２-１の順位とほとんど変わらない。首位都市のみならず，第８位（札幌），第９位（さいたま），第10位（千葉）の数値が低く，平均から大幅に下回るために数字を押し上げる要因となっている。台湾は，日本と同様に首都と第２位以下の都市の順位・規模との差が大きいが，それでも標準偏差は日本よりも小さくなっており，日本と同じく，第８位（竹北），第９位（湖口郷），第10位（基隆）の数値が低いために数字を押し上げている。なお，日本や台湾に加え，韓国も標準偏差が100をこえている。

人口を都市の基礎的な経済規模としてジップ法則をみた場合，日本においても首位都市の人口規模から，より下位の都市のそれと大幅な乖離が生じること

図表２-２　本社立地による都市規模分布（2018）

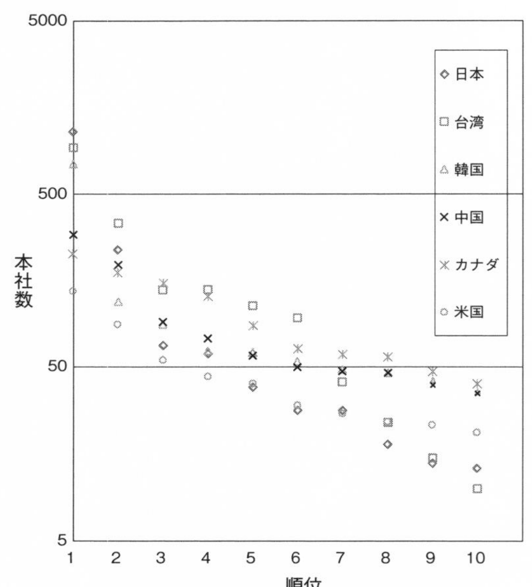

注：順位が上の都市における本社数の，国別の差が大きいため，片対数グラフを用いている。
出所：東京商工リサーチ（2020）‘D&B Hoovers’

図表２－３　本社立地による都市規模・順位分布（2018）

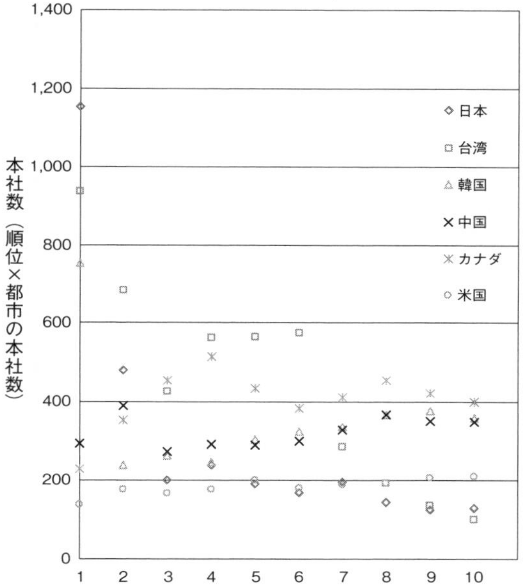

出所：図表２－１に同じ。

図表２－４　都市規模・順位分布に関する指標

国名	分散	標準偏差	平均値
日本	89,790	300	303
台湾	65,032	255	447
韓国	19,663	140	358
中国	1,398	37	324
カナダ	5,318	73	407
米国	426	21	183

出所：図表２－１に同じ。

はないが，本社を基礎的な経済規模として法則を確認した場合でも，日本・台湾・韓国においては，首位都市かつ首都への本社立地の集中が著しいことが明らかになった。集中度が高いこれらの国の中でも，特に，東京への集中が著しく，人口の集中度以上に，本社の立地の集中度が高い。

3.2　業種別特色

図表２-５では，対象とする大企業の業種構成を，本社数（企業数）と売上高から示している。この分類は，日本を除く５カ国についてはD&B Hoovers社（以下，D＆B）による分類であり，日本は東京証券取引所による分類である。東京証券取引所の分類の方が産業分類の大分類概念に近く，D＆Bの分類はその中分類の概念に近い。このような資料収集上の制約から，厳密な比較は困難であるが，各国の大企業の業種構成の特色をみていくため同表を参考にする。

第一の傾向として，北米や日本では，産業構造の高度化が進展し，製造業の業種が上位にこないのに対し，韓国・台湾では，製造業の業種が上位にくることである。韓国では，企業数でみた場合，上位６業種までが製造業であり，第１位の自動車部品が203社で売上高では5.3％，第２位の金属が128社で売上高では2.9%，第４位の半導体製造が68社で売上高では5.0%など，加工組立型・素材型・ハイテク型とも上位に位置している。台湾では，第１位が電機卸売の146社で売上高が6.9%，第２位の半導体製造が82社で売上高が2.6％と，加工組立型・ハイテク型が上位にきている。

第二の傾向として，北米や中国では，国大な国土を有することもあり，鉱山物や石油・天然ガスなど天然資源に依存した業種が上位にみられることである。石油・天然ガス採掘は，カナダでは第４位で59社（売上高は3.7%，以下同じく），米国では第13位で34社（2.0%）ときている。中国では，石炭採掘が59社（4.5％）で第８位にきている。このような天然資源そのものの採掘に関わる業種に付随して，その卸売に関わる金属・鉱物卸売も，カナダでは第８位で42社（1.3%），中国では，第１位で183社（9.0％）と上位にきている。同様に，天然資源を燃料とすることの多い電力も，日本・韓国・台湾では上位の業種に入らないが，カナダでは第13位で33社（1.5%），米国では第３位で77社（2.9%），中国では第13位で40社（2.6％）となっている。

第三の傾向として，北米において金融業が上位に位置することである。米国では上位10業種に，第１位の生保・健保が100社（8.1%），第２位の銀行が86社（4.7%），第４位の保険代理が59社（3.2%），第７位の損保が46社（2.1%）など

図表２−５　企業数・売上高からみる業種構成

カナダ			米国			中国		
業種	企業数	売上高比率	業種	企業数	売上高比率	業種	企業数	売上高比率
持株会社	165	6.1%	生保・健保	100	8.1%	金属・鉱物卸売	183	9.0%
保険代理	106	7.6%	銀行	86	4.7%	住宅・商業ビル建設	153	4.0%
食料品	90	3.5%	電力（発送電）	77	2.9%	持株会社	106	6.5%
石油・天然ガス採掘	59	3.7%	保険代理	59	3.2%	専門建設下請	87	3.9%
雑貨卸売	57	8.6%	小売（雑貨）	57	4.2%	投資サービス	86	6.2%
証券	44	3.6%	食品	48	2.0%	管理サービス	71	4.6%
専門建設下請	43	0.8%	損保	46	2.1%	建築	60	1.2%
金属・鉱物卸売	42	1.3%	大学	42	1.2%	石炭採掘	59	4.5%
機械卸売	42	0.6%	住宅・商業ビル建設	41	1.5%	土木	57	1.7%
損保	41	4.5%	卸売（雑貨）	38	2.7%	健康・個人ケア卸売	52	1.2%

韓国			台湾			日本		
業種	企業数	売上高比率	業種	企業数	売上高比率	業種	企業数	売上高比率
自動車部品	203	5.3%	電機卸売	146	6.9%	情報・通信	219	6.1%
金属	128	2.9%	半導体製造	82	2.6%	サービス	217	4.2%
機械・設備製造	96	1.4%	コンピュータオフィス用品・商用ソフト卸売	68	0.7%	小売	201	7.1%
半導体製造	68	5.0%	機械・設備卸売	67	0.5%	卸売	177	10.9%
電子機器・器具製造	60	1.5%	金属製品	63	0.5%	電気機器	158	10.2%
ゴム・プラスチック製造	53	0.9%	食品	56	0.8%	化　学	146	5.1%
住宅・商業ビル建設	46	2.6%	その他卸売	54	0.3%	機　械	142	3.9%
衣服・アパレル製造	46	1.5%	持株会社	47	1.4%	建設	100	4.0%
食品	44	1.8%	投資サービス	39	0.2%	食料品	83	3.4%
コンピュータプログラム	42	1.1%	機械卸売	38	0.4%	銀行	82	3.4%

出所：図表２−１に同じ。

である。カナダで第２位の保険代理が106社（7.6%），第６位の証券が44社（3.6%），第10位の損保が41社（4.5%）などである。中国では第13位に銀行が39社（1.2%），韓国では第14位に銀行が34社，台湾では，第14位に銀行が34社（12.2%）と，入るものの，それ以上に上位に位置する金融業はない。なお，日本における銀行は，第10位で82社（3.4%）であり，北米ほど上位には位置していない。

4　サブスケール（州・省・県・道）からみる本社立地

4.1　東アジアの特色

前節では，都市を単位としてみた場合における，首都かつ首位都市への集中を６国で比較したが，本節では，一国を構成するサブスケールの空間単位の自治体として，カナダ・米国は州を，中国は省を，韓国は道を，台湾は縣を，日本は都道府県をそれぞれ用いて，首都が所在する自治体（行政区域）と，本社立地との関連についてみていく。中国，韓国，台湾については，自治体規模が大きな市は，省・道・縣と同等に統計がとられているために，この３カ国については，大規模な市についての数値も入れながら考察をしていく。

図表２-６では，６国におけるそれぞれのサブスケールにおける本社数を横軸にとり，縦軸には立地特化係数を示している。サブスケールの数は，カナダが13州（準州も含む），米国が50州，中国が31省・自治区・市，韓国が17市・道，台湾が22縣・市，日本が47都道府県とばらつきがあるものの，区市町村などよりもより広域の範囲において，どの地域で本社立地が多く，さらに特化度をもつのかの傾向を明らかにしている。なお，当該地域に本社をおく企業による売上高，あるいは従業員数の合計値の対全国比率を分子にして，立地特化係数を算出することもできるが，本社立地数と大きな相違は生じないので，本書では本社数に基づいた特化係数を用いる[2)]。

いずれの国でも，本社立地数と本社立地特化係数の間には，正の相関関係がみられるが，相関係数は，米国が最も低く0.24であり，カナダも0.53と，本社の立地特化が高い地域の本社数が必ずしも多くないことを意味する。最も高いのは，日本の0.96であり，台湾の0.94と続き，かつ，これらの国では，首位都市かつ首都における本社立地数が，第２位の都市と極端に乖離している。韓国が0.76，中国が0.77と下がるが，韓国の場合では首都圏である京畿道や仁川の本社数も多く，これらの地帯を含めて考えると，首都への一極集中であると捉えることもできる。中国では，北京に近接し，首都圏として含まれることのある天津を加えても，日本・韓国・台湾ほどの首都圏集中は見られない。

立地特化係数をみると，６カ国で最も高いのは，北京の14.53であり，人口の対全国比率に対して，約14倍の本社数が立地していることになるが，中国の場合は国土全体の人口数が大きく，その中で北京の人口規模が2,154万人（2018年）と大規模であっても，国内比率は小さくなるため，係数が高くなる。上海の人口が2,418万人（2018年）であり，本社数では195社でありながら，特化係数は8.22と高く算出されるのも，同様の要因である。日本では，東京都が5.03となり，また，本社数でも1,193社と絶対数や対全国比率も大きくなる。首都圏の本社数をみると，神奈川県が96社，埼玉県が38社，千葉県が23社となっているが，係数は，神奈川県が0.61，埼玉県が0.30，千葉県が0.21と，人口規模に比して本社が多く立地しているとはいえない。特化係数が１をこえるのは，ほかに大阪府の1.78と富山県1.00であり，大阪府は第２位で269社の本社があるが，富山県は18社で第12位であり，県人口の規模が小さいために係数が高くなる。このことから，首都圏という地帯ではなく，東京都に一極集中している地理的特色がみられる。

台湾では，日本と同様に首都の台北に集中し，本社数で938社，特化係数で4.15と極度に集中しており，同じ首都圏である新北市に342社で，係数が1.01と集中していることから，地帯的にみても首都圏への集中が著しい。また，隣接する桃園市に141社で，係数が.0.75，その外縁の新竹縣に56社で1.19，新竹市に41社で1.09と，台北から新竹にかけての地帯において，本社数・特化係数ともに大きな数値がみられる。南部の中心都市である高雄では113社あるものの係数は0.48にとどまり，台南も96社あるものの0.60となり，日本の大阪のような，第２の極とはなっていない。

韓国では，ソウルへの本社数は754であるものの，韓国の人口数が少ないためにその特化係数は2.01にしかならない。しかし，京畿道に410社が立地し，係数では0.81となり，また，仁川が88社で0.77と係数は低くはなく，首都圏へ地帯的に集中していることが確認できる。釜山は，120社で係数は0.91であるが，近接する蔚山が42社で0.94，慶尚南道が98社で0.76と，係数は極端に低くはなく，首都圏に次ぐ第2の極となっている。

4.2　北米の特色

カナダでは，本社数が最も多いのはオンタリオ州であり，特化係数も，もともとの人口規模が小さいノースウェスト州と同じ1.24で最も高いが，東アジア諸国ほど特化係数でばらつきが大きくない。なお，オンタリオ州は，首都であるオタワ市を含み，同州内ではトロント市の方が本社数・人口も多いが，それでも首都を含む同州に極端に本社が集中していることは確認できない。本社数で第2位のケベック州の405社で係数が0.90，第3位のアルバータ州が257社で1.11，ブリティッシュコロンビア州が193社で0.71，第5位のマニトバ州が63社で0.85と，係数は1から乖離してない。州で最も係数が低いのがサスカチュワン州の0.35であるが，概して係数の1からの乖離は小さく，人口規模に応じた本社が全カナダに分散的に立地していると捉えることができる。

米国では，本社数ではテキサス州が218社と多いが，係数は1.50で，第2位のニューヨーク州が190社で1.40，第3位のカリフォルニア州が165社で0.69，第4位のイリノイ州が126社で1.42，第5位のペンシルバニア州が94社で1.05となり，本社数の集中はみられず，また，係数が極端に高いということもない。首都以外の主要都市であるヒューストン・ダラス，ニューヨーク，ロサンゼルス・サンフランシスコ，シカゴ，フィラデルフィアを抱える州が，人口規模と同等の本社が立地していることを意味する。首都であるワシントンD.C.（コロンビア特別区）は，立地特化係数は2.79となるものの，本社数は11社に過ぎず，同地区の人口の対全国比率が小さいことが係数を押し上げている。これ以外にデラウェア州の係数が4.58となるのも同様の理由である。これ以外に係数が2をこえるのは，コネティカット州の2.42であり，本社数は59社となっているが，カナダと同様に，全米をみた場合，係数の1からの乖離は小さく，全米の分散的な本社立地という地理的特色を捉えることができる。

図表２-６　サブ空間スケール（州・省・道・都道府県）における本社立地

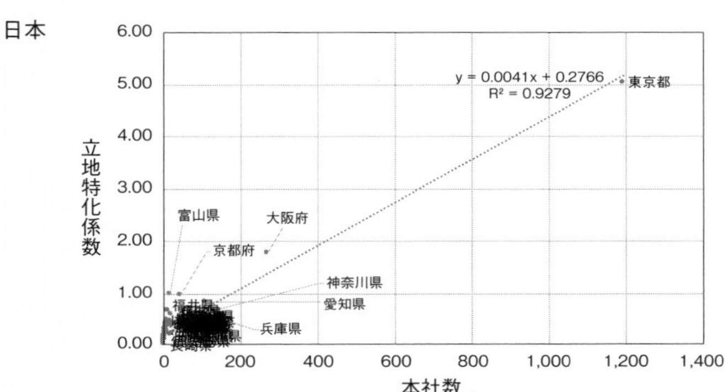

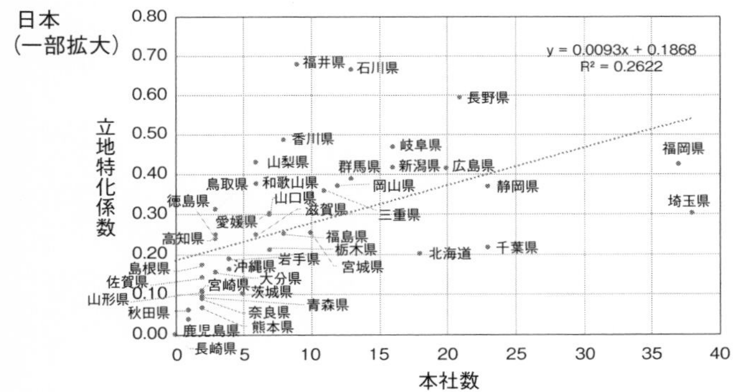

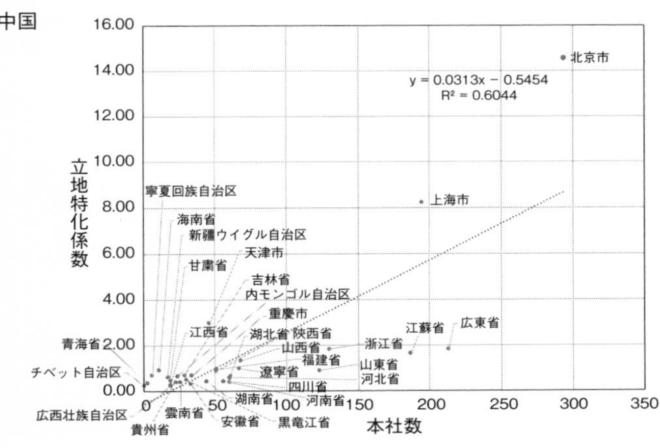

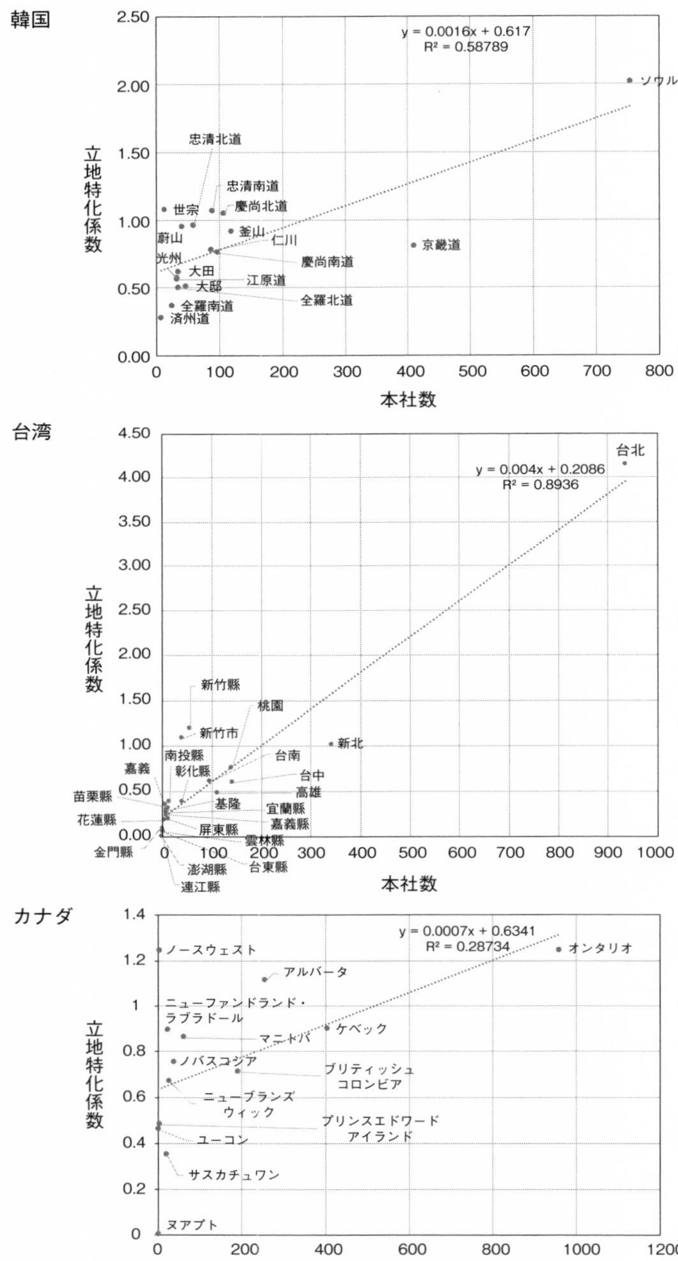

韓国
y = 0.0016x + 0.617
R² = 0.58789
立地特化係数
本社数
ソウル
忠清北道
忠清南道
世宗
慶尚北道
釜山
仁川
蔚山
京畿道
光州
慶尚南道
大田
江原道
大邱
全羅北道
全羅南道
済州道
台湾
台北
y = 0.004x + 0.2086
R² = 0.8936
立地特化係数
本社数
新竹縣
桃園
新竹市
新北
南投縣
台南
嘉義
彰化縣
台中
高雄
苗栗縣
基隆
宜蘭縣
花蓮縣
嘉義縣
屏東縣
雲林縣
金門縣
澎湖縣
台東縣
連江縣
カナダ
y = 0.0007x + 0.6341
R² = 0.28734
立地特化係数
本社数
ノースウェスト
オンタリオ
アルバータ
ニューファンドランド・
ラブラドール
ケベック
マニトバ
ノバスコシア
ブリティッシュ
コロンビア
ニューブランズ
ウィック
プリンスエドワード
アイランド
ユーコン
サスカチュワン
ヌアプト

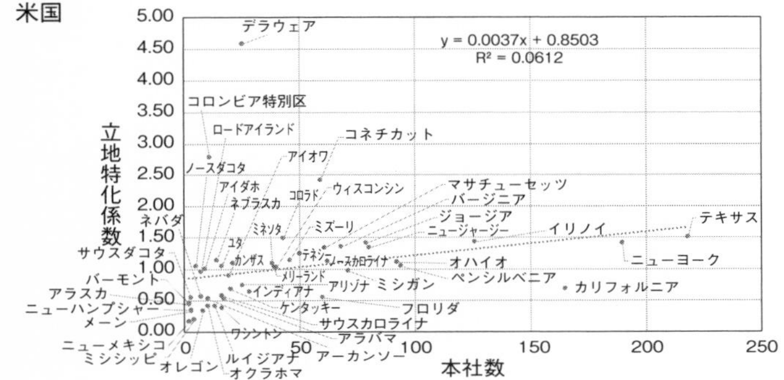

注：立地特化係数は，その州・省・道・都道府県の人口の，各国内の全国比率を分母として，当該地域の本社数の全国比率を分子として，算出している。
出所：図表2-1と，各国の人口調査をもとに作成。

5　比較の課題

本章での分析で明らかになったように，首都・首都圏への集中がみられる日本・韓国・台湾と，首都圏に集中することなく，各地域の経済規模に見合った形態で分散的に本社立地がみられる北米，その中間である中国という立地パターンが明らかになった。

次章からは，各国別の立地パターンの詳細をみていくが，本章の考察についていくつかの注意点がある。第一に，本社の立地要因そのものについては分析していない。日本における行政・企業関係がもたらす首都一極集中の特殊性は説明できるが，カナダ，米国などでは分散型本社立地がみられ，首都や州都など行政機関の立地と企業本社の立地の間に，明らかな因果関係や相関関係はない。その場合，企業本社としてどのような立地要因が考えられるかについては，また別個の考察が必要である。

第二に，分析対象国が6国に限られ，より拡大した範囲での分析はおこなっていない。ヨーロッパの英国・フランス・ドイツ・イタリア・スペインなど，国土面積や一人当たりGDPなどにおいて，日本と差が小さな諸国における本社立地パターンを分析する必要がある。それらの諸国も含めて日本における首都一極集中の一般性・特殊性を明らかにするためには別個の考察が必要である。

第三に，時間変化の分析についてはおこなっていない。米国・カナダ・中国では，非首都圏における大企業の本社立地において，石油・石炭・天然ガスなどの天然資源依存型の業種が多くを占めている。日本においても，化学などの素材型産業において，原材料の輸入地であり主力工場が立地している，関西・瀬戸内海・北部九州・北陸などが創業の地であり，当初は本社を工場と同地に置いていたケースが多いが，1970年以降は急激に本社を東京に移転しはじめた。米・カ・中では時間を経ても，首都や大都市などに移動する傾向は全体的にはみられないが，日本の場合は東京に本社を移転するケースが多い。このように，時間変化により，本社立地パターンがどのように変化していったのかの国際比較は，日本の本社の東京への移動の特殊性を明らかにするために必要である。

第四に，諸外国における経済センサスもしくは類似した指標を用いて，大企業の立地パターンと，一般的な企業の立地パターンや，支所の立地パターンについての分析は6国全てについてはおこなっていない。日本においては，地方中枢都市（省庁の出先機関所在都市）における支所立地が都市の成長に大きく寄与してきたが，このパターンの国際比較も必要である。

（本章は，日本国際経済学会第79回全国大会（2020年10月18日，於：九州大学〈Zoomによる発表〉）で報告した「北米・東アジアにおける中枢管理機能立地の国際比較：日・米・加・中・韓・台の本社立地分析」の内容に加筆・修正したものである。）

注

1）2020年7月1日から30日までの間に，同サイトを利用した。精度が低い住所については，Google Mapなどを補完的に用いた。

2）地域の産出高（GDP）の全国比率を用いて，特化係数を産出するケースもある。

第3章 米国の経済的中枢管理機能立地

1　本社立地からみる地域構造

1.1　都市別本社立地

米国の本社立地は多極分散型を特色とする。そのことは，首位都市や上位都市への集中度の低さによって示され，首位都市における本社集中率は10%未満である。

図表3-1は本社の立地数を示すが，最も多いのはニューヨーク（ニューヨーク州）であり137社で，対全国比率は6.8%と集中率は低い。第2位のヒューストン（テキサス州）の88社，第3位のアトランタ（ジョージア州）の55社，第4位のシカゴ（イリノイ州）の44社，第5位のダラス（テキサス州）の40社，第6位のセントルイス（ミズリー州）の30社，第7位のボストン（マサチューセッツ州）の27社，第8位のコロンバス（オハイオ州）の24社，第9位のロスアンゼルス（カリフォルニア州）の23社，第10位のミネトンカ（ミネソタ州）の21社となっている。これらの上位10都市へ立地する本社数の合計は489社で，24.4%と全体の約4分の1になる。

10社以上が立地しているのは33都市あり，816社が立地し，その比率は41.3%に過ぎない。5社以上が立地しているのは93都市で，1205社であり，その比率が60.2%で，ようやく半数をこえる。3社以上が立地しているのは，170都市あり，1,458社が立地し，その比率は72.9%となる。

売上高をみると，本社立地数で上位10都市の合計は3.39兆米ドルであり，26.6%と全体の約4分の1で，本社の立地数の集中率と近似する。10社以上が立地している上位33都市の合計は5.47兆米ドルであり，その比率は，42.9%で，本社立地数の集中度とまた近似する。5社以上が立地している上位93都市の合計は7.96兆米ドルであり，その比率は62.4%と半数をこえる。3社以上が立地している上位170都市の合計は9.34兆米ドルであり，その比率は73.2%となる。本社数で見た場合も，企業の売上高でみた場合にも，上位都市への集中率は低い。

全企業の本社立地の分布は，本社数に関しては図表3-2で，売上高に関しては図表3-3で，それぞれ示す。北部の東海岸や五大湖周辺を含むフロストベルトと呼ばれる地帯や，南部の東海岸・西海岸を含む北緯37度以南のサンベルトと呼ばれる地帯に連担状に本社が立地している。

図表3-1　本社立地が上位の都市

順位	都市	州名	本社数	売上高（億 USD）
1	ニューヨーク	ニューヨーク	137	8,622
2	ヒューストン	テキサス	88	6,514
3	アトランタ	ジョージア	55	4,679
4	シカゴ	イリノイ	44	2,696
5	ダラス	テキサス	40	1,524
6	セントルイス	ミズリー	30	2,899
7	ボストン	マサチューセツ	27	1,969
8	コロンバス	オハイオ	24	2,253
9	ロスアンゼルス	カリフォルニア	23	811
10	ミネトンカ	ミネソタ	21	1,994
11	サンフランシスコ	カリフォルニア	20	914
11	ウイルミントン	デラウエア	20	832
12	デンバー	コロラド	19	2,536
12	スタンフォード	コネティカット	19	1,173
12	シンシナティ	オハイオ	19	1,051
13	シャーロッテ	ノースカロライナ	18	985
14	サンアントニオ	テキサス	17	1,515
14	フィラデルフィア	ペンシルバニア	17	722
15	アービング	テキサス	15	720

出所：図表2-1に同じ。

図表3-2　企業数でみる都市別本社立地

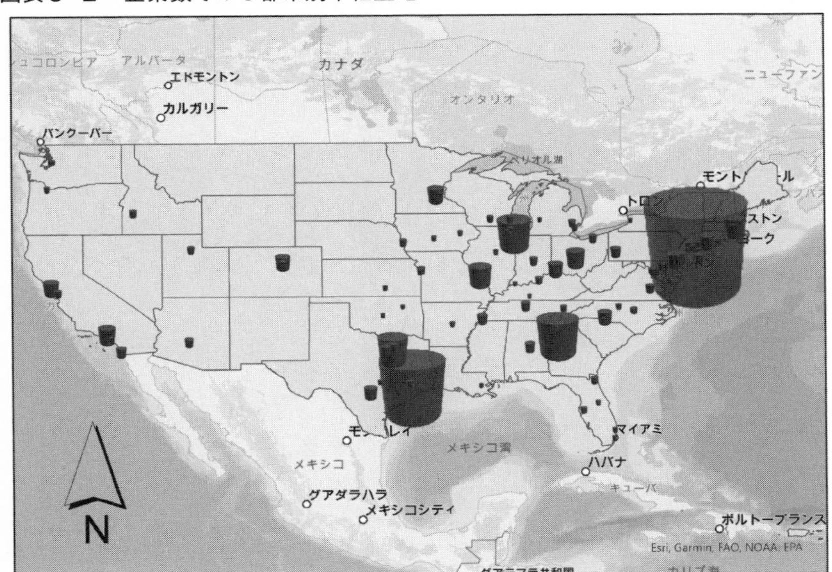

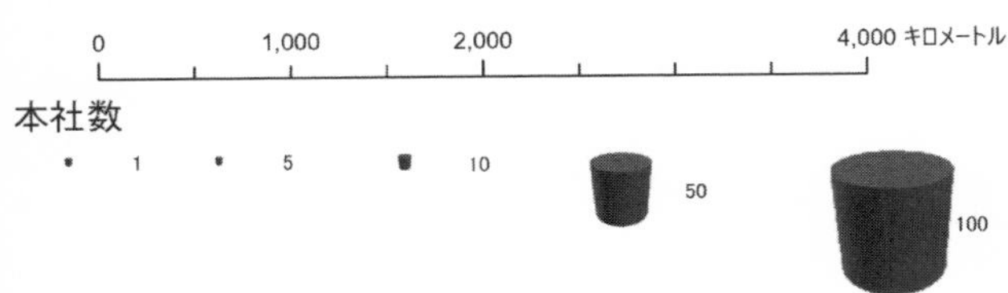

注：アラスカ州は省略されている。
出所：図表2-1に同じ。

1.2　州別本社立地

都市を単位とした場合と同様に，州を単位としても，本社立地の分散性が確認できる。図表3-4，図表3-6のとおり，最も多いのは，ヒューストンが所在するテキサス州の218社であり，対全米比率は10.9%と1割程度である。本社数の立地特化係数は1.50で高くなく，売上高でみた係数でも1.65である。第2位のニューヨーク市が所在するニューヨーク州が190社，9.5%であるが，係数は1.40であり，売り上げでみても1.28と高くない。第3位のカリフォルニア州

図表３-３　売上高でみる都市別本社立地

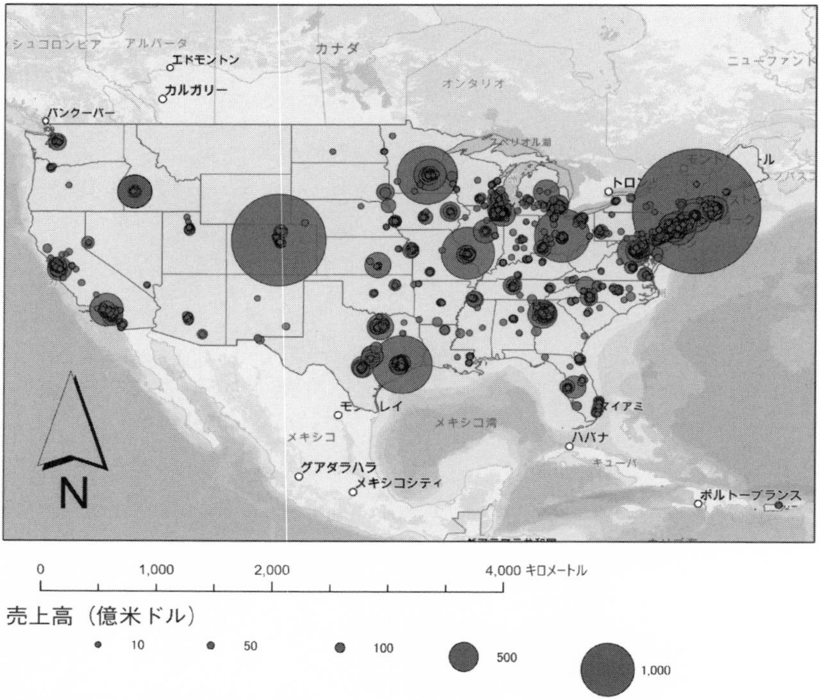

0　1,000　2,000　4,000 キロメートル

売上高（億米ドル）

10　50　100　500　1,000

注：アラスカ州は省略されている。
出所：図表２-１に同じ。

が165社で8.3%であるが，人口数が多いために係数は0.69と１を下回り，売上では0.58に下がる。第４位のイリノイ州は，シカゴが所在するが，126社，6.3%で1.42，ピッツバーグが所在するペンシルベニア州は，94社，4.7%で，1.05など，大都市を抱え，図表３-６で上位に位置する州でも，基礎的な経済規模を大幅に上回って本社が立地していない。

係数は，デラウエア州が最も高く4.58（売上では3.29）であるが，本社数自体は25社に過ぎず，大きな地位を占めていない。特化係数では第２位になるワシントンD.C.であるが，この連邦政府の首都所在地は，本社立地において高い比率を占めない。州ごとの集計と比較すると第33位であり，11社のみの立地で，

図表３-４　企業数でみる州別本社立地

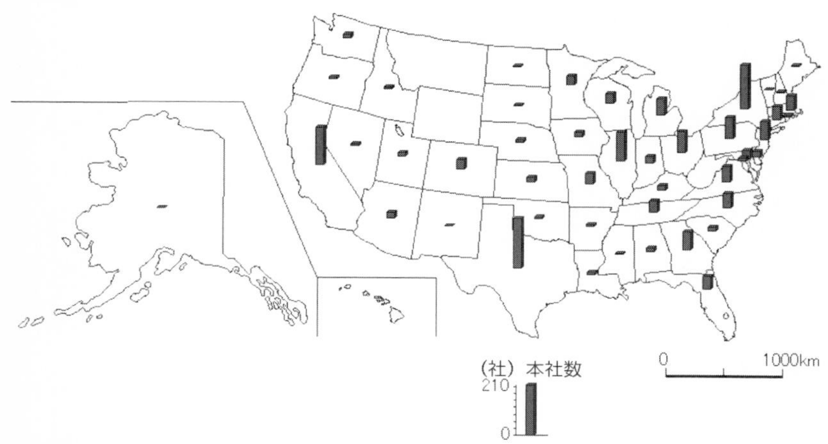

出所：図表２-１に同じ。

図表３-５　売上高でみる州別本社立地

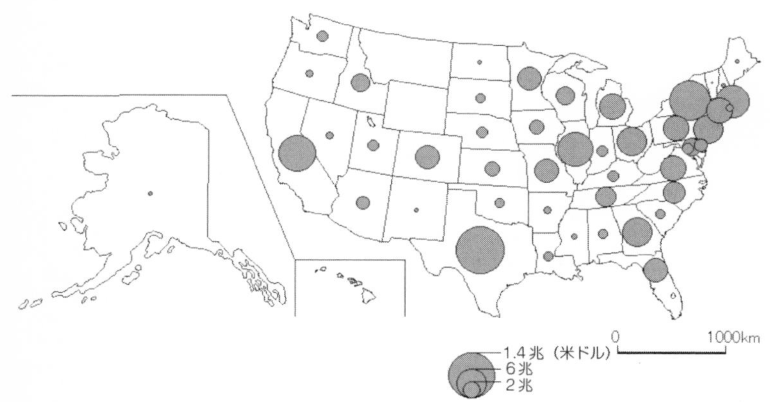

出所：図表２-１に同じ。

特化係数では，人口規模が小さいために2.79（売上では2.90）と第２位になるものの，対全米比率は，わずかに0.6％である。第３位のコネティカット州も，係数は2.42（売上では2.84）であるが，本社数は59社と，対全米比率で3.0%にしかならない。

図表3-6　本社立地に関する州別指標

順位	州名	本社数	売上高(億USD)	本社比率	売上比率	本社数立地特化係数	本社売上立地特化係数
1	テキサス	218	15,234	10.9%	12.0%	1.50	1.65
2	ニューヨーク	190	11,018	9.5%	8.6%	1.40	1.28
3	カリフォルニア	165	8,985	8.3%	7.1%	0.69	0.58
4	イリノイ	126	8,090	6.3%	6.3%	1.42	1.43
5	ペンシルベニア	94	4,536	4.7%	3.6%	1.05	0.79
6	オハイオ	92	5,456	4.6%	4.3%	1.10	1.02
7	ニュージャージー	80	5,749	4.0%	4.5%	1.33	1.50
8	ジョージア	79	5,524	4.0%	4.3%	1.41	1.55
9	ミシガン	71	4,439	3.6%	3.5%	0.97	0.95
10	バージニア	68	4,505	3.4%	3.5%	1.35	1.41
11	ノースカロライナ	62	3,295	3.1%	2.6%	1.12	0.93
12	マサチューセッツ	61	7,124	3.1%	5.6%	1.34	2.45
13	フロリダ	60	3,482	3.0%	2.7%	0.55	0.50
14	コネチカット	59	4,414	3.0%	3.5%	2.42	2.84
15	テネシー	50	2,832	2.5%	2.2%	1.25	1.11
16	ミズーリ	46	3,599	2.3%	2.8%	1.14	1.40
17	コロラド	43	3,615	2.2%	2.8%	1.48	1.95
18	ウィスコンシン	40	2,379	2.0%	1.9%	1.04	0.97
19	メリーランド	39	2,245	2.0%	1.8%	1.03	0.93
20	ミネソタ	38	3,804	1.9%	3.0%	1.09	1.70
21	インディアナ	28	776	1.4%	0.6%	0.64	0.28
22	アリゾナ	25	1,159	1.3%	0.9%	0.74	0.53
23	デラウェア	25	1,147	1.3%	0.9%	4.58	3.29
24	カンザス	21	1,454	1.1%	1.1%	1.08	1.18
25	ケンタッキー	20	711	1.0%	0.6%	0.69	0.38
26	アイオワ	19	1,311	1.0%	1.0%	0.89	0.97
27	アラバマ	17	609	0.9%	0.5%	0.53	0.30
28	ワシントン	16	851	0.8%	0.7%	0.38	0.32
29	ユタ	16	763	0.8%	0.6%	1.04	0.78
30	サウスカロライナ	16	560	0.8%	0.4%	0.57	0.31
31	ネブラスカ	14	874	0.7%	0.7%	1.13	1.11
32	ルイジアナ	13	649	0.7%	0.5%	0.40	0.31
33	コロンビア特別区	11	731	0.6%	0.6%	2.79	2.90
34	オクラホマ	10	467	0.5%	0.4%	0.40	0.30
35	アーカンソー	10	390	0.5%	0.3%	0.53	0.32
36	アイダホ	9	2,336	0.5%	1.8%	1.00	4.05
37	オレゴン	8	318	0.4%	0.2%	0.33	0.21
38	ロードアイランド	7	342	0.4%	0.3%	0.95	0.73
39	ネバダ	7	307	0.4%	0.2%	0.56	0.38
40	ノースダコタ	5	114	0.3%	0.1%	1.05	0.37
41	ミシシッピ	4	164	0.2%	0.1%	0.20	0.13
42	サウスダコタ	3	586	0.2%	0.5%	0.54	1.67
43	メーン	3	106	0.2%	0.1%	0.32	0.18
44	ニューハンプシャー	3	97	0.2%	0.1%	0.34	0.17
45	アラスカ	2	68	0.1%	0.1%	0.44	0.23
46	ニューメキシコ	2	67	0.1%	0.1%	0.15	0.08
47	バーモント	2	47	0.1%	0.0%	0.46	0.17
48	ハワイ	0	0	0.0%	0.0%	0.00	0.00
49	モンタナ	0	0	0.0%	0.0%	0.00	0.00
50	ウエストバージニア	0	0	0.0%	0.0%	0.00	0.00
51	ワイオミング	0	0	0	0	0.00	0.00

出所：図表2-1の出所とUnited States Census Bureau 'State Population Totals and Components of Change：2010-2019' を基に作成。

2　本社立地の業種内訳

都市別にみた場合，最も本社数が多くなるニューヨークであるが，その業種別の内訳を全国との対比で比較する。図表３-７では，全国における本社数で，上位10位以内の業種に関して，その内訳を示し，図表３-８では，ニューヨーク市のそれを，示している。

ニューヨーク市で最も多いのは証券であり14社であるが，同市内の比率は10.2%（売上は8.7%）であり，第２位の銀行（９社，6.6%），第３位の生保・健保と保険代理（それぞれ８社，5.8%）と，金融業の立地が多い。ただし，全国的にみても，第１位が生保・健保（本社数100社，全国比率5.0%），第２位が銀行（86社，4.3%），第４位が保険代理（59社，3.0%），第７位が損害保険（46社，2.3%）と，金融業の占める割合は高く，金融業の本社立地はニューヨーク市だけの特色ではない。

ニューヨーク市では，第４位が放送・メディア（７社，5.1%），第５位が出版（６社，4.4%）と，情報加工機能を持つ企業が立地しているが，全国的には業種別で上位10位以内には入っていないので，同市に特徴的な業種である。

本社立地において第２位であるヒューストン市は，工業立地と関連しながら本社が立地している（図表３-９）。立地する88社のうち，第１位が石油・天然ガス採掘（18社，20.5%），第２位が鉱業支援（７社，8.0%），第３位が，天然ガス輸送，石油卸売と機械・設備製造（それぞれ５社，5.7%）と，テキサス州における大型油田など資源依存型の産業に属する企業が本社を置いている。原油という原材料を指向した工業立地であり，その本社は，原材料の賦存地から離れることなく，そのまま工業と同じか，もしくは近接した地域に本社が置かれ，また関連のサービス業も，第４位の電力，パイオプライン輸送，廃棄物管理，第５位のガソリンスタンド，石油製品販売も含めた，複合体としてヒューストンに同業種の本社が立地している。

同様の傾向は，本社立地で第３位のアトランタ市にも当てはまる（図表３-10）。立地する55社のうち，第１位が製紙工業（７社，12.7%），第３位のセメント製造と電力（３社，5.5%）は，アパラチア山脈の南部に位置し，森林資源や石灰石という原材料の賦存地に近接し，さらに，製紙などの過程で電力を消費し，また電力の発電過程における廃棄物がセメントの原材料になるなど複合的な連関もあり，同業種や関連の本社が立地している。

図表３-７　全米における本社の業種別内訳

順位	業種	企業数	比率	売上高（億USD）	比率	従業員（人）	比率
1	生保・健保	100	5.0%	10,349	8.1%	996,880	2.5%
2	銀行	86	4.3%	5,952	4.7%	1,013,404	2.6%
3	電力（発送電）	77	3.9%	3,641	2.9%	458,167	1.2%
4	保険代理	59	3.0%	4,018	3.2%	798,999	2.0%
5	小売（雑貨）	57	2.9%	5,352	4.2%	3,634,208	9.2%
6	食料品製造	48	2.4%	2,539	2.0%	798,926	2.0%
7	損害保険	46	2.3%	2,629	2.1%	370,060	0.9%
8	大学	42	2.1%	1,485	1.2%	942,866	2.4%
9	住宅・商業ビル建設	41	2.1%	1,953	1.5%	153,758	0.4%
10	卸売（雑貨）	38	1.9%	3,427	2.7%	596,526	1.5%

出所：図表２-１に同じ。

図表３-８　ニューヨーク市における本社の業種別内訳

順位	業種	企業数	比率	売上高（億USD）	比率	従業員（人）	比率
1	証券	14	10.2%	794	8.7%	306,777	10.7%
2	銀行	9	6.6%	408	4.5%	87,723	3.1%
3	生保・健保	8	5.8%	419	4.6%	38,123	1.3%
3	保険代理	8	5.8%	1,054	11.5%	210,627	7.4%
4	放送・メディア	7	5.1%	532	5.8%	88,950	3.1%
5	出版	6	4.4%	382	4.2%	155,204	5.4%
6	衣服・アパレル	5	3.6%	167	1.8%	71,825	2.5%
6	研究・開発サービス	5	3.6%	117	1.3%	173,650	6.1%
7	管理サービス	4	2.9%	186	2.0%	37,812	1.3%
8	住宅・商業ビル建設	3	2.2%	427	4.7%	16,000	0.6%
8	電気通信	3	2.2%	86	0.9%	37,812	1.3%
8	投資サービス	3	2.2%	111	1.2%	25,044	0.9%
8	スポーツ用品販売	3	2.2%	93	1.0%	40,782	1.4%

出所：図表２-１に同じ。

図表３-９　ヒューストン市における本社の業種別内訳

順位	業種	企業数	比率	売上高（億 USD）	比率	従業員（人）	比率
1	石油・天然ガス採掘	18	20.5%	1,207	18.5%	143,458	15.8%
2	鉱業支援	7	8.0%	342	5.2%	52,202	5.8%
3	天然ガス輸送	5	5.7%	418	6.4%	28,707	3.2%
3	石油卸売	5	5.7%	542	8.3%	8,804	1.0%
3	機械・設備製造	5	5.7%	455	7.0%	138,231	15.2%
4	電力（発送電）	4	4.5%	138	2.1%	30,888	3.4%
4	パイプライン輸送	4	4.5%	113	1.7%	9,811	1.1%
4	廃棄物管理	4	4.5%	205	3.2%	53,823	5.9%
5	ガソリンスタンド	3	3.4%	279	4.3%	55,449	6.1%
5	石油製品製造	3	3.4%	427	6.6%	34,340	3.8%
5	病院	3	3.4%	102	1.6%	27,810	3.1%

出所：図表２-１に同じ。

図表３-10　アトランタ市における本社の業種別内訳

順位	業種	企業数	比率	売上高（億 USD）	比率	従業員（人）	比率
1	製紙工業	7	12.7%	784	16.8%	229,390	11.5%
2	レストラン・バー	4	7.3%	126	2.7%	120,832	6.1%
3	無線電話通信	3	5.5%	417	8.9%	116,350	5.8%
3	セメント製造	3	5.5%	207	4.4%	41,605	2.1%
3	電力（発送電）	3	5.5%	126	2.7%	10,978	0.6%

出所：図表２-１に同じ。

連邦政府の首都であるワシントンD.C.は，わずかに11社のみの立地であり，その内訳は，銀行と電力がそれぞれ２社で，それ以外は，通信機器，保険代理，天然ガス輸送，石油卸売，鉄道，証券，半導体製造が，それぞれ１社のみの立地である。ワシントンに隣接するヴァージニア州のアーリントンに７社の本社が立地しているのを加えても，首都もしくはその隣接する地域に大企業の本社が集中して立地している状況は確認できない。

3　地域経済と州都

首都であるワシントンD.C.における本社立地数そのものが少ないために，全米レベルでは，連邦政府（中央政府）の所在と企業の本社立地との間に因果関係が弱いことが考えられるが，このことは，空間スケールを州とした場合にも，同様の傾向が大半の場合に当てはまる。

図表3-11では，全米50州の州都が所在する都市の都市人口，都市圏人口，州内での都市人口の順位やその州内比率をあらわしている。州都の平均人口は26.5万人であり，これをこえるのは13州のみである。最も大規模なのはフェニックス（アリゾナ州）の166.0万人で，第2位のオースティン（テキサス州）の96.4万人，第3位のコロンバス（オハイオ州）の89.2万人と続くが規模自体が大きくない。図表3-1における都市別の本社立地数で，上位20位以内に入りかつ州都であるのはジョージア州アトランタで，本社立地数では第3位であるが，州都の人口ランキングでは第10位にしかならない。

州都の平均人口を下回る州が37州あるが，最も小規模なのはモントピリア（バーモント州）の7,855人であり，ピア（サウスダコタ州）の1.3万人，オーガスタ（メイン州）の1.9万人など小規模な自治体は珍しくなく，これらの3州都も含め，19州都で10万人を下回っている。都市別本社数で第1位のニューヨーク市が属するニューヨーク州の州都はオルバニ市であるが，人口は9.7万人であり，州内での人口順位は第6位にすぎず，州内かつ全米でみても大きなシェアは占めていない。

都市圏人口でみても同様で，都市圏に属す州都は45圏あるが，平均で114.0万人であるものの，アトランタ圏（ジョージア州）の594.9万人，フェニックス圏の485万人，ボストン圏（マサチューセッツ）の462万人など，上位の都市圏が数値を押し上げ，平均以下の州都の都市圏が31圏を占める。ピア，モントピリアに加え，ジュノー（アラスカ州），アナポリス（メリーランド州），カーソンシティ（ネバダ州）の5州都は都市圏に属していない。10万人を下回る都市圏が3州都，10万人を上回るが30万人を下回る都市圏が9州都，30万人を上

図表３-11　州都に関する主要指標（2018）

順位	州名	州都	都市人口	都市圏人口	州内順位	州都人口の州内比率（2018）
1	アリゾナ	フェニックス	1,660,272	4,857,962	1	23.2%
2	テキサス	オースチン	964,254	2,168,316	4	3.4%
3	オハイオ	コロンバス	892,553	2,078,725	1	7.6%
4	インディアナ	インディアナポリス	867,125	2,004,230	1	13.0%
5	コロラド	デンバー	716,492	2,932,415	1	12.6%
6	マサチューセッツ	ボストン	694,583	4,628,910	1	10.1%
7	テネシー	ナシュビル	691,243	1,903,045	1	10.2%
8	オクラホマ	オクラホマシティー	649,021	1,396,445	1	16.5%
9	カリフォルニア	サクラメント	508,529	2,345,210	6	1.3%
10	ジョージア	アトランタ	498,044	5,949,951	1	4.7%
11	ノースカロライナ	ローリー	403,892	1,130,490	2	3.9%
12	ハワイ	ホノルル	359,870	953,207	1	25.3%
13	ミネソタ	セントポール	285,068	3,348,659	2	5.1%
14	ネブラスカ	リンカーン	258,379	302,157	2	13.4%
15	ウィスコンシン	マジソン	233,209	605,435	2	4.0%
16	ルイジアナ	バトンルージュ	225,374	830,480	2	4.8%
17	アイダホ	ボイジー	205,671	616,561	1	11.7%
18	バージニア	リッチモンド	204,214	1,208,101	4	2.4%
19	アイオワ	デモイン	203,433	569,633	1	6.4%
20	アラバマ	モントゴメリ	198,218	373,903	2	4.1%
21	アーカンソー	リトルロック	193,524	699,757	1	6.4%
22	ユタ	ソルトレークシティー	186,440	1,087,873	1	5.9%
23	フロリダ	タラハッシー	181,376	367,413	7	0.9%
24	ロードアイランド	プロビデンス	178,042	1,600,852	1	16.8%
25	ミシシッピ	ジャクソン	173,514	567,122	1	5.8%
26	オレゴン	セーラム	154,637	390,738	3	3.7%
27	サウスカロライナ	コロンビア	129,272	767,598	2	2.5%
28	カンザス	トピカ	127,473	230,870	4	4.4%
29	コネチカット	ハートフォード	124,775	1,212,381	3	3.5%
30	イリノイ	スプリングフィールド	116,250	210,170	6	0.9%
31	ミシガン	ランシング	114,297	464,036	5	1.1%
32	ニューヨーク	オルバニ	97,856	857,592	6	0.5%
33	ニュージャージー	トレントン	84,913	366,513	10	1.0%
34	ニューメキシコ	サンタフェ	75,764	183,732	4	3.6%

35	ノースダコタ	ビスマーク	61,272	108,779	2	8.1%
36	ワイオミング	シャイアン	59,466	91,738	1	10.3%
37	ネバダ	カーソンシティー	55,274	－	6	1.8%
38	ウェストバージニア	チャールストン	51,400	304,214	1	2.8%
39	ペンシルバニア	ハリスバーグ	49,528	647,390	9	0.4%
40	ワシントン	オリンピア	46,478	234,670	24	0.6%
41	ミズーリ	ジェファーソン	43,079	149,807	15	0.7%
42	ニューハンプシャー	コンコード	42,695	146,445	3	3.1%
43	メリーランド	アナポリス	38,394	－	7	0.6%
44	デラウェア	ドーバー	36,047	162,310	2	3.7%
45	アラスカ	ジュノー	31,275	－	3	4.2%
46	モンタナ	ヘレナ	28,190	74,801	6	2.7%
47	ケンタッキー	フランクフォート	25,527	70,758	14	0.6%
48	メーン	オーガスタ	19,136	117,114	8	1.4%
49	サウスダコタ	ピア	13,646	－	8	1.5%
50	バーモント	モントピリア	7,855	－	6	1.3%

出所：図表３－６の出所と United States Census Bureau' 2018 National and State Population Estimates' を基に作成。

回るが100万人を下回る都市圏が17州都と，都市圏でみても州都の規模は大きくない。

州内での人口規模の順位が最も低いのはワシントン州のオリンピアで，人口は4.6万人であり，州内順位は第24位であるが，州内で本社立地において最も集積がみられるのはシアトルであり，オリンピアから北東部に位置し，道路距離で約98.1km離れ，同一の都市圏は形成していない。

続いて低いのは，ミズリー州のジェファーソンで，人口は4.3万人にすぎず，州内順位は第15位であるが，同州において本社立地で最も集積しているのは30社が立地するセントルイスであり，ジェファーソンから東部に位置し，道路距離で約201.0km離れている。

このように，日本と対照的に，米国では州都が，州内経済で占める割合が小さいのが一般的であり，アトランタ，フェニックスなど州都が大規模かつ本社立地など経済的中枢管理機能の立地の中心となることは，例外的な事例として捉えることができる。

4　卸売業数値と本社立地との関連

卸売業商品販売額は，本社・支所などの集積数との関連を持つが，米国の場合は，卸売業の販売額が，小売業商品販売額の何倍であるかを捉えるW/R比率，いわゆる商品・製品の，流通過程における迂回の度合いが，日本や東アジア諸国などと比べて低く算出される。供給・生産側と，最終需要・最終消費側の間の流通構造の簡素化や寡占化の進展度が高いため，その販売額については，日本ほどは，小売業商品販売額と比べて高く算出されない。それでも，本社立地において上位の州が，卸売商品販売額が大きくなり，かつ，特化係数においても高くなる。

図表３-12では，州別にみた卸売商品販売額の対全国比率と，人口を基礎とした特化係数を算出したものを示している。特化係数で１をこえるのは16州のみであり，かつ上位の州における特化係数も，日本と比べるとばらつきが小さく，数値も高くない。

図表３-６でみたとおり州別本社数かつ州別売上高で最も多いテキサス州は，卸売商品販売額でも，対全国比率で14.4%と高い比率を占め，かつ特化係数では，第５位の1.64となっている。特化係数が2.58と，第１位のコネチカット州は，本社立地の特化係数においても，2.42である。特化係数が，1.95と第２位のニュージャージ州が，本社立地の特化係数では1.50，1.85と第３位のイリノイ州が，同じく1.43と，本社立地と卸売商品販売額の，各対全国比率の間には相関関係がみられる。

また，特化係数が下位の州でも，ばらつきは小さく，特化係数で0.5を下回るのは，ニューメキシコ州（0.35），ネバダ州（0.39），ハワイ州（0.41），ウェストバージニア州（0.48），サウスカロライナ州（0.49）の５州のみである。ハワイ州，ウェストバージニア州に加えて，モンタナ州，ワイオミング州は，大企業本社は立地していないが，卸売業の特化係数では，モンタナ州は第36位の0.61，ワイオミング州は第43位の0.54と，少ない数値が算出される。

これ以外に，特化係数が0.5から1.0までの間におさまる州が29州あり，全体的にみて，特定の州に偏って，係数が高く算出されることはなく，ここにも米国における，卸売業の分散的立地に関する傾向を見ることができる。

図表３-１２　卸売商品販売額と特化係数

順位	州名	卸売商品販売額全国比率(2012)	特化係数(2012)	順位	州名	卸売商品販売額全国比率(2012)	特化係数(2012)
1	コネチカット	2.8%	2.58	26	バーモント	0.2%	0.86
2	ニュージャージー	5.2%	1.95	27	ウィスコンシン	1.4%	0.81
3	イリノイ	7.0%	1.85	28	インディアナ	1.6%	0.80
4	ノースダコタ	0.4%	1.79	29	ルイジアナ	1.1%	0.79
5	テキサス	14.4%	1.64	30	ワシントン	1.8%	0.78
6	カンザス	1.3%	1.53	31	ノースカロライナ	2.2%	0.71
7	ネブラスカ	0.7%	1.29	32	ニューハンプシャー	0.3%	0.71
8	ミネソタ	2.1%	1.26	33	オレゴン	0.9%	0.69
9	サウスダコタ	0.3%	1.20	34	フロリダ	4.4%	0.66
10	オクラホマ	1.3%	1.11	35	アラバマ	1.0%	0.66
11	マサチューセッツ	2.3%	1.11	36	モンタナ	0.2%	0.61
12	ロードアイランド	0.4%	1.11	37	バージニア	1.5%	0.59
13	ミシガン	3.2%	1.08	38	メリーランド	1.1%	0.59
14	テネシー	2.2%	1.05	39	ユタ	0.6%	0.57
15	カリフォルニア	12.4%	1.04	40	アイダホ	0.3%	0.57
16	アイオワ	1.0%	1.03	41	アリゾナ	1.2%	0.56
17	ペンシルベニア	3.8%	0.99	42	アラスカ	0.1%	0.56
18	ジョージア	3.1%	0.98	43	ワイオミング	0.1%	0.54
19	ニューヨーク	5.5%	0.95	44	メーン	0.2%	0.52
20	ケンタッキー	1.3%	0.95	45	ミシシッピ	0.5%	0.51
21	ミズーリ	1.7%	0.93	46	サウスカロライナ	0.8%	0.49
22	オハイオ	3.2%	0.92	47	ウエストバージニア	0.3%	0.48
23	デラウェア	0.3%	0.90	48	ハワイ	0.2%	0.41
24	アーカンソー	0.8%	0.87	49	ネバダ	0.4%	0.39
25	コロラド	1.5%	0.87	50	ニューメキシコ	0.2%	0.35

注：小数点第３位以下は省略している。
出所：United States Census Bureau' Annal Report for Wholesale Trade：2012' を基に作成。

第4章 カナダの経済的中枢管理機能立地

1 本社立地からみる地域構造

1.1 都市別本社立地

カナダの本社立地は，米国と同様に，多極分散型を特色とする。そのことは，首位都市や上位都市への集中度の低さによって示される。

図表4-1の本社の立地数をみると，最も多いのはトロント市（オンタリオ州）であるが，228社で，対全国比率は11.4%と，集中率は低い。第2位に，ミシサガ市（オンタリオ州）の177社，第3位のカルガリー市（アルバータ州）の152社，第4位のモントリオール市（ケベック州）の129社，第5位のヴァンクーバー市（ブリティッシュコロンビア州）の87社，第6位のノースヨーク市（オンタリオ州）の64社，第7位のエドモントン市（アルバータ州）の59社，第8位のウイニペグ市（マニトバ州）の57社，第9位のエトビコ市（オンタリオ州）の47社，第10位のマーカム市（オンタリオ州）の40社となっている。これらの上位10都市へ立地する本社数の合計は1,040社で，52.0%と，全体の半分にみたない。

10社以上が立地しているのは，35都市あり，1,398社が立地し，その比率は60.6%になる。5社以上が立地しているのは，61都市で，1,546社なり，その比率が77.3%となる。3社以上が立地しているのは，91都市あり，1,649社が立地し，その比率は82.4%となる。

売上高をみると，本社立地数で上位10都市の合計は，1.50兆米ドルであり，60.5%と，全体の半分以上となる。10社以上が立地している上位34都市の合計は，1.71兆米ドルであり，その比率は，69.2%で，本社立地数の集中度と近似する。5社以上が立地している上位60都市の合計は，1.87兆米ドルであり，その比率は75.4%と半数をこえる。３社以上が立地している上位90都市の合計は，1.99兆米ドルであり，その比率は80.2%となる。本社数で見た場合も，企業の売上高でみた場合にも，上位都市への集中率は低い。

図表４−１　本社立地が上位の都市

順位	都市名	州名	本社数	全国比率	売上高（億 USD）	全国比率
1	トロント	オンタリオ	228	11.4%	3,956	15.9%
2	ミシサガ	オンタリオ	177	8.9%	2,650	10.7%
3	カルガリー	アルバータ	152	7.6%	1,907	7.7%
4	モントリオール	ケベック	129	6.5%	2,698	10.9%
5	ヴァンクーバー	ブリティッシュコロンビア	87	4.4%	859	3.5%
6	ノースヨーク	オンタリオ	64	3.2%	532	2.1%
7	エドモントン	アルバータ	59	3.0%	499	2.0%
8	ウイニペグ	マニトバ	57	2.9%	874	3.5%
9	エトビコ	オンタリオ	47	2.4%	796	3.2%
10	マーカム	オンタリオ	40	2.0%	275	1.1%
11	ケベック	ケベック	36	1.8%	261	1.0%
12	ブラントフォード	オンタリオ	33	1.7%	1,328	5.3%
13	コンコード	オンタリオ	29	1.5%	205	0.8%
14	オークビル	オンタリオ	28	1.4%	189	0.8%
15	ラヴァル	ケベック	27	1.4%	219	0.9%
16	セントローレンス	ケベック	25	1.3%	394	1.6%
17	バーリントン	オンタリオ	22	1.1%	109	0.4%
17	オタワ	オンタリオ	22	1.1%	108	0.4%
18	リッチモンド	ブリティッシュコロンビア	20	1.0%	256	1.0%
18	セントジョンズ	ニューファンドランド・ラブラドール	20	1.0%	75	0.3%

注：トロントに関しては，ノースヨーク，エトビコは別個にカウントしている。
出所：図表２−１に同じ。

図表4-2 企業数でみる都市別本社立地

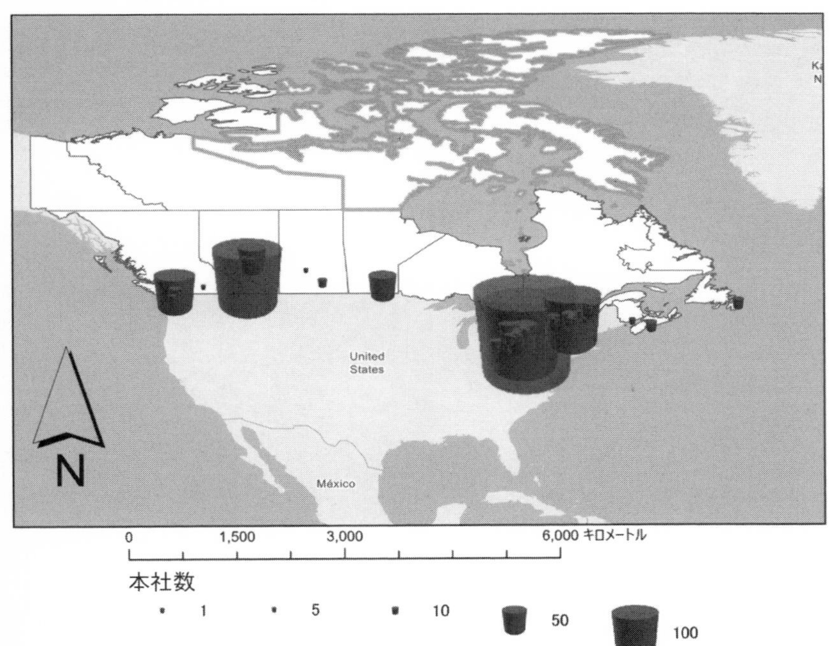

出所：図表2-1に同じ。

1.2 州別本社立地

都市を単位とした場合と同様に，より広域な範囲を管轄する州（province）や連邦政府の直轄領である準州（territory）を単位としても，本社立地の分散性が確認される。カナダは，米国と比べると，人口の絶対数が少ない割には，国土面積が広く，人口密度も米国よりもさらに低くなる。そして，州の分割も10州・3準州の13区分と少ないが，それでも，本社立地は特定の州に集中することはない。

図表4-4のとおり，最も多いのは，トロント市やその衛星都市であるミシサガ市，マーカム市や，トロント地区であるノースヨーク，エトビコが所在するオンタリオ州の960社であり，対全カナダ比率は48.0%と約半分を占めるものの，同州の人口は1,440万人と，全カナダの38.7%を占めるために，立地特化係

図表4－3　売上高でみる都市別本社立地

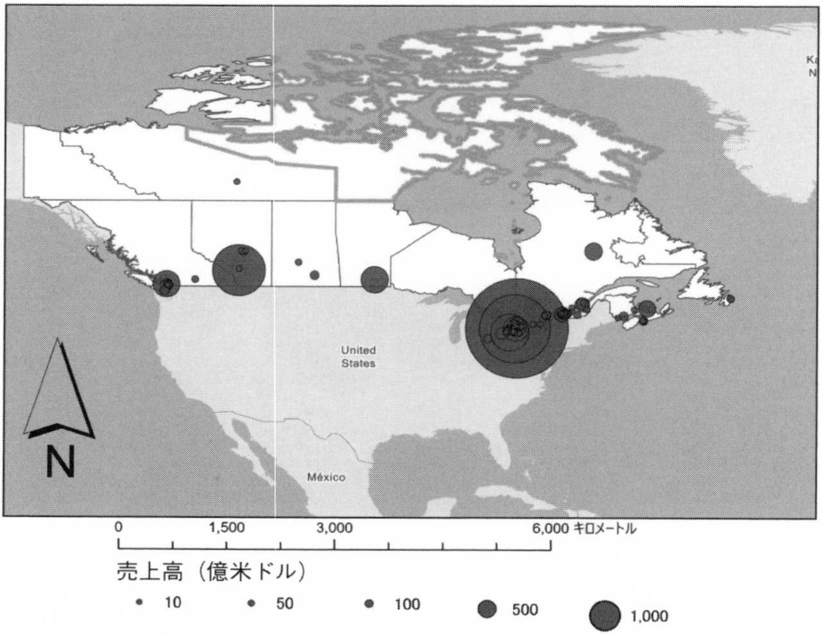

出所：図表2－1に同じ。

数をみた場合，1.24と高くない。特化係数を売上高でみても1.27に過ぎない。

第2位は，モントリオールが所在するケベック州の405社で，比率は20.3%であるが，係数は0.90となり，売上でみても0.95となり，同州の人口841万人と，ほぼ同程度の比率で本社が立地している。第3位は，カルガリー市，エドモントン市が所在するアルバータ州となり，257社で12.9%であるが，特化係数は1.11，売上でみても0.98となり，1からは大きく乖離しない。

第4位は，ヴァンクーバー市が所在するブリティッシュコロンビア州であり，193社あり，本社数の係数は0.71，売上高の係数は0.55である。同州の人口は502万人と第3位の規模であるために，特化係数の数値は下がる。

これ以外の州における本社立地数は，100社を下回るが，なかでも首都・トロント・モントリオールや米国との国境から遠隔にあたる国土縁辺部の，準州3州は，面積の割には居住人口も少なく，本社数の下位3州は，ノースウェス

図表4-4　本社立地に関する州・準州別指標

州・準州名	本社数	売上高（億 USD）	本社比率	売上比率	本社数立地特化係数	本社売上立地特化係数
オンタリオ	960	12,171	48.0%	49.0%	1.24	1.27
ケベック	405	5,316	20.3%	21.4%	0.90	0.95
アルバータ	257	2,819	12.9%	11.4%	1.11	0.98
ブリティッシュコロンビア	193	1,843	9.7%	7.4%	0.71	0.55
マニトバ	63	903	3.2%	3.6%	0.86	1.00
ノバスコシア	39	654	2.0%	2.6%	0.75	1.02
プリンスエドワードアイランド	4	458	0.2%	1.8%	0.48	4.42
ニューブランズウィック	28	396	1.4%	1.6%	0.67	0.77
サスカチュワン	22	163	1.1%	0.7%	0.35	0.21
ニューファンドランド・ラブラドール	25	88	1.3%	0.4%	0.89	0.25
ノースウェスト	3	24	0.2%	0.1%	1.24	0.81
ユーコン	1	2	0.1%	0.0%	0.46	0.07
ヌアプト	0	0	0.0%	0.0%	0.00	0.00

注：特化係数の算出に用いた人口は，2018年の数値である。
出所：図表2-1の出所と，Statistics Canada ‘Population estimates（2019）’ を基に作成。

ト準州（3社），ユーコン準州（1社），ヌアプト（0社）となっている。

2　本社立地の業種内訳

都市別にみた場合，最も本社数が多くなるトロント市であるが，その業種別の内訳を，全国との対比で比較する。**図表4-5**では，全国における本社数で，上位20位以内の業種（同数同順位のため実際は17位以内）に関して，その内訳を示し，**図表4-6**では，トロント市の上位10位以内のそれを，それぞれ示している。

トロント市で最も多いのは証券であり25社であるが，同市内の比率は11.0%（売上は8.4%）であり，第2位の投資サービス（17社，7.5%），第3位の年金基金の16社（7.0%），第4位の保険代理（15社，6.6%）と，金融業が続いている。第６位の損保の11社（4.8%），第10位の銀行の６社（2.6%）と，金融業に関する業種の本社立地が多いことが特徴である。トロント証券取引所にみる株式取引，カナダの外国為替市場もトロント為替市場と呼ばれるように，同地での時間における為替相場を反映した市場名となっていることからも明らかなように外国為替取引の，それぞれ中心となっていることを反映して，金融業の本社立地が多くなっている。

全国では，証券は第６位（44社，2.2%），投資サービスは第16位（27社，1.4%），年金基金は第14位（29社，1.5%），生保・健保は第13位（30社，1.5%）と，トロント市に比べると上位には入ってこない。このことから，金融業の本社立地はトロント市の特色である。

本社立地において第２位であるミシサガ市は，図表４-７で示され，トロントの衛星都市であるが，金融業を特色とせず，第１位が機械卸売（11社，6.2%），第２位が食料品（９社，5.1%），第３位が，建築，保険代理，持株会社，コンピュータ卸売（それぞれ８社，4.5%）となっている。

第３位のカルガリー市は，図表４-８で示され，資源賦存と関連しながら本社が立地している。立地する152社のうち，第１位が石油・天然ガス採掘（45社，29.6%）となり約３分の１を占める。第２位は，持株会社（８社，5.3%）となるものの，第３位が，パイプライン輸送，電力（発送電）となり，明らかに石油資源の採掘・加工・流通に関わる業種の本社が多く立地している。アルバータ州に賦存する大規模油田（ベンビナ油田，スワンヒルズ油田，レインボーレイク油田など）に近接して本社が立地するということは，原油という原材料を指向した工業立地であることを意味する。本社は，日本のように輸入地や原材料の賦存地から離れることなく，そのまま工業と同じか，もしくは近接した地域に本社が置かれている。

第４位は，図表４-９で示され，129社が立地するモントリオール市であるが，第１位が持株会社（22社，17.1%），第２位が保険代理（９社，7.0%），第３位が建築（５社，3.9%）となっている。最も多い持株会社は，どの業種の企業の株を主に持っているかの記載はなく，銀行・証券を通じて各種事業を傘下におさめるとの記載のみであるが，フランス語圏であるケベック州の中心都市であることを反映し，22社中，20社までが社名について原資料ではフランス語で記載されている。

第５位は，図表４-10で示され，87社が立地するヴァンクーバー市であり，金融業は第１位の証券（10社，11.5%），第３位の保険代理（６社，6.9%）とあるが，カルガリー市と同様に，資源賦存を要因とするものとして，第２位の金属採掘（８社，9.2%），第４位の木材製品製造（４社，4.6%）がある。

図表４-５　全カナダにおける本社の業種別内訳

順位	業種	企業数	比率	売上高(億USD)	比率	従業員(人)	比率
1	持株会社	165	8.3%	1,512	6.1%	397,784	8.5%
2	保険代理	106	5.3%	1,883	7.6%	48,268	1.0%
3	食料品	90	4.5%	873	3.5%	177,146	3.8%
4	石油・天然ガス採掘	59	3.0%	914	3.7%	79,120	1.7%
5	雑貨卸売	57	2.9%	2,139	8.6%	265,323	5.7%
6	証券	44	2.2%	895	3.6%	68,517	1.5%
7	専門建設下請	43	2.2%	196	0.8%	68,602	1.5%
8	金属・鉱物卸売	42	2.1%	333	1.3%	96,311	2.1%
8	機械卸売	42	2.1%	144	0.6%	28,978	0.6%
9	損保	41	2.1%	1,129	4.5%	34,463	0.7%
10	住宅・商業ビル建設	38	1.9%	312	1.3%	45,635	1.0%
11	電力（発送電）	33	1.7%	366	1.5%	46,499	1.0%
12	建築	31	1.6%	419	1.7%	207,328	4.4%
13	生保・健保	30	1.5%	2,337	9.4%	114,316	2.4%
14	年金基金	29	1.5%	835	3.4%	18,786	0.4%
14	その他専門サービス	29	1.5%	160	0.6%	29,100	0.6%
15	機械・設備卸売	28	1.4%	96	0.4%	32,497	0.7%
16	電機卸売	27	1.4%	298	1.2%	33,729	0.7%
16	投資サービス	27	1.4%	223	0.9%	17,703	0.4%
17	携帯電話キャリア	26	1.3%	422	1.7%	136,955	2.9%
17	建設資材卸売	26	1.3%	186	0.7%	36,024	0.8%
17	土木	26	1.3%	120	0.5%	35,932	0.8%

出所：図表２-１に同じ。

図表４-６　トロント市における本社の業種別内訳

順位	業種	企業数	比率	売上高(億 USD)	比率	従業員(人)	比率
1	証券	25	11.0%	334	8.4%	28,547	4.7%
2	投資サービス	17	7.5%	187	4.7%	15,761	2.6%
3	年金基金	16	7.0%	673	17.0%	14,095	2.3%
4	保険代理	15	6.6%	278	7.0%	8,481	1.4%
5	持株会社	14	6.1%	324	8.2%	75,150	12.3%
6	損保	11	4.8%	213	5.4%	11,426	1.9%
7	金属採掘	10	4.4%	64	1.6%	20,008	3.3%
8	不動産代理・ブローカー	9	3.9%	120	3.0%	32,581	5.4%
9	その他専門サービス	8	3.5%	32	0.8%	6,520	1.1%
10	出版	6	2.6%	140	3.5%	71,770	11.8%
10	銀行	6	2.6%	24	0.6%	5,315	0.9%

出所：図表２-１に同じ。

図表４-７　ミシサガ市における本社の業種別内訳

順位	業種	企業数	比率	売上高(億 USD)	比率	従業員(人)	比率
1	機械卸売	11	6.2%	27	1.0%	5,585	1.0%
2	食料品	9	5.1%	54	2.0%	10,980	1.9%
3	建築	8	4.5%	245	9.3%	119,692	21.2%
3	保険代理	8	4.5%	120	4.5%	2,805	0.5%
3	持株会社	8	4.5%	104	3.9%	28,342	5.0%
3	コンピュータ卸売	8	4.5%	40	1.5%	7,440	1.3%
4	陸運	5	2.8%	109	4.1%	27,500	4.9%
4	製薬	5	2.8%	39	1.5%	11,534	2.0%
4	電機卸売	5	2.8%	27	1.0%	3,981	0.7%
5	生保・健保	4	2.3%	49	1.9%	2,285	0.4%
5	ゴム・プラスチック製造	4	2.3%	25	0.9%	10,430	1.8%
5	住宅・商業ビル建設	4	2.3%	24	0.9%	3,420	0.6%
5	専門建設下請	4	2.3%	15	0.6%	5,997	1.1%
5	ドラッグストア	4	2.3%	13	0.5%	6,711	1.2%

出所：図表２-１に同じ。

図表４-８　カルガリー市における本社の業種別内訳

順位	業種	企業数	比率	売上高(億 USD)	比率	従業員(人)	比率
1	石油・天然ガス採掘	45	29.6%	704	36.9%	65,471	28.3%

2	持株会社	8	5.3%	54	2.8%	14,000	6.1%
3	パイプライン輸送	6	3.9%	411	21.5%	25,002	10.8%
3	電力（発送電）	6	3.9%	43	2.2%	5,296	2.3%
4	保険代理	5	3.3%	58	3.1%	1,328	0.6%
4	鉱業支援	5	3.3%	41	2.1%	7,655	3.3%
5	石油卸売	4	2.6%	33	1.7%	3,020	1.3%
5	住宅・商業ビル建設	4	2.6%	17	0.9%	2,536	1.1%
5	機械卸売	4	2.6%	12	0.6%	2,400	1.0%

出所：図表２-１に同じ。

図表４-９　モントリオール市における本社の業種別内訳

順位	業種	企業数	比率	売上高（億 USD）	比率	従業員（人）	比率
1	持株会社	22	17.1%	209	7.7%	54,570	14.2%
2	保険代理	9	7.0%	567	21.0%	12,005	3.1%
3	建築	5	3.9%	68	2.5%	33,851	8.8%
4	生保・健保	4	3.1%	855	31.7%	39,352	10.2%
4	製紙	4	3.1%	40	1.5%	10,274	2.7%
4	携帯電話キャリア	4	3.1%	13	0.5%	4,200	1.1%

出所：図表２-１に同じ。

図表４-10　ヴァンクーバー市における本社の業種別内訳

順位	業種	企業数	比率	売上高（億 USD）	比率	従業員（人）	比率
1	証券	10	11.5%	80	9.3%	6,110	3.0%
2	金属採掘	8	9.2%	29	3.4%	9,489	4.6%
3	保険代理	6	6.9%	46	5.3%	1,110	0.5%
3	倉庫	6	6.9%	45	5.2%	15,059	7.3%
4	木材製品製造	4	4.6%	27	3.2%	14,640	7.1%

出所：図表２-１に同じ。

3　地域経済と州都

首都であるオタワ市における本社立地数は22社と少なく，カナダでは第17位でしかない。このことから，全国レベルでは，連邦政府の所在と企業の本社立地との間に因果関係が弱いことが考えられる。このことを空間スケールを州と

図表4－11　州都に関する主要指標

州名	州都	都市人口	都市圏人口	州内順位	州都人口の州内比率(2018)
オンタリオ	トロント	2,731,579	6,471,850	1	19.0%
ケベック	ケベック	531,902	824,411	2	6.3%
アルバータ	エドモントン	932,546	1,447,143	2	21.6%
ブリティッシュコロンビア	ビクトリア	85,792	402,271	14	1.7%
マニトバ	ウイニペグ	705,224	844,566	1	51.9%
ノバスコシア	ハリファックス	403,131	440,348	1	41.8%
プリンスエドワードアイランド	シャーロットタウン	36,094	-	1	23.3%
ニューブランズウィック	フレデリクトン	58,220	109,883	3	7.5%
サスカチュワン	レジャイナ	215,106	261,684	2	18.4%
ニューファンドランド・ラブラドール	セントジョンズ	108,860	212,433	1	20.7%

出所：図表4－4に同じ。

した場合では，同様の関係が当てはまる州と，そうでない州とに分かれる。

図表4－11では，準州を除く10州の州都が所在する都市の都市人口，都市圏人口，州内での都市人口の順位やその州内比率を示している。州都の平均人口は58.0万人であり，これをこえるのは3州である。最も大規模なのは，トロント市（オンタリオ州）の273.1万人で，第2位のエドモントン市（アルバータ州）の93.2万人，第3位のウイニペグ市（マニトバ州）の70.5万人までが，平均人口を上回る。最も小規模なのは，シャーロットタウン市（プリンスエドワードアイランド州）の3.6万人であり，フレデリクトン市（ニューブランズウィック州）の5.8万人，ビクトリア市（ブリティッシュコロンビア州）の8.5万の3都市が10万人を下回る。

4　産業構造と地域経済

図表4－12では，2016年における，州・準州ごとの産業構造の内訳を，域内総生産（GDP）により示している。外国為替市場，株式取引所など，国内・

図表4－12　州・準州別産業構造（2016）

産業	オンタリオ	ケベック	ブリティッシュコロンビア	アルバータ	マニトバ	サスカチュワン	ノバスコシア	ニューブランズウィック	ニューファンドランド・ラブラドール	プリンスエドワードアイランド	ノースウェスト	ユーコン	ヌアプト	全国
農林水産	0.9	1.6	2.4	1.8	3.7	8.4	3.3	3.9	1.8	7.3	0.5	0.2	0.2	2.0%
鉱業・石油採掘	0.9	1.5	3.8	16.8	2.7	16.3	0.8	1.0	24.9	0.1	21.3	5.7	23.3	4.0%
公益事業	1.9	3.5	2.2	1.8	3.4	3.0	2.3	3.0	2.3	1.5	1.5	1.8	1.9	2.3%
建設	7.1	6.9	8.3	9.4	7.8	8.2	5.7	6.6	9.9	6.4	7.8	12.9	15.0	7.6%
製造	12.4	14.0	7.2	8.6	9.7	6.4	7.4	10.1	4.7	11.3	0.5	0.7	0.4	10.7%
卸売	6.2	5.5	3.9	4.7	4.8	5.8	3.3	3.1	2.2	2.1	2.6	1.8	1.2	5.3%
小売	4.9	5.9	5.9	4.4	5.9	4.5	6.9	6.3	5.1	6.9	4.2	5.5	3.7	5.2%
運輸・倉庫	4.3	4.6	6.3	5.6	6.7	5.0	3.6	5.5	3.2	3.8	7.3	3.9	2.8	4.6%
情報・文化	3.4	2.6	2.9	2.0	2.3	1.5	2.9	2.5	2.0	2.5	2.5	2.5	1.9	3.1%
金融・保険	9.2	5.9	5.9	4.5	5.6	3.8	5.6	5.6	3.2	5.2	3.0	2.9	1.5	6.7%
不動産取引・賃貸	12.7	11.1	17.5	11.6	12.7	10.6	15.8	12.3	9.6	12.4	9.4	14.4	9.0	13.2%
専門科学技術サービス	7.1	6.0	6.3	5.2	3.5	2.7	4.3	3.4	3.3	3.0	2.3	2.9	1.0	6.0%
企業・法人管理	0.6	0.6	0.5	0.7	0.6	0.5	0.3	0.3	0.4	0.5	0.7	0.2	0.4	0.6%
管理・支援サービスおよび廃棄．物処理・浄化サービス	3.3	2.8	2.5	2.7	1.7	1.2	2.1	3.8	1.3	2.0	1.4	1.2	2.0	2.9%
教育	5.8	6.0	5.2	4.0	5.8	5.0	7.0	6.2	5.9	6.7	6.7	4.9	6.3	5.6%
医療・社会福祉	7.2	8.7	7.2	6.4	9.8	6.9	11.0	10.1	8.6	10.4	8.2	9.1	6.5	7.6%
芸術・芸能・娯楽	0.8	0.9	0.9	0.6	0.9	0.7	0.6	0.5	0.3	0.9	0.2	0.6	0.1	0.8%
宿泊施設・外食サービス	2.2	2.3	3.4	2.2	2.1	1.8	2.7	2.4	1.9	3.1	2.3	3.6	1.2	2.3%
その他サービス（公務を除く）	1.9	2.2	2.3	2.1	1.9	1.6	2.1	1.9	1.6	2.0	1.3	1.5	0.9	2.0%
公務	7.2	7.6	5.7	5.3	8.7	6.3	12.5	11.6	7.7	12.0	16.3	23.9	20.9	7.2%

出所：Statics Canada, 'Gross domestic product（GDP）at basic prices（2019）' を基に作成。

国際金融取引の中心的機能をもつトロントは金融業の本社立地を特徴としたが，同市が所在するオンタリオ州の産業構造をみても，「金融・保険」の占める比率は9.2%と，平均の6.7%を上回っている。他の州・準州は，比率が全て平均を下回ることから，オンタリオ州トロント市における金融業の企業の立地は，GDPでみても確認できる。

油田など資源賦存に依存した「鉱業・石油採掘」は，オンタリオ州は0.9%と少ない。対照的に，原材料の所在地である州は，全国平均の4.0%を大きく上回る。カルガリー市を抱えるアルバータ州の16.8%，サスカチュワンの16.3%，ニューファンドランド・ラブラドールの24.9%が州では，平均を大きく上回る。

カナダで最も大きなシェアを占める産業は，不動産・賃貸業であり，13.2%を占める。これを大幅に上回るのは，ブリティッシュコロンビア州の17.5%であり，主に中国・香港などアジアマネーによる不動産投資が活発なヴァンクーバー市における取引を反映している。不動産・賃貸業に対応した明確な業種はないが，都市・住宅開発デベロッパーが多くを占める「住宅・商業ビル建設」が，最も近いと考えられる。同業種はカナダでは38社あり，企業数では第10位であるが（図表4-5），不動産の売買取引や開発に加え，産業分類では，賃貸業も含むために，カナダ全域では最も大きな数値となる。

2番目に大きなシェアを占める産業は，製造業であり，10.7%を占めるが，これを大幅に上回るのは，ケベック州の14.0%，オンタリオ州の12.4%である。ケベック州は，鉄道・航空機など重工業の企業集団があり，モントリオールに本社を置くボンバルディア社を中心として，研究開発拠点や関連工場が立地している。オンタリオ州は，米国のミシガン州デトロイトと隣接し，デトロイト市の外延的拡大先として自動車関係の工場が立地している。

3番目に大きなシェアを占める産業は，建設業であり，7.6%を占めるが，準州のヌアプト（15.0%），ユーコン（12.9%）で大幅に上回る。これら準州は，公務の比率も高く，カナダ平均で公務が7.2%のところ，ヌアプトが20.9%，ユーコンが23.9%，ノースウェストが16.3%と高くなる。国土縁辺部の，ノバスコシアが12.5%，ニューブランズウイックが11.6%，プリンスエドワードアイランドが12.0%と，同様に高くなる。

第5章 中国の経済的中枢管理機能立地

1 本社立地からみる地域構造

1.1 本社が立地する都市

中国の本社立地は，沿海部における３極分散型を特色とする。首都である北京市，華東地区の上海市やその周辺，華南地区の珠江デルタ地帯に位置する深圳市・広州市の，３極に分散して立地している。

図表５−１で，本社の立地数をみると，最も多いのは北京市（直轄市）であり，294社で対全国比率は14.7%と集中率は低い。第２位に，上海市（直轄市）の195社，第３位の深圳市（広東省）の91社，第４位の広州市（広東省）の73社，第５位の杭州市（浙江省）の58社，第６位の南京市（江蘇省）の50社，第７位の武漢市（湖北省）の47社，第８位の天津市（直轄市）の46社，第９位の西安市（陝西省）の39社，第10位の成都市（四川省）の35社となっている。これらの上位10都市へ立地する本社数の合計は928社で，46.4%と全体の約半分になる。

10社以上が立地しているのは37都市あり，1,433社が立地し，その比率は71.6%になる。５社以上が立地しているのは67都市で1,205社であり，その比率は60.2%となり，ようやく半数をこえる。３社以上が立地しているのは，109都市であり，1,762社が立地し，その比率は88.1%となる。

その地域に本社を置く企業の売上高の合計値を，同じく都市別でみると，本社立地数で上位10都市の売上高合計は6.08兆米ドルであり，63.3%と全体の半分以上を占め，本社の立地数の集中率よりも16.4%分高くなる。なかでも，第１位の北京市が本社数の全国比率が14.7%なのに対して，売上高合計では36.3%と約2.5倍の数値を示し，上位10都市への集中率を高くしている。売上高でみた場合，規模が大きな企業が北京に集中している。

10社以上が立地している上位67都市の合計は7.85兆米ドルであり，その比率は81.6%で，本社立地数の集中率よりも高くなる。5社以上が立地している上位67都市の合計は，8.52兆米ドルであり，その比率は88.6%と半数をこえる。3社以上が立地している上位109都市の合計は8.96兆米ドルであり，その比率は93.2%となる。本社数で見た場合も，企業の売上高でみた場合にも，上位3地域が入る上位10都市の合計値が半分以上となるものの，日本，韓国，台湾などと比較すると集中率は低い。

図表5-1　本社立地が上位の都市

順位	都市	省名	本社数	比率	売上高（億 USD）	比率
1	北京	-	294	14.7%	34,848	36.3%
2	上海	-	195	9.8%	8,753	9.1%
3	深圳	広東	91	4.6%	4,476	4.7%
4	広州	広東	73	3.7%	3,402	3.5%
5	杭州	浙江	58	2.9%	2,382	2.5%
6	南京	江蘇	50	2.5%	1,700	1.8%
7	武漢	湖北	47	2.4%	1,661	1.7%
8	天津	-	46	2.3%	883	0.9%
9	西安	陝西	39	2.0%	1,537	1.6%
10	成都	四川	35	1.8%	1,238	1.3%
11	重慶	-	34	1.7%	685	0.7%
12	太原	山西	30	1.5%	1,957	2.0%
13	長沙	湖南	28	1.4%	691	0.7%
14	青島	山東	26	1.3%	416	0.4%
15	寧波	浙江	25	1.3%	538	0.6%
16	瀋陽	遼寧	23	1.2%	804	0.8%
16	鄭州	河南	23	1.2%	767	0.8%
17	済南	山東	22	1.1%	956	1.0%
17	蘇州	江蘇	22	1.1%	444	0.5%
18	厦門	福建	21	1.1%	1,573	1.6%

出所：図表2-1に同じ。

図表5-2　企業数でみる都市別本社立地

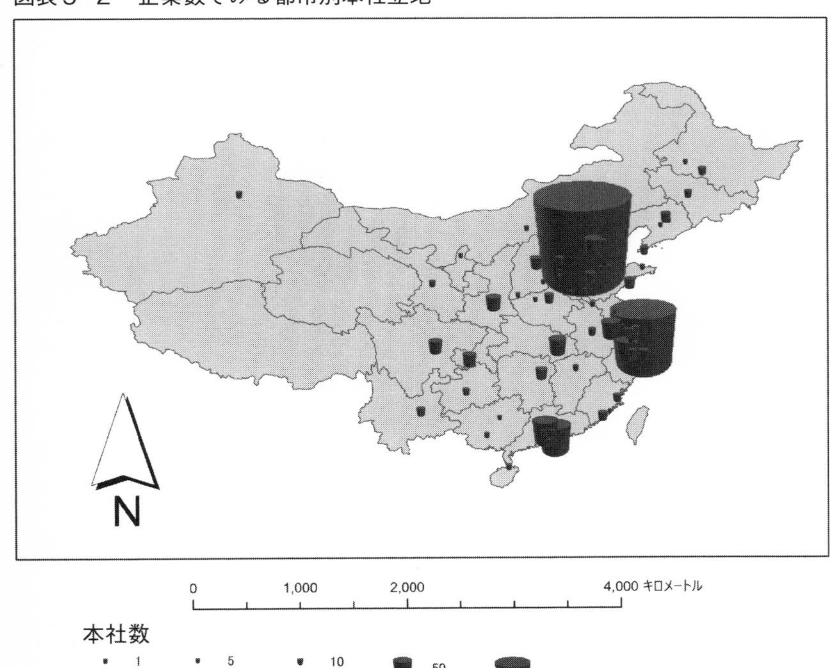

出所：図表2-1に同じ。

1.2　広域レベル（省・自治区・直轄市）の本社立地

都市を単位とした場合と同様に，省を単位としても，本社立地の3極型の分散が確認される。中国は，自治区や直轄市も省と同列に統計がとられることが多いので，前節（1.1）と直轄市分が重複するが，統計の便宜上，直轄市分も加えて図表に示す。

図表5-6のとおり，最も多いのは，北京市の294社であり，直轄市のため図表5-1と同じく第1位であるが，第2位は，深圳市，広州市などを含む広東省（213社，10.7%）である。第3位で直轄市の上海市（195社，9.8%）や上海より北側で隣接する江蘇省（187社，9.4%），第4位で上海の南側で隣接する浙江省（130社，6.5%），青島市，煙台市，済南市などを含む第6位の山東省

図表５－３　売上高でみる都市別本社立地

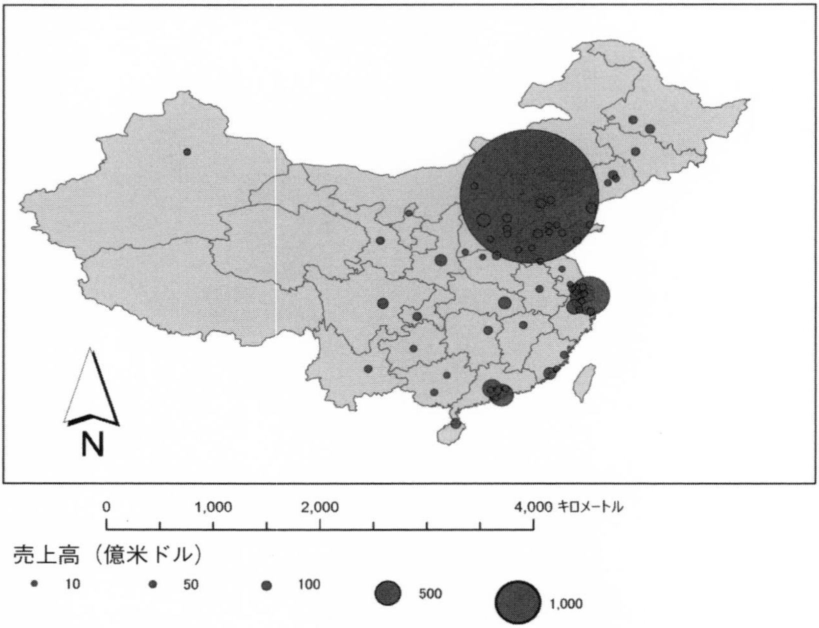

0　1,000　2,000　4,000 キロメートル

N

売上高（億米ドル）
10　50　100　500　1,000

出所：図表２－１に同じ。

（123社，6.2％）までが100社をこえている。

沿海部における首都，上海周辺，珠江デルタ地帯という３極への分散型立地が，省別でみた場合も確認できるが，内陸部における本社立地は対照的に少なくなる。最も少ないのはチベット自治区で，１社のみの立地であり，青海省の３社，寧夏回族自治区の６社までが，本社立地数は一桁であり，いずれも内陸部のため本社立地は極めて稀薄な地帯である。

売上高合計値でみると，首都である北京の集中率が高くなる。これ以外に，本社比率と比べて，売上比率が大きく上回る地域は，青海省と海南省の約1.5～２倍であるが，もともとの本社数自体が少ないため，全体の集中率には大きな影響は与えない。続いて高いのは，黒竜江省の1.2倍であるが，本社数が30社に過ぎず，同じく全体には大きな影響を与えない。

図表5-4　省・直轄市別本社立地（本社数）

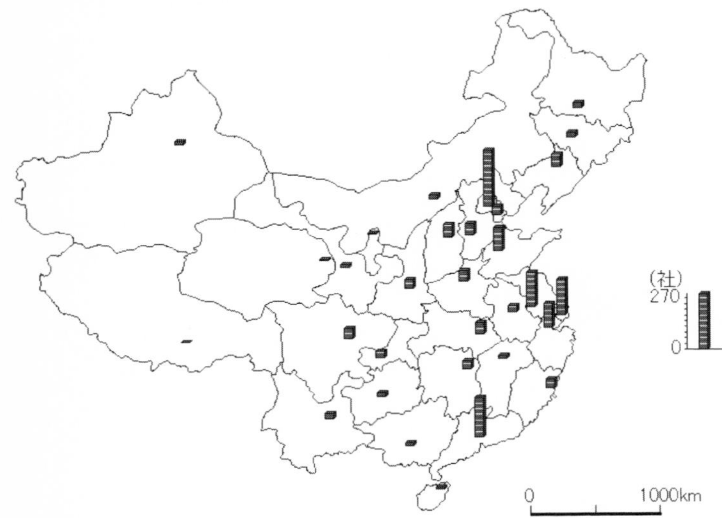

出所：図表2-1に同じ。

図表5-5　省・直轄市別本社立地（売上高合計）

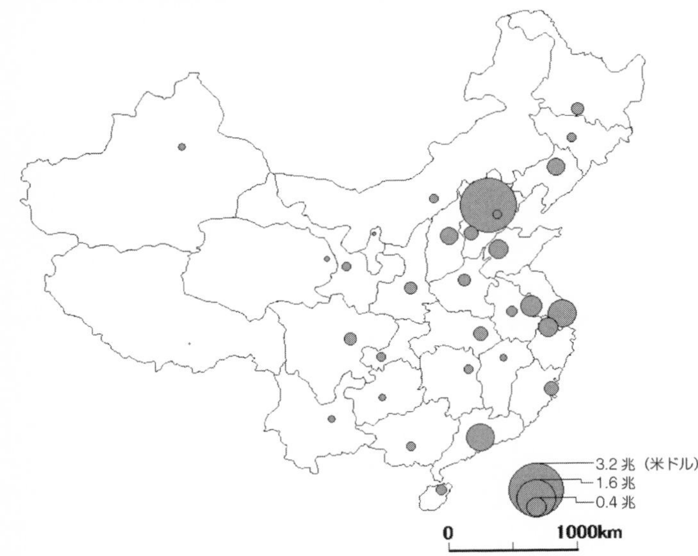

出所：図表2-1に同じ。

図表5-6　本社立地に関する省・自治区・直轄市別指標

順位	省・区・市名	本社数	売上高（億USD）	本社比率	売上比率	本社数立地特化係数	本社売上高立地特化係数
1	北京	294	34,848	14.7%	36.3%	14.53	35.82
2	広東	213	8,969	10.7%	9.3%	1.82	1.59
3	上海	195	8,753	9.8%	9.1%	8.22	7.67
4	江蘇	187	4,639	9.4%	4.8%	1.61	0.83
5	浙江	130	3,877	6.5%	4.0%	1.80	1.12
6	山東	123	3,829	6.2%	4.0%	0.86	0.56
7	山西	68	3,348	3.4%	3.5%	1.32	1.35
8	遼寧	67	3,226	3.4%	3.4%	1.00	1.00
9	湖北	61	2,309	3.1%	2.4%	0.64	0.50
10	河北	60	2,191	3.0%	2.3%	0.56	0.43
11	河南	60	1,881	3.0%	2.0%	0.40	0.26
12	四川	56	1,734	2.8%	1.8%	0.41	0.26
13	福建	51	2,392	2.6%	2.5%	0.96	0.93
14	陝西	51	1,874	2.6%	1.9%	0.88	0.67
15	天津	46	883	2.3%	0.9%	2.98	1.19
16	湖南	44	915	2.2%	1.0%	0.42	0.18
17	重慶	34	685	1.7%	0.7%	0.69	0.29
18	安徽	33	1,078	1.7%	1.1%	0.33	0.22
19	黒竜江	30	1,801	1.5%	1.9%	0.49	0.61
20	吉林	29	890	1.5%	0.9%	0.68	0.43
21	雲南	26	578	1.3%	0.6%	0.39	0.18
22	内モンゴル自治区	24	840	1.2%	0.9%	0.63	0.46
23	貴州	23	411	1.2%	0.4%	0.39	0.14
24	甘粛	19	813	1.0%	0.8%	0.46	0.41
25	広西壮族自治区	19	748	1.0%	0.8%	0.25	0.21
26	江西	19	598	1.0%	0.6%	0.28	0.18
27	新疆ウイグル自治区	17	488	0.9%	0.5%	0.60	0.36
28	海南	11	1,072	0.6%	1.1%	0.90	1.82
29	寧夏回族自治区	6	158	0.3%	0.2%	0.69	0.38
30	青海	3	287	0.2%	0.3%	0.37	0.73
31	チベット自治区	1	14	0.1%	0.0%	0.24	0.07

注：本社数が同数の場合は，売上高が多い方を上位としている。
出所：図表2-1の出所と，国家統計局編「中国統計年鑑（2019）」を基に作成。

本社数で上位の広東が0.9倍，上海が0.9倍，江蘇省が0.5倍，浙江省が0.6倍と本社数に比べて，売上高の集中率をみると低くなる。このことから売上高のみに着目した場合は，全体の約３分の１が首都における北京へ集中していることが確認でき，企業規模が大きな本社が北京に集中している。

図表５-６では，人口の対全国比率を分母として，本社・その企業による売上高の対全国比率を分子として，本社の立地特化係数が算出されている。中国の場合は，国全体の人口数が多く，そのため，都市人口の場合は，省に比べて対全国比率という分母が小さくなる傾向があり，直轄市などの係数が高くなる傾向にある。その点に注意してみても，北京市の数値が最も高く，立地特化係数は，本社数では14.53，売上高では35.82と，北京市はその基礎的な経済規模以上に，本社が多く立地している。続いて高いのは，上海の8.22，7.67であり，この２都市の特化係数が極度に高くなっている。広東省は，省人口が多いために分母が高くなり，売上高の特化係数は1.82，1.59にとどまる。本社数が50社以上の地域でこれ以外に１をこえるのは，浙江省（1.80，1.12），山西省（1.35），遼寧省（1.00，1.00）のみである。本社数が50以下でありながら天津市は2.98，1.19と１を上回るが，これは直轄市で都市人口の比率が分母となるため高くなる。

対照的に，最も低いのは，チベット自治区（0.07）で，貴州省（0.14），雲南省（0.18），湖南省（0.18）など中西部の地域の数値は低くなる。

2　本社立地の業種内訳

都市別にみた場合，最も本社数が多くなる北京市や，続いて多い上海市，深圳市，広州市において立地する企業の業種別の内訳を全国との対比で比較する。図表５-７では，中国全土における本社数で，上位20位以内の業種（同数同順位のため実績は19位以内）に関してその内訳を示し，図表５-８では，北京市における上位11位以内のそれを，それぞれ示している。

北京市で最も多いのは投資サービスの21社であるが，同市内の比率は7.1%（売上は6.0%）と，第２位の持株会社（18社，6.1%）と企業集団の管理企業が集中している。投資サービスの代表的な企業集団として，電気・情報通信業の中国聯通（439億ドル），鉄鋼業の首都鋼鉄集団有限公司（311億ドル），非鉄金属業の中国中信集団有限公司（309億ドル），電気業（電力業）の中国華電集団有限公司（296億ドル），病院運営の華潤集団（200億ドル）などをはじめ業種は多様である。持株会社の代表的な企業集団として，化学工業の中国中化集団有限公司（557億ドル），エンジニア業の中国通用技術集団（221億ドル），運輸業の中国航空集団（174億ドル），紡績用機械の中国恒天集団有限公司（134億ドル），多業種に株式投資をおこなう国家開発投資集団（131億ドル）など，持株会社同様に多様である。

これらの業種の傾向としては，インフラ整備などに関わる公営事業やサービス提供，基礎素材型産業など，中央企業（国営企業）そのものや国営企業発祥であったり，また，国務院から多くの許認可が必要な場合など，規制が強いケースが目立つ。

ただし，中国全土と対比させると，全国で第１位の業種は，金融・鉱物卸売（183社，9.2％）であり，石炭をはじめとした資源依存型の企業数が最も多い。第２位は，住宅・商業ビル建設（153社，7.7%）であり，住宅・商業施設共に経済成長率の高い中国での旺盛な建築需要に対応している。第３位に，ようやく持株会社（106社，5.3%）がきて，投資サービス（86社，4.3％）は第５位である。北京において，金融業は，第３位の生保・健保（15社，5.1%），第９位の年金基金（８社，2.7%），第10位の銀行と損害保険（それぞれ７社，2.4%）と大きくはない。

第２位の上海市においても（図表５－９），持株会社（９社，4.6％），投資サービス（６社，3.1％）と一定の地位を占め，持株会社の代表的な企業集団として，交通インフラ整備の中鉄十五局集団有限公司（716億ドル），化学工業の上海華情集団公司（66億ドル），運輸業の上海吉祥航空有限公司（40億ドル），電気業（電力業）の申能集団有限公司（26億ドル）がある。投資サービス業では，旅行業の錦江国際集団有限公司（76億ドル），不動産開発の上海城投控股股分有限公司（24億ドル），大型航空機開発の上海国盛集団有限公司（15億ドル）などであり，業種は多様であるが，国営企業やその子会社が多い。

第3位の深圳市でも（図表5-10），第1位は，投資サービス業（10社，11.0%），第3位が持株会社（5社，5.5%）であり，第2位の電子機器卸売（6社，6.6%），第5位に，電子機器・器具製造，半導体製造，コンピュータ製造（それぞれ3社，3.3%）など，製造業の占める割合が高くなる。

第4位の広州市でも（図表5-11），第4位に，造船，衣服・アパレル卸売（それぞれ3社，4.1%）と，製造業が一定の割合を占めている。

図表5-7　中国における本社の業種別内訳

順位	業種	企業数	比率	売上高（億 USD）	比率	従業員（人）	比率
1	金属・鉱物卸売	183	9.2%	8,685	9.0%	1,797,155	5.3%
2	住宅・商業ビル建設	153	7.7%	3,892	4.0%	1,307,147	3.9%
3	持株会社	106	5.3%	6,234	6.5%	1,716,287	5.1%
4	専門建設下請	87	4.4%	3,776	3.9%	1,525,296	4.5%
5	投資サービス	86	4.3%	5,975	6.2%	1,664,568	4.9%
6	管理サービス	71	3.6%	4,429	4.6%	1,269,601	3.8%
7	建築	60	3.0%	1,151	1.2%	676,669	2.0%
8	石炭採掘	59	3.0%	4,308	4.5%	1,923,236	5.7%
9	土木	57	2.9%	1,622	1.7%	613,851	1.8%
10	健康・個人ケア卸売	52	2.6%	1,145	1.2%	205,755	0.6%
11	卸売一般	44	2.2%	1,000	1.0%	320,630	0.9%
12	電力（発送電）	40	2.0%	2,518	2.6%	775,585	2.3%
13	銀行	39	2.0%	1,166	1.2%	312,244	0.9%
14	機械・設備製造	36	1.8%	1,081	1.1%	416,875	1.2%
15	電子機器・器具製造	31	1.6%	745	0.8%	605,027	1.8%
16	電子機器卸売	29	1.5%	814	0.8%	270,617	0.8%
17	生保・健保	28	1.4%	2,115	2.2%	420,557	1.2%
17	石油・天然ガス採掘	28	1.4%	7,137	7.4%	2,159,062	6.4%
18	年金基金	27	1.4%	911	0.9%	169,999	0.5%
19	ビジネス支援サービス	26	1.3%	917	1.0%	328,732	1.0%

出所：図表2-1に同じ。

図表5-8　北京市における本社の業種別内

順位	業種	企業数	比率	売上高(億USD)	比率	従業員(人)	比率
1	投資サービス	21	7.1%	2,080	6.0%	381,151	4.1%
2	持株会社	18	6.1%	1,530	4.4%	189,661	2.0%
3	生保・健保	15	5.1%	924	2.7%	167,402	1.8%
4	専門建設下請	14	4.8%	2,080	6.0%	726,794	7.8%
5	金属・鉱物卸売	13	4.4%	1,280	3.7%	36,555	0.4%
6	建築	12	4.1%	895	2.6%	708,419	7.6%
6	住宅・商業ビル建設	12	4.1%	1,110	3.2%	134,650	1.4%
7	管理サービス	11	3.7%	1,820	5.2%	190,764	2.1%
8	土木	10	3.4%	408	1.2%	131,059	1.4%
9	年金基金	8	2.7%	233	0.7%	65,365	0.7%
10	銀行	7	2.4%	502	1.4%	78,840	0.8%
10	電力（発送電）	7	2.4%	1,560	4.5%	177,614	1.9%
10	電子機器卸売	7	2.4%	165	0.5%	41,526	0.4%
10	損害保険	7	2.4%	392	1.1%	901,534	9.7%
11	健康・個人ケア卸売	6	2.0%	332	1.0%	113,500	1.2%

出所：図表2-1に同じ。

図表5-9　上海市における本社の業種別内訳

順位	業種	企業数	比率	売上高(億USD)	比率	従業員(人)	比率
1	持株会社	9	4.6%	921	10.5%	323,639	14.3%
2	専門建設下請	8	4.1%	451	5.1%	235,858	10.5%
2	金属・鉱物卸売	8	4.1%	177	2.0%	6,070	0.3%
3	管理サービス	7	3.6%	283	3.2%	50,637	2.2%
3	住宅・商業ビル建設	7	3.6%	133	1.5%	34,916	1.5%
3	生保・健保	7	3.6%	595	6.8%	30,655	1.4%
3	銀行	7	3.6%	105	1.2%	18,210	0.8%
4	ビジネス支援サービス	6	3.1%	420	4.8%	2,251	0.1%
4	投資サービス	6	3.1%	163	1.9%	106,000	4.7%
5	健康・個人ケア卸売	5	2.6%	187	2.1%	2,569	0.1%
5	自動車卸売	5	2.6%	122	1.4%	6,930	0.3%

出所：図表2-1に同じ。

図表５-10　深圳市における本社の業種別内訳

順位	業種	企業数	比率	売上高（億 USD）	比率	従業員（人）	比率
1	投資サービス	10	11.0%	1,376	30.7%	381,800	29.7%
2	電子機器卸売	6	6.6%	220	4.9%	68,535	5.3%
3	持株会社	5	5.5%	773	17.3%	13,096	1.0%
4	専門建設下請	4	4.4%	57	1.3%	19,765	1.5%
4	土木	4	4.4%	121	2.7%	25,316	2.0%
4	金属・鉱物卸売	4	4.4%	100	2.2%	12,610	1.0%
5	生保・健保	3	3.3%	246	5.5%	131,200	10.2%
5	損害保険	3	3.3%	377	8.4%	15,577	1.2%
5	管理サービス	3	3.3%	34	0.8%	23,000	1.8%
5	電子機器・器具製造	3	3.3%	44	1.0%	66,511	5.2%
5	半導体製造	3	3.3%	41	0.9%	98,370	7.6%
5	コンピュータ製造	3	3.3%	29	0.6%	29,040	2.3%
5	雑貨卸売	3	3.3%	47	1.1%	12,205	0.9%

出所：図表２-１に同じ。

図表５-11　広州市における本社の業種別内訳

順位	業種	企業数	比率	売上高（億 USD）	比率	従業員（人）	比率
1	専門建設下請	8	11.0%	132	3.9%	75,752	5.4%
2	卸売一般	6	8.2%	285	8.4%	140,026	9.9%
3	持株会社	4	5.5%	237	7.0%	25,400	1.8%
4	電力（発送電）	3	4.1%	60	1.8%	19,833	1.4%
4	管理サービス	3	4.1%	47	1.4%	18,046	1.3%
4	造船	3	4.1%	36	1.0%	16,892	1.2%
4	衣服・アパレル卸売	3	4.1%	26	0.8%	7,825	0.6%
4	土木	3	4.1%	35	1.0%	7,401	0.5%

出所：図表２-１に同じ。

3　地域経済と省都

前節では，国務院の管轄・直轄や財政部の管轄による国有企業が，大企業の大半を占め，そのことが本社立地においては北京への集中をもたらしていることを示した。ただし，大企業の大半が民間企業により占められる資本主義国でありながら，首都へ極度に本社が集中している日本，韓国，台湾のような状況は，中国では確認できない。また，GDPや人口などの指標をみても，中国全体に占める首都の北京や，直轄市の上海，天津，重慶の占める割合は高くない。

図表5-12では，直轄市を除く，27の省・自治区において，省都がどの程度の割合を示すのかを，消費財販売額，人口，域内総生産，本社立地数，立地する本社の売上高合計の５項目から示している。また，**図表5-13**では，地域の基礎的な経済規模をみるために，直轄市も含む31地域における域内総生産と人口一人当たりのそれを示している。全体的な傾向として，省都の省内での占める各種指標の域内比率は，日本における省庁地方出先機関所在都市の地方ブロック内比率，韓国における道都の道内比率，台湾における縣庁所在都市の県内比率ほどは高くない。

人口規模において最も高いのは，西寧市（青海省，33.9%）であり，域内総生産でも47.6%と高い数値を示している。また，企業の本社は青海省で３社のみであるが（**図表5-6**），その３社は全て西寧市に立地している。続いて高いのは，長春市（吉林省，27.7％）であり，域内総生産が40.1％，本社立地数では44.1%を占めている。３番目は，銀川市（寧夏回族自治区，27.0%）であり，域内総生産で47.0%，同自治区で立地する６社のうち２社が銀川市に立地している。国土の縁辺部に位置する地域は，もともとの経済規模が小さく，省都における企業の本社数やGDPの絶対値は小さくとも，省内で占める割合は高くなる。西安市（陝西省，21.5%），ハルビン市（黒竜江省，25.4%）も，省都の人口比率が20%をこえているが，同様に国土縁辺部に位置している。

最も低いのは，済南市（山東省，6.3%）であり，域内総生産も9.0%にすぎない。本社立地数でも17.9%であり，済南市以外に青島，煙台などの経済規模

図表5-12　省都に関する主要指標

省名	省都	消費財販売額省内比率（%）	人口省内比率（%）	域内総生産省内比率（%）	本社立地数の省内比率（%）	立地する本社の売上高の省内比率（%）
河北	石家庄市	11.0%	13.8%	17.4%	36.7%	35.9%
山西	太原市	8.8%	10.0%	19.0%	44.1%	58.5%
内モンゴル自治区	フフホト市	12.4%	9.5%	19.7%	29.2%	29.9%
遼寧	瀋陽市	13.3%	16.8%	23.7%	34.3%	24.9%
吉林	長春市	18.8%	27.7%	40.1%	55.2%	71.8%
黒竜江	ハルビン市	26.0%	25.4%	38.4%	56.7%	47.9%
江蘇	南京市	5.0%	8.3%	12.2%	26.7%	36.6%
浙江	杭州市	6.2%	13.0%	21.9%	44.6%	61.5%
安徽	合肥市	6.9%	11.7%	23.2%	48.5%	29.5%
福建	福州市	7.3%	17.6%	19.3%	33.3%	19.9%
江西	南昌市	10.1%	11.3%	21.8%	52.6%	73.8%
山東	済南市	5.7%	6.3%	9.0%	17.9%	25.0%
河南	鄭州市	9.4%	8.7%	18.2%	38.3%	40.8%
湖北	武漢市	10.7%	14.1%	33.6%	77.0%	71.9%
湖南	長沙市	10.0%	10.1%	27.6%	63.6%	75.5%
広東	広州市	6.9%	7.8%	21.8%	34.3%	37.9%
広西壮族自治区	南寧市	12.4%	15.4%	20.0%	47.4%	49.9%
海南	海口市	11.8%	18.0%	28.2%	90.9%	99.3%
四川	成都市	11.1%	16.9%	32.9%	62.5%	71.4%
貴州	貴陽市	6.3%	11.2%	23.3%	60.9%	57.4%
雲南	昆明市	12.3%	11.7%	26.3%	73.1%	82.5%
チベット自治区	ラサ市	16.9%	16.0%	32.4%	0.0%	0.0%
陝西	西安市	12.2%	21.5%	28.6%	76.5%	82.0%
甘粛	蘭州市	15.6%	12.3%	30.4%	63.2%	62.8%
青海	西寧市	17.4%	33.9%	47.6%	100.0%	100.0%
寧夏回族自治区	銀川市	18.0%	27.0%	47.0%	33.3%	76.4%
新疆ウイグル自治区	ウルムチ市	11.8%	11.0%	22.6%	70.6%	57.7%

出所：図表5-6に同じ。

図表５－13　省・自治州・直轄市の域内総生産額

順位	省・市	域内総生産（億人民元）	人口一人当たり総生産（人民元）	順位	省・市	域内総生産（億人民元）	人口一人当たり総生産（人民元）
1	広東	89,705	80,932	16	江西	20,006	43,424
2	江蘇	85,870	107,150	17	重慶	19,425	63,442
3	山東	72,634	72,807	18	天津	18,549	118,944
4	浙江	51,768	92,057	19	広西壮族自治区	18,523	38,102
5	河南	44,553	46,674	20	雲南	16,376	34,221
6	四川	36,980	44,651	21	内モンゴル自治区	16,096	63,764
7	湖北	35,478	60,199	22	黒竜江	15,903	41,916
8	河北	34,016	45,387	23	山西	15,528	42,060
9	湖南	33,903	49,558	24	吉林	14,945	54,838
10	福建	32,182	82,677	25	貴州	13,541	37,956
11	上海	30,633	126,634	26	新疆ウイグル自治区	10,882	44,941
12	北京	28,015	128,994	27	甘粛	7,460	28,497
13	安徽	27,018	43,401	28	海南	4,463	48,430
14	遼寧	23,409	53,527	29	寧夏回族自治区	3,444	50,765
15	陝西	21,899	57,266	30	青海	2,625	44,047
				31	チベット自治区	1,311	39,267

出所：図表５－６に同じ。

の大きな都市があることに加え，山東省自体の経済規模が，域内総生産では7.26兆人民元で，中国内で第３位と大きなことも要因としてある。同様に，沿海部に多いが，経済規模の大きな省の省都も人口の省内比率は低く，広州市（広東省，7.8%），南京市（江蘇省，8.3%），鄭州市（河南省，8.7%）などが該当する。広東省は域内総生産が8.97兆人民元と中国内で第１位であり，広州市は，同省内に深圳市などがありながらも，域内総生産の域内比率は21.8%，本社数では34.3%と，人口規模以上に高い比率である。江蘇省の域内総生産は8.5兆人民元と第２位であるが，南京市も，同省内での域内総生産は12.2%でありながら，本社は26.7%と多くの企業本社が立地している。河南省の域内総生産は4.55兆人民元で第５位であるが，鄭州市における，域内総生産の省内比率は18.2%でありながら，本社は38.3%の比率を占めている。これらの沿海部における省は，経済規模が大きなために，省都比率が低くなり，これ以外に人口比率で10％以下であるのは，フフホト市（内モンゴル自治区，9.5%）であり，同自治区の域内総生産は1.60兆人民元で第21位と，経済規模自体は大きくない。同自治区内に，より大規模な，包头市（224万人），赤峰市（463万人）があるため，フフホト市の比率は低くなる。なお，フフホト市は，域内総生産では19.7%と数値は上昇する。

第6章 韓国の経済的中枢管理機能立地

1 本社立地からみる地域構造

1.1 都市別本社立地

韓国の本社立地は，首都かつ首位都市への一極集中型を特色とする。そのことは，首位都市や上位都市への集中度の高さによって示すことができる。

図表6－1で，本社の立地数をみると，最も多いのはソウル（特別市）の754社で，対全国比率は37.7％と集中率は高い。第2位の釜山市（広域市）120社，第3位の仁川市（広域市）の88社，第4位の華城市（近畿道）の62社，第5位の城南市（近畿道）の61社，第6位の安山市（近畿道）の54社，第7位の大邱市（広域市）の48社，第8位の晶原市（慶尚南道）の46社，第9位の蔚山市（広域市）の42社，第10位の大田市（広域市）の36社となっている。これらの上位10都市へ立地する本社数の合計は1,311社で，65.5％と全体の半分以上を占める。

10社以上が立地しているのは，34都市あり，1,768社が立地し，その比率は88.4％になる。5社以上が立地しているのは，54都市で，1,893社あり，その比率が94.7％と9割をこえる。3社以上が立地しているのは，69都市あり，1,945社が立地し，その比率は97.2％となる。

売上高をみると，本社立地数で上位10都市の合計は，5,591億米ドルであり，71.9％と全体の約4分の3を占める。10社以上が立地している上位34都市の合計は，6,798億米ドルであり，その比率は87.4％と9割に近づく。

5社以上が立地している上位54都市の合計は，7,517億米ドルであり，その比率は96.7％と9割をこえる。3社以上が立地している上位69都市の合計は，7,618億米ドルであり，その比率は73.2％となる。

本社数で見た場合も，企業の売上高でみた場合にも，上位都市への集中率は極めて高い。

図表６－１　本社立地が上位の都市

順位	都市名	道・市	本社数	全国比率	売上高（億USD）	全国比率
1	ソウル	ソウル	754	37.7%	4,291	55.2%
2	釜山	釜山	120	6.0%	228	2.9%
3	仁川	仁川	88	4.4%	241	3.1%
4	華城	京畿道	62	3.1%	74	1.0%
5	城南	京畿道	61	3.1%	161	2.1%
6	安山	京畿道	54	2.7%	58	0.7%
7	大邸	大邸	48	2.4%	67	0.9%
8	晶原	慶尚南道	46	2.3%	97	1.3%
9	蔚山	蔚山	42	2.1%	254	3.3%
10	大田	大田	36	1.8%	120	1.5%
11	光州	光州	33	1.7%	65	0.8%
11	平沢	京畿道	33	1.7%	32	0.4%
12	天安	忠清南道	31	1.6%	40	0.5%
13	龍仁	京畿道	29	1.5%	309	4.0%
14	牙山	忠清南道	28	1.4%	67	0.9%
15	始興	京畿道	25	1.3%	81	1.0%
16	清州	忠清北道	20	1.0%	32	0.4%
16	梁山	慶尚南道	20	1.0%	32	0.4%
16	金浦	京畿道	20	1.0%	17	0.2%
17	亀尾	慶尚北道	19	1.0%	53	0.7%
17	水原	京畿道	19	1.0%	33	0.4%

出所：図表２－１に同じ。

図表６-２　企業数でみる都市別本社立地

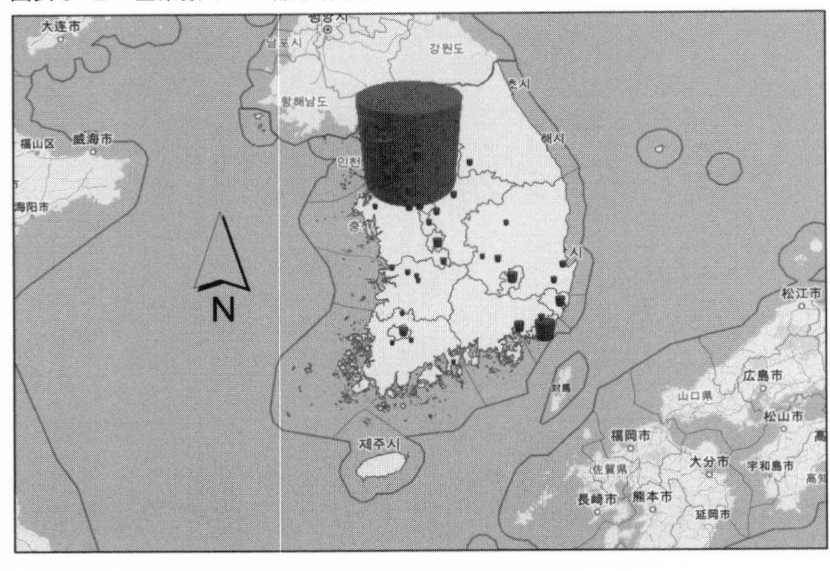

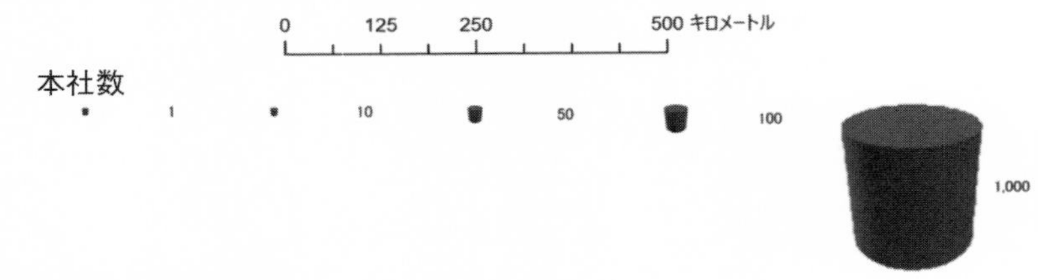

出所：図表２-１に同じ。

図表６－３　売上高でみる都市別本社立地

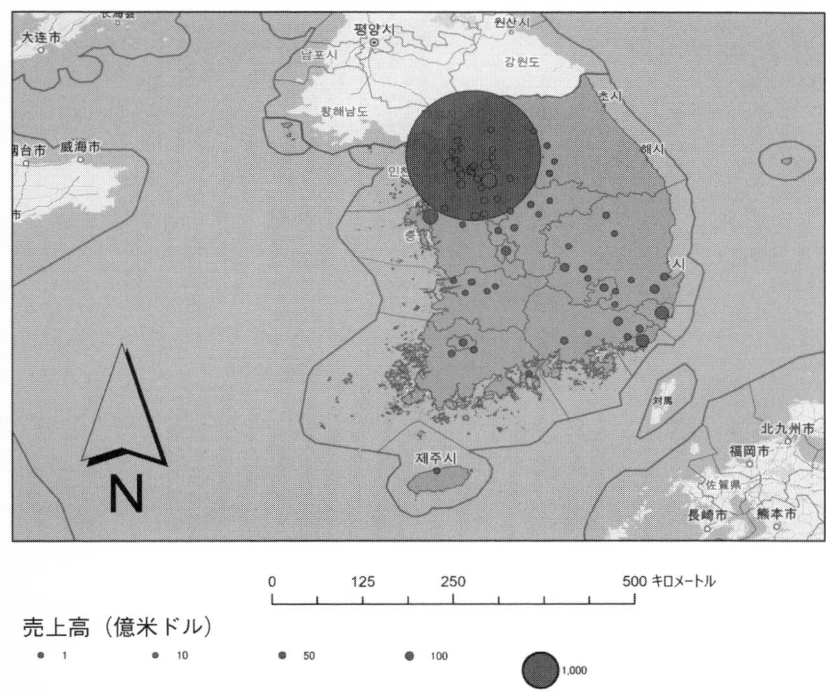

出所：図表２－１に同じ。

1.2　特別市・広域市・自治市・道別本社立地

都市を単位とした場合と同様に，特別市・広域市・自治市・道を単位としても，傾向としては，本社立地の首都や首都圏への集中が確認される。図表６－４のとおり，最も多いのは，首都のソウル市の754社で，それを囲むようにソウルの衛星都市が多くある京畿道が第２位の410社であり，第７位の仁川市の88社を加えると，1,252社となり，全国比率は62.6%と６割をこえる。

都市別人口規模では，ソウルに次いで大規模な釜山市は，本社数では第３位の120社であるが，隣接する慶尚南道が第５位の98社，第10位の蔚山が42社で，これらの合計は260社で，全国比率は13%となり１割をこえる程度である。

ソウル市，釜山市を中心とする２極に次いで，第３の極が，第９位の大邱市

図表６-４　本社立地に関する主要都市・道別指標

順位	市・道名	本社数	売上高（億 USD）	本社数比率	売上比率	本社立地特化係数	本社売上高立地特化係数
1	ソウル	754	4,291	37.7%	55.2%	2.01	2.95
2	京畿道	410	1,008	20.5%	13.0%	0.81	0.51
3	釜山	120	228	6.0%	2.9%	0.91	0.45
4	慶尚北道	108	383	5.4%	4.9%	1.04	0.95
5	慶尚南道	98	225	4.9%	2.9%	0.76	0.45
6	忠清南道	90	530	4.5%	6.8%	1.07	1.61
7	仁川	88	241	4.4%	3.1%	0.77	0.54
8	忠清北道	60	88	3.0%	1.1%	0.96	0.36
9	大邱	48	67	2.4%	0.9%	0.51	0.18
10	蔚山	42	254	2.1%	3.3%	0.94	1.46
11	大田	36	120	1.8%	1.5%	0.61	0.53
12	全羅北道	35	70	1.8%	0.9%	0.50	0.26
13	光州	33	65	1.7%	0.8%	0.57	0.29
13	江原道	33	50	1.7%	0.6%	0.56	0.22
14	全羅南道	25	111	1.3%	1.4%	0.36	0.41
15	世宗	13	25	0.7%	0.3%	1.07	0.53
16	済州道	7	15	0.4%	0.2%	0.27	0.15

出所：図表２-１出所と，‘Statistics Korea’のデータベースを基に作成。

の48社に加え，第４位の慶尚北道の108社があり，これらの合計で156社となるが，対全国比率は7.8%となり１割に満たない。

最も少ないのは，済州道の７社であり，0.4%にすぎない。続いて少ないのは，一部の中央省庁の移転先で，行政的中枢管理機能の配置が行われている世宗特別自治市の13社であるが，もともとの人口数が31.2万人と少ない。

本社数でみた場合の立地特化係数は，ソウル市が最も高く2.01であり，売上高でみても2.95となり，日本における東京一極集中ほどは高くない。京畿道は，本社数では第２位と多かったものの，特化係数は，それぞれ0.81，0.51となり，人口規模にみあった本社立地はない。

本社数での係数で，１を超えるのは，慶尚北道の1.04，忠清南道の1.07，世宗市の1.07である。また，最も低いのは，離島の済州道の0.27であるが，朝鮮半島で最も低いのは，全羅南道の0.36であり，この２道以外はすべて0.5をこえている。その点で，日本ほどは，首都や上位都市・都道府県への集中度は高くない。

2　本社立地の業種内訳

都市別にみた場合，最も本社数が多くなるソウル市や，続いて多い釜山市，ソウルに近接する仁川市，京畿道の，華城市，城南市において立地する企業の業種別の内訳を，全国との対比で比較する。図表６-５では，韓国全土における本社数で，上位20位以内（同数同順位のため実際は19位以内）の業種に関して，その内訳を示し，図表６-６では，ソウル市における，上位15位以内のそれを，それぞれ示している。

ソウル市における業種内訳をみると，上位の業種への集中度は高くなく，また業種の多様性を特色とする。最も多いのは衣服・アパレル製造であり30社であるが，同市内での比率は4.0％（売上は1.3％）にすぎず，第２位のコンピュータプログラム（29社，3.8％），第３位の陸運（27社，3.6％），第４位の出版（23社，3.1％）と，第５位の機械・設備製造（21社，2.8％）となり，第２次産業・第３次産業が混在している。

韓国証券取引所の本部は釜山市であるが，その一部門である株式取引所の取引はソウル市で行われているにもかかわらず，金融関係の業種は上位にはこない。第10位の銀行（15社，２％），第15位の抵当・クレジット（10社，1.3％）である。また，韓国の外為市場も，中央銀行の韓国銀行の本部がソウル市に置かれ，そこを中心に取引がなされていることから，ソウル外為市場と呼ばれているが，関連する金融業の本社は上位にはこない。

全国では，第１位は自動車部品（203社，10.2％）が全体の約１割を占めるが，ソウルでは第12位（13社，1.7％）に過ぎない。全国で第２位は金属であるが，ソウルでも第６位（19社，2.5％）となっている。ソウル市では第５位であった機械・設備製造は，全国では第３位（96社，4.8％）である。

釜山市における本社立地は（図表６-７），製造業に関する業種が上位に位置する。第１位の金属（11社，12.5％），第２位の自動車部品と金属（それぞれ９社，10.2％），第３位の繊維とゴム・プラスチック製造（それぞれ６社，6.8％），第４位の，衣服アパレル製造と建築（それぞれ５社，5.7％）と，製造業が続い

図表6-5　全韓国における本社の業種別内訳

順位	業種	企業数	比率	売上高(億USD)	比率	従業員(人)	比率
1	自動車部品	203	10.2%	414	5.3%	67,330	6.0%
2	金属	128	6.4%	224	2.9%	23,652	2.1%
3	機械・設備製造	96	4.8%	112	1.4%	22,981	2.1%
4	半導体製造	68	3.4%	387	5.0%	56,367	5.1%
5	電子機器・器具製造	60	3.0%	116	1.5%	20,135	1.8%
6	ゴム・プラスチック製造	53	2.7%	73	0.9%	13,720	1.2%
7	住宅・商業ビル建設	46	2.3%	200	2.6%	19,128	1.7%
7	衣服・アパレル製造	46	2.3%	115	1.5%	13,022	1.2%
8	食品	44	2.2%	138	1.8%	25,559	2.3%
9	コンピュータプログラム	42	2.1%	84	1.1%	16,226	1.5%
10	建築	40	2.0%	239	3.1%	35,004	3.1%
11	繊維	39	2.0%	50	0.6%	8,544	0.8%
12	その他化学製品	36	1.8%	54	0.7%	7,657	0.7%
13	銀行	34	1.7%	591	7.6%	67,130	6.0%
13	基礎化学	34	1.7%	195	2.5%	7,707	0.7%
14	陸運	33	1.7%	117	1.5%	11,775	1.1%
15	専門建設下請	32	1.6%	46	0.6%	6,954	0.6%
16	電機卸売	30	1.5%	48	0.6%	7,059	0.6%
17	金属・鉱物卸売	29	1.5%	75	1.0%	3,410	0.3%
18	雑貨卸売	28	1.4%	60	0.8%	17,228	1.5%
19	建設資材卸売	26	1.3%	186	0.7%	36,024	0.8%
19	土木	26	1.3%	120	0.5%	35,932	0.8%

出所：図表2-1に同じ。

図表6-6　ソウル市における本社の業種別内訳

順位	業種	企業数	比率	売上高（億 USD）	比率	従業員（人）	比率
1	衣服・アパレル製造	30	4.0%	56	1.3%	6,708	1.2%
2	コンピュータプログラム	29	3.8%	48	1.1%	9,437	1.6%
3	陸運	27	3.6%	99	2.3%	10,258	1.8%
4	出版	23	3.1%	35	0.8%	16,623	2.9%
5	機械・設備製造	21	2.8%	33	0.8%	6,949	1.2%
6	金属	19	2.5%	26	0.6%	3,210	0.6%
7	電機卸売	18	2.4%	30	0.7%	3,149	0.5%
8	雑貨卸売	17	2.3%	42	1.0%	12,819	2.2%
9	不動産代理	16	2.1%	23	0.5%	3,699	0.6%
9	繊維	16	2.1%	17	0.4%	2,614	0.5%
10	銀行	15	2.0%	565	13.2%	57,342	9.9%
10	住宅・商業ビル建設	15	2.0%	69	1.6%	7,182	1.2%
10	コンサルティングサービス	15	2.0%	28	0.6%	8,993	1.6%
11	化学	14	1.9%	17	0.4%	2,197	0.4%
12	建築	13	1.7%	126	2.9%	13,449	2.3%
12	自動車部品	13	1.7%	30	0.7%	3,773	0.7%
13	鉱物卸売	12	1.6%	28	0.7%	430	0.1%
13	専門建設下請	12	1.6%	14	0.3%	1,975	0.3%
14	石油卸売	11	1.5%	135	3.1%	1,712	0.3%
14	食品	11	1.5%	65	1.5%	12,592	2.2%
15	抵当・クレジット	10	1.3%	133	3.1%	9,613	1.7%
15	持株会社	10	1.3%	62	1.5%	1,685	0.3%
15	その他卸売	10	1.3%	24	0.6%	2,836	0.5%
15	電子機器・器具製造	10	1.3%	10	0.2%	3,231	0.6%

出所：図表2-1に同じ。

図表6－7　釜山市における本社の業種別内訳

順位	業種	企業数	比率	売上高(億 USD)	比率	従業員(人)	比率
1	金属	11	12.5%	14	6.0%	2,255	5.9%
2	自動車部品	9	10.2%	17	7.5%	3,080	8.0%
2	金属	9	10.2%	13	5.6%	1,623	4.2%
3	繊維	6	6.8%	7	2.9%	1,119	2.9%
3	ゴム・プラスチック製造	6	6.8%	3	1.1%	607	1.6%
4	衣服・アパレル製造	5	5.7%	20	8.7%	2,977	7.8%
4	建築	5	5.7%	7	3.0%	1,323	3.4%
5	造船	4	4.5%	8	3.5%	1,102	2.9%
5	銀行	4	4.5%	8	3.4%	3,594	9.4%
5	機械・設備製造	4	4.5%	5	2.1%	1,564	4.1%
5	電子機器・器具製造	4	4.5%	4	1.9%	1,444	3.8%
5	化学卸売	4	4.5%	2	0.9%	204	0.5%
6	食品	3	3.4%	18	8.0%	1,518	4.0%
6	半導体製造	3	3.4%	6	2.7%	829	2.2%
6	その他製造	3	3.4%	1	0.6%	436	1.1%

出所：図表2－1に同じ。

図表6－8　仁川市における本社の業種別内訳

順位	業種	企業数	比率	売上高(億 USD)	比率	従業員(人)	比率
1	自動車部品	22	25.0%	38	16.0%	19,193	52.9%
2	金属	9	10.2%	13	5.3%	1,623	4.5%
3	ゴム・プラスチック製造	6	6.8%	3	1.1%	607	1.7%
4	機械・設備製造	4	4.5%	5	2.0%	1,564	4.3%
5	食品	3	3.4%	18	7.6%	1,518	4.2%
5	半導体製造	3	3.4%	6	2.6%	829	2.3%
5	その他製造	3	3.4%	1	0.6%	436	1.2%

出所：図表2－1に同じ。

図表６-９　華城市における本社の業種別内訳

順位	業種	企業数	比率	売上高(億USD)	比率	従業員(人)	比率
1	自動車部品	15	24.2%	25	33.8%	3,353	26.3%
2	機械・設備製造	8	12.9%	4	5.8%	832	6.5%
3	電子機器・器具製造	5	8.1%	3	4.4%	612	4.8%
4	金属	3	4.8%	4	4.9%	832	6.5%
4	製紙	3	4.8%	3	4.1%	739	5.8%

出所：図表２-１に同じ。

図表６-10　城南市における本社の業種別内訳

順位	業種	企業数	比率	売上高(億USD)	比率	従業員(人)	比率
1	コンピュータプログラム	8	13.1%	18	10.8%	4,392	11.4%
2	専門建設下請	4	6.6%	4	2.6%	1,089	2.8%
2	衣服・アパレル製造	4	6.6%	3	1.9%	205	0.5%
3	電機卸売	3	4.9%	8	5.2%	1,569	4.1%
3	建築	3	4.9%	4	2.6%	1,815	4.7%
3	金属	3	4.9%	2	1.5%	565	1.5%

出所：図表２-１に同じ。

ている。第５位に，銀行（４社，4.5%）が入るが，それ以外で，図表に出てくる業種は，全て第２次産業である。本社数で，第３位の仁川市（図表６-８），第４位の華城市（図表６-９）にも同様の傾向がみられ，いずれも第１位の業種は自動車部品であり，また，製造業が上位を占めている。本社数で第５位の城南市（図表６-10）は，コンピュータプログラムが第１位（８社，13.1%）である。

3　地域経済と道都

図表６-11では，特別市・広域市・自治市を除く９の道において，道都がどの程度の割合を示すのかを，人口，本社立地数，立地する本社の売上高合計の３項目から示している。全体的な傾向として，道都の省内での占める各種指標の域内比率は，日本における省庁地方出先機関所在都市の地方ブロック内比率

図表6-11　省都に関する主要指標

道名	道都	人口 道内比率（%）	本社立地数 の道内比率（%）	立地する本社の 売上高の 道内比率（%）
京畿道	水原市	9.3%	4.6%	3.3%
江原道	春川市	18.7%	18.2%	6.7%
忠清北道	清州市	52.1%	6.7%	3.0%
忠清南道	洪城郡	4.7%	1.1%	0.1%
全羅北道	全州市	36.2%	14.3%	21.0%
全羅南道	務安郡	4.5%	0.0%	0.0%
慶尚北道	安東市	6.1%	2.8%	1.0%
慶尚南道	昌原市	31.2%	46.9%	43.2%
済州特別自治道	済州市	73.4%	100.0%	100.0%

出所：図表6-4に同じ。

ほどは高くないものの，中国・米国・カナダなどと比べると高くなる。しかし，道都への集中率は，人口，本社数やその売上比率をみてもばらつきが大きい。人口では，済州市の道内比率が73.4%と最も高く，また，本社数の道内比率も100%であるが，もともとの人口規模が道で65.8万人と小さく，本社数自体も道で7社と少ないのが全て同市に集中している。人口規模が1,218万人と大規模な京畿道は，人口が121.8万人の水原市との比率で9.3%と小さくなり，本社立地数も19社ありながら，道内比率は4.6%にまで下がり，売上比率でみても3.3%にすぎない。これ以外に，人口・本社数・売上高比率で，道内比率が10%を下回るのは3道あり，全羅南道の務安郡が，それぞれ4.5%，0.0%，0.0%，忠清南道の洪城郡が，それぞれ4.7%，1.1%，0.1%，慶尚北道の安東市が，それぞれ6.1%，2.8%，1.0%である。

4　産業構造と地域経済

4.1　産業構造からみる地域的特色

図表6-12では，2018年における，特別市・広域市・自治市・道別ごとの産業構造の内訳を，域内総生産（GDPまたはGRDP）を単位として特化係数で示している。

図表6-12　産業別特化係数（2016）

産業	ソウル	釜山	大邱	仁川	光州	大田	蔚山	世宗	京畿道
農林水産	0.05	0.26	0.16	0.16	0.21	0.05	0.12	0.95	0.38
鉱業	0.01	0.11	0.03	0.91	0.16	0.04	1.16	1.29	0.69
製造	0.14	0.61	0.76	0.95	0.92	0.57	2.12	0.76	1.31
電気・ガス・蒸気・エアコン供給	0.24	1.06	0.38	2.34	0.56	0.57	1.48	0.90	0.64
建設	0.59	1.10	0.81	1.05	0.84	0.70	0.94	2.68	1.18
卸売・小売	2.01	1.25	1.16	0.91	0.93	0.93	0.38	0.28	0.80
運輸・倉庫	0.82	2.07	1.09	3.29	0.89	0.82	0.72	0.31	0.79
宿泊・飲食サービス	1.21	1.37	1.20	1.06	1.08	1.17	0.60	0.58	0.84
情報通信	2.72	0.49	0.53	0.39	0.57	0.75	0.17	0.16	0.81
金融・保険	2.09	1.23	1.24	0.75	1.09	0.97	0.43	0.66	0.62
不動産	1.49	1.31	1.39	1.07	1.18	1.15	0.53	0.87	0.98
事業所サービス	1.64	0.93	0.80	0.73	0.86	1.93	0.57	0.55	1.16
公務及び国防・義務的社会保障事業	0.64	1.00	1.21	0.98	1.00	1.56	0.39	4.04	0.69
教育	0.96	1.29	1.54	1.01	1.45	1.45	0.71	1.23	0.83
保健衛生及び社会事業	1.05	1.68	1.62	1.07	1.94	1.46	0.54	0.46	0.85
その他サービス	1.07	1.17	1.26	1.15	1.28	1.22	0.58	0.51	0.94

産業	江原道	忠清北道	忠清南道	全羅北道	全羅南道	慶尚北道	慶尚南道	済州道	全国の産業構造（%）
農林水産	2.54	1.61	2.05	4.01	4.03	2.79	2.04	5.10	2.0%
鉱業	13.54	2.85	0.82	2.08	1.38	1.09	0.71	0.87	0.2%
製造	0.36	1.67	1.89	0.84	1.25	1.59	1.32	0.14	29.1%
電気・ガス・蒸気・エアコン供給	1.51	0.39	2.50	1.30	2.38	1.74	1.53	0.95	1.4%
建設	1.51	1.21	0.96	1.27	1.23	0.97	1.09	1.81	5.9%
卸売・小売	0.59	0.44	0.37	0.66	0.43	0.43	0.62	0.96	8.0%
運輸・倉庫	1.12	0.71	0.64	0.86	1.20	0.74	0.81	1.52	3.2%
宿泊・飲食サービス	1.73	0.74	0.67	1.01	0.75	0.75	0.95	2.62	2.5%
情報通信	0.42	0.23	0.16	0.35	0.38	0.29	0.29	1.29	4.7%
金融・保険	0.70	0.51	0.39	0.86	0.56	0.51	0.70	0.91	6.0%
不動産	0.77	0.52	0.46	0.77	0.48	0.52	0.80	1.02	7.8%
事業所サービス	0.51	0.50	0.41	0.51	0.37	0.52	0.60	0.74	9.6%
公務及び国防・義務的社会保障事業	3.50	1.19	0.85	1.72	1.63	1.22	1.27	1.83	6.7%
教育	1.61	0.99	0.77	1.49	1.00	0.87	1.02	1.22	5.2%
保健衛生及び社会事業	1.10	0.73	0.60	1.45	0.95	0.73	1.01	1.11	4.7%
その他サービス	1.59	0.92	0.62	1.17	0.86	0.89	0.94	1.41	3.1%

出所：図表6-4に同じ。

ソウル市で最も特化度が高いのは情報通信の2.72であり，同市内に占める割合は12.8%となっている。次に高いのは金融・保険の2.09であり，外国為替市場，株式取引所など，国内・国際金融取引の中心的機能をもつソウルは，大企業の本社立地では，金融業の本社立地が集中する特徴はみられず，産業構造からみると，金融・保険の占める比率は12.6%と，全国平均の6.0%の2倍近くになる。卸売・小売も，係数が2.01と高く，16.2%を占め，全国平均の8.0%の2倍近くになる。係数では2をこえないものの，比率では，事業所サービスの15.7%（係数は1.64），不動産の11.7%（係数は1.49）と高くなる。対照的に，特化係数，比率ともに低いのは，農林水産業の0.1%（0.05），鉱業の0.002%（0.01）であり，企業本社では多くを占めた製造業も，総生産額の比率は4.1%にすぎず，特化係数でも0.14と高くない。

釜山市で最も特化度が高いのは，運輸・倉庫の2.07で，比率は6.6%であり，大規模港湾を抱える釜山の特色が反映されている。比率で最も高いのは，製造業の17.6%であるが，係数では0.61に過ぎない。

仁川市も，釜山と同様に運輸・倉庫の3.29が最も係数が高く，比率でも10.4%を占め，大規模港湾や国際空港を抱える仁川の特色を反映している。

道のみをみると，首都圏である京畿道以外は，農林水産業の特化係数がいずれも1をこえ，なかでも済州道が5.10と最も高く，全羅南道の4.03，全羅北道が4.01と続いている。

大企業の本社が少ない地域は，民間企業の経済活動が不活発であると考えられるが，その反面，公共事業など所得再分配も含まれる「公務及び国防・義務的社会保障事業」の係数は高くなる。江原道の3.50，済州道の1.83，全羅北道の1.72，全羅南道の1.63などである。また，新首都である世宗市は，公務関係への依存度が高い都市としての性格から，係数は4.04と最も高い。対照的に，首都であるソウル市は首都機能そのものは大規模であるものの，同産業の比率そのものは小さく係数は0.64まで下がる。

4.2　商業統計からみる地域的特色

一般的に，先進諸国は，所得水準などの指標では地域の極端な不均衡はみら

図表６-13　小売・卸売業に関する諸指標

都市・地域	①小売業商品販売額対全国比率（%）	②小売業就業者数対全国比率（%）	③卸売業商品販売額対全国比率（%）	④卸売業就業者数対全国比率（%）	⑤卸売業商品販売額／小売業商品販売額	⑥人口一人当たり小売業商品販売額（100万won）	⑦人口一人当たり卸売業商品販売額（100万won）
ソウル	28.9%	22.0%	44.7%	37.6%	3.01	10.85	32.65
釜山	6.4%	7.4%	7.4%	7.3%	2.27	6.81	15.48
大邱	4.2%	5.0%	3.6%	4.5%	1.67	6.26	10.46
仁川	5.0%	4.8%	5.8%	3.6%	2.25	6.16	13.85
光州	2.7%	3.1%	2.1%	2.5%	1.52	6.55	9.93
大田	2.6%	3.0%	2.1%	2.5%	1.53	6.32	9.67
蔚山	2.0%	2.1%	1.1%	1.3%	1.07	6.20	6.61
世宗	0.3%	0.3%	0.2%	0.1%	1.17	3.09	3.61
京畿道	22.1%	21.6%	19.7%	21.8%	1.74	6.12	10.64
江原道	2.6%	3.3%	1.1%	1.7%	0.80	6.23	4.95
忠清北道	2.6%	3.0%	1.3%	1.9%	0.99	5.93	5.87
忠清南道	3.5%	4.0%	1.8%	2.4%	0.97	5.90	5.70
全羅北道	3.0%	3.8%	1.6%	2.2%	1.02	6.04	6.19
全羅南道	2.9%	3.7%	1.5%	2.4%	1.05	5.79	6.09
慶尚北道	4.2%	5.0%	2.2%	3.1%	1.00	5.73	5.75
慶尚南道	5.3%	6.2%	3.2%	4.2%	1.16	5.79	6.71
済州道	1.7%	1.6%	0.7%	1.0%	0.79	9.19	7.29

出所：図表６-４に同じ。

れず，その結果，小売業商品販売額などの，地域別指標をみても，格差は激しくない。図表６-13で，韓国に関する商業の諸指標をみると，地域格差は小さく，人口一人当たり小売業商品販売額をみると，最も高いソウル市が1,085万ウオンであり，道で最も低い慶尚北道の573万ウオンの倍程度である。新首都として，都市として建設途上で，行政機関などへの経済活動の依存度が高い世宗は，例外として，都市・道の指標でみても，小売は，大都市のソウル市・釜山市や観光地の済州道の数値が，やや高くなるものの，極端な地域差はみられない。

卸売業であるが，商業に関する統計は，国により対象とする範囲が異なるために，厳密に比較をすることは困難である。韓国の場合は，図表６-13に出てくる指標では，自動車部品などに関する卸売は含まれない。日本のような本社の東京集中を反映し，極度に東京の数値が高くなるような格差はあらわれない。それでも，首都であるソウル市や首都圏の京畿道への集中は，日本ほどではないがみられ，卸売業商品販売額で，ソウル市の占める割合は44.7%であり，人口一人あたりでみても，最も高く3,265万ウオンである。対全国比率でみた場合，京畿道が19.7%を占め，仁川市も，5.8%を占め，ソウル市と合わせて全体の70.2%を占めている。これらの地域に加えて，人口一人当たりの卸売業商品販売額が，1,000万ウオンをこえるのは，釜山市の1,548万ウオン，大邱市の1,046万ウオンなど大都市である。⑤は，卸売業商業販売額を，小売業商業販売額により割ったW/R比率である。ソウル市が最も高く，3.01であり，釜山市の2.27，仁川市の2.25と続くが，日本の東京都，大阪府，愛知県よりも低い数値となる。

第7章 台湾の経済的中枢管理機能立地

1 本社立地からみる地域構造

台湾の本社立地は，首都かつ首位都市である台北への一極集中，ならびに台北に近接する首都圏への集中を特色とする。そのことは，首位都市や上位都市への集中度の高さによって示すことができる。

図表7－1で，本社の立地数をみると，最も多いのは台北市（直轄市）であるが，938社で対全国比率は46.9%と半分にはみたないものの，その集中率は高い。第2位に，台北市に隣接する新北市（直轄市）が342社あり，17.1%で，第4位の桃園市（141社）で7.1%，第7位の新竹市（旧省轄市）（41社）の2.1%と続く。

第8位の新竹縣竹北市の24社（1.2%），第9位の新竹縣湖口郷の15社（0.8%），第10位の基隆市（旧省轄市）の9社（0.5%）とを合わせると75.5%を占め，全体の約4分の3が台北市やその近隣の地域，すなわち首都圏に立地している。

中部の中心都市である台中市は，第3位で142社（7.1%），南部の中心都市である高雄市が113社（5.7%），台南市が96社（4.8%）と，6大直轄市は全て10位以内に入っている。この10位までの都市で1,861社となり，全体の93.1%を占めている。10社以上が立地しているのは，第9位までの9都市に過ぎず，1,852社が立地し，その比率は92.6%にもなる。5社以上が立地しているのは，17都市で1,205社となり，その比率が60.2%と，ようやく半数をこえる。3社以上が立地しているのは，170都市あり，1,915社が立地し，その比率は95.7%となる。

売上高をみると，本社立地数で上位10都市の合計は3,243億米ドルで99.7%と，本社の立地数の集中率よりもさらに高くなっている。5社以上が立地している上位17都市の合計は3,257億米ドルであり，その比率は99.8%と100%に近づく。

本社数で見た場合も，企業の売上高でみた場合にも，首都やその近接する地域への集中率は低い。

図表7-1　本社立地が上位の都市

順位	都市名	県名	本社数	比率	売上高 (億 USD)	比率	雇用者数	比率
1	台北	ー	938	46.9%	2,679.3	82.3%	566,116	66.0%
2	新北	ー	342	17.1%	108.1	3.3%	71,548	8.3%
3	台中	ー	142	7.1%	81.0	2.5%	57,517	6.7%
4	桃園	ー	141	7.1%	43.8	1.3%	32,336	3.8%
5	高雄	ー	113	5.7%	186.3	5.7%	27,838	3.2%
6	台南	ー	96	4.8%	92.5	2.8%	30,121	3.5%
7	新竹	ー	41	2.1%	31.6	1.0%	13,404	1.6%
8	竹北	新竹	24	1.2%	7.7	0.2%	4,002	0.5%
9	湖口郷	新竹	15	0.8%	4.0	0.1%	4,607	0.5%
10	基隆	ー	9	0.5%	1.1	0.0%	1,182	0.1%
10	竹南鎮	苗栗	9	0.5%	4.0	0.1%	2,506	0.3%
10	彰化	彰化	9	0.5%	2.9	0.1%	1,229	0.1%
10	南投	南投	9	0.5%	1.3	0.0%	1,347	0.2%
11	宝山	新竹	8	0.4%	8.9	0.3%	5,005	0.6%
11	嘉義	嘉義	8	0.4%	1.3	0.0%	1,336	0.2%
12	屏東	屏東	6	0.3%	0.9	0.0%	1,266	0.1%
13	福興郷	彰化	5	0.3%	2.7	0.1%	1,303	0.2%

出所：図表2-1に同じ。

図表７－２　企業数でみる都市別本社立地

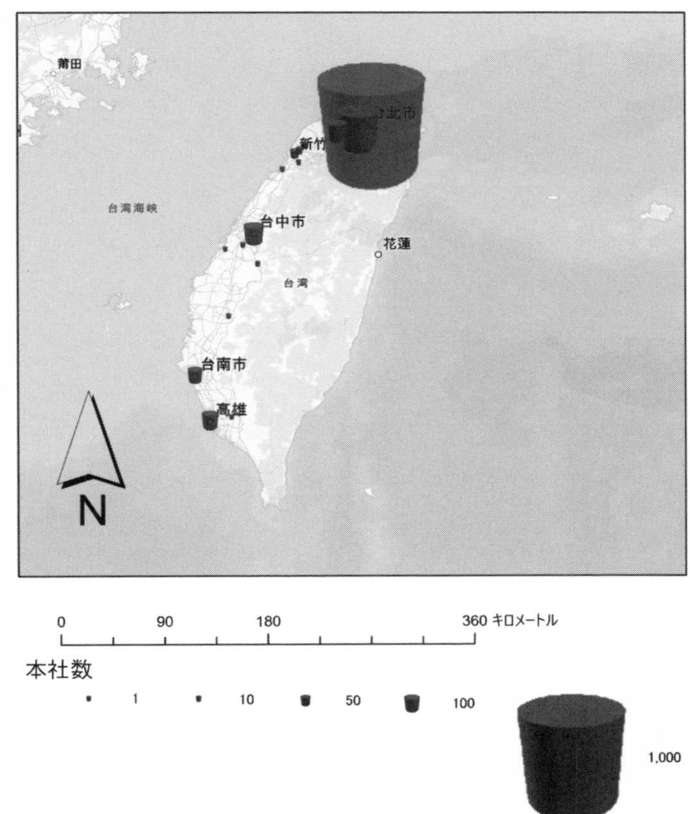

出所：図表２－１に同じ。

図表7-3　売上高でみる都市別本社立地

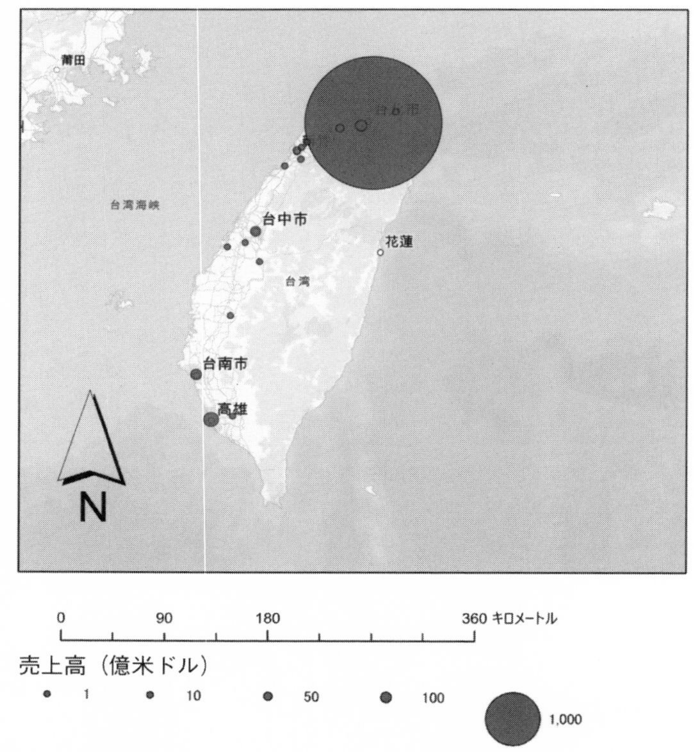

出所：図表2-1に同じ。

1.1　直轄市・市・縣別本社立地

直轄市・市（旧省轄市）・縣を単位としても，傾向としては，本社立地の台北やその近隣地域への集中的立地が確認される。図表7-4のとおり，最も多いのは首都の台北市の938社で，そこと隣接する新北市が第2位の342社からはじまり，第6位までは都市別の順位とかわらず，6大直轄市が上位に位置している。この6大都市のみで本社数が1,772社に達し，全体の88.6％を占める。

第7位に新竹縣の56社がきており，縣の中では最も本社数が多い。第12位の新竹市とあわせ，台北市への近接と特徴とする。首都圏においても，コンテナ取扱量が多い大規模な港を有する基隆は，本社数においては少なく第12位である。

図表７－４　本社立地に関する主要都市・縣別指標

順位	市・縣	本社数	比率	本社数特化係数	売上高	比率	売上高特化係数
1	台北	938	46.9%	4.15	2,679.3	82.3%	7.28
2	新北	342	17.1%	1.01	108.1	3.3%	0.20
3	台中	142	7.1%	0.60	81.0	2.5%	0.21
4	桃園	141	7.1%	0.75	43.8	1.3%	0.14
5	高雄	113	5.7%	0.48	186.3	5.7%	0.49
6	台南	96	4.8%	0.60	92.5	2.8%	0.36
7	新竹縣	56	2.8%	1.19	28.5	0.9%	0.37
8	新竹	41	2.1%	1.09	31.6	1.0%	0.51
8	彰化縣	41	2.1%	0.38	8.2	0.3%	0.05
9	南投縣	16	0.8%	0.38	3.3	0.1%	0.05
10	苗栗縣	14	0.7%	0.30	5.6	0.2%	0.07
10	屏東縣	13	0.7%	0.19	1.3	0.0%	0.01
11	嘉義縣	10	0.5%	0.23	1.3	0.0%	0.02
11	宜蘭県	10	0.5%	0.26	0.9	0.0%	0.01
12	基隆	9	0.5%	0.29	1.1	0.0%	0.02
13	嘉義	8	0.4%	0.35	1.3	0.0%	0.03
14	花蓮県	5	0.3%	0.18	0.6	0.0%	0.01
15	雲林縣	3	0.2%	0.05	0.1	0.0%	0.00
16	台東縣	1	0.1%	0.05	0.1	0.0%	0.00
16	金門縣	1	0.1%	0.08	0.1	0.0%	0.00

出所：図表２－１出所と，‘National Statistics, R.O.C.（Taiwan）’を基に作成。

東海岸の地域においては，本社立地は少なく，花蓮縣の５社，台東縣の１社と，本社立地の稀薄地帯となっている。離島も少なく，中国大陸の福建省の厦門市や泉州市などに対峙して位置する金門縣に１社あるのみで，大陸の福州市と対峙し，馬祖列島が形成されている連江縣や，台湾本土の中西部の離島である澎湖縣には大企業の本社は立地しない。

本社数でみた場合の立地特化係数は，台北市が最も高く4.15で，売上高でみると7.28とさらに高くなり，日本における東京一極集中と同程度の集中である。加えて，隣接する新北市が1.01と，近接する桃園市が0.75，新竹縣が1.19，新竹市が1.09と，日本とは異なり，必ずしも首都の都心に集中している訳ではないことが確認できる。台北市を中心とする首都圏の極に次いで，第２の極が，第３位の台中市であるが，特化係数は0.60である。人口規模や一般的な経済活動の中心という点では第2の極である高雄市が0.48，台南市が0.60と，係数は高くはないが，それぞれ本社数では第5位，第6位の都市で，日本の同列の都市と比べると，係数そのものは低くない。

2　本社立地の業種内訳

都市別にみた場合，最も本社数が多くなる台北市や，続いて多い新北市，6大都市のうち，台中市，桃園市，高雄市に立地する企業の，業種別の内訳を，全国との対比で比較する。図表7－5では，台湾全土における本社数で，上位20位以内の業種に関して，その内訳を示し，図表7－6では，台北市における，上位10位以内のそれを，それぞれ示している。

台北市における業種内訳をみると，上位の業種で10%以上を占めるものはなく，第1位の電機卸売が73社で，比率は7.8%である。第2位が，コンピュータ・周辺機器製造の47社（5.0%）にみられる通り，ハイテク型の製造業の本社数が多いことを特色とする。また，中央銀行（中華民国）を中心とした為替市場の取引が行われ，台湾証券取引所の所在を反映し，第5位に銀行が29社（3.1%），第9位に年金基金が21社（2.2%），10位に証券が20社（2.1%）と金融業の集中がみられる。また製造業関連でも，ハイテク型のみならず，第8位の食品や衣服・アパレル卸売の22社（ともに2.3%）などの軽工業も上位に位置している。さらに，重化学工業に関連する，化学卸売が第11位で19社（2.0%），機械卸売と金属製品が第12位で16社（1.7%）と，製造業においても多様性がみられる。ただし，製造業の卸売に関わる企業が集中し，製造そのものに関わる企業群は，台北市では多くなく，全国では本社数で第2位の業種で82社ある半導体製造は，そのうち台北市には12社しかない。

製造に関わる企業は，台北の郊外地区に多く立地している。2番目に本社数が多い，新北市における本社立地は，製造業に関する業種が上位に位置する（図表7－7）。第1位の電機卸売（41社，12.0%）は，台北市と同じであるが，第2位の半導体製造の20社（5.8%），第4位の機械・設備卸売の12社（3.5%），第5位の電子機器・器具製造の11社（3.2%），第6位の医療機器・器具製造の

10社（2.9%）と，製造業が多く立地している。同表で，非製造業は，持株会社（第５位，11社，3.2%），建築（第８位，７社，2.0%）などである。

同様の傾向は，非首都圏でもみられ，本社数で第３位の台中市において（図表７-８），本社数が第１位であるのは機械・設備製造の17社（12.0%）であり第２位の食品の８社（5.6%），第３位のゴム・プラスチック製造の７社（4.9%）と続いている。

本社数で，第４位の桃園市（図表７-９），第５位の高雄市（図表７-10）をみると，桃園市では電機卸売が最も多く41社であり，29.1%を占め，第２位が半導体製造の20社（14.2%）と続いている。高雄市では，第１位が，金属製品で８社（7.1%），第２位が半導体製造で７社（6.2%）と続いている。

図表７-５　台湾における本社の業種別内訳

順位	業種	企業数	比率	売上高（億 USD）	比率	従業員（人）	比率
1	電機卸売	146	7.3%	224.8	6.9%	21,638	2.5%
2	半導体製造	82	4.1%	83.6	2.6%	54,875	6.4%
3	コンピュータ，オフィス用品，商用ソフト卸売	68	3.4%	24.4	0.7%	10,240	1.2%
4	機械・設備卸売	67	3.4%	14.9	0.5%	15,352	1.8%
5	金属製品	63	3.2%	15.8	0.5%	13,552	1.6%
6	食品	56	2.8%	26.4	0.8%	19,285	2.2%
7	その他卸売	54	2.7%	9.0	0.3%	3,926	0.5%
8	持株会社	47	2.4%	44.2	1.4%	1,511	0.2%
9	投資サービス	39	2.0%	7.1	0.2%	5,310	0.6%
10	機械卸売	38	1.9%	11.6	0.4%	6,088	0.7%
11	化学卸売	37	1.9%	8.3	0.3%	1,324	0.2%
11	衣服・アパレル卸売	37	1.9%	4.1	0.1%	2,543	0.3%
12	医療機器・器具	35	1.8%	5.7	0.2%	6,078	0.7%
13	銀行	34	1.7%	398.3	12.2%	122,421	14.3%
13	年金基金	34	1.7%	138.8	4.3%	673	0.1%
13	自動車卸売	34	1.7%	27.5	0.8%	10,601	1.2%
14	電子機器・器具製造	32	1.6%	24.8	0.8%	11,340	1.3%
14	ゴム・プラスチック製造	32	1.6%	3.8	0.1%	8,174	1.0%
15	専門商業設備卸売	30	1.5%	5.5	0.2%	1,870	0.2%

出所：図表２-１に同じ。

図表7-6　台北市における本社の業種別内訳

順位	業種	企業数	比率	売上高(億 USD)	比率	従業員(人)	比率
1	電機卸売	73	7.8%	189.5	7.1%	8,656	1.5%
2	コンピュータ・周辺機器製造	47	5.0%	19.3	0.7%	6,477	1.1%
3	その他卸売	33	3.5%	8.1	0.3%	3,434	0.6%
4	持株会社	31	3.3%	40.1	1.5%	695	0.1%
5	銀行	29	3.1%	395.0	14.7%	119,633	21.1%
6	投資サービス	28	3.0%	6.6	0.2%	4,751	0.8%
7	陸運	24	2.6%	9.8	0.4%	4,266	0.8%
8	食品	22	2.3%	4.0	0.1%	7,637	1.3%
8	衣服・アパレル卸売	22	2.3%	1.9	0.1%	1,210	0.2%
9	年金基金	21	2.2%	15.2	0.6%	480	0.1%
10	証券	20	2.1%	35.5	1.3%	21,266	3.8%

出所：図表2-1に同じ。

図表7-7　新北市における本社の業種別内訳

順位	業種	企業数	比率	売上高(億 USD)	比率	従業員(人)	比率
1	電機卸売	41	12.0%	12.0	11.1%	3,643	5.1%
2	半導体製造	20	5.8%	2.7	2.5%	4,422	6.2%
3	コンピュータ，オフィス用品，商用ソフト卸売	15	4.4%	3.7	3.5%	2,720	3.8%
4	機械・設備卸売	12	3.5%	1.1	1.0%	1,223	1.7%
5	持株会社	11	3.2%	3.9	3.6%	749	1.0%
5	電子機器・器具製造	11	3.2%	2.5	2.3%	2,507	3.5%
6	医療機器・器具	10	2.9%	0.8	0.7%	1,481	2.1%
7	機械卸売	8	2.3%	1.8	1.7%	1,370	1.9%
7	通信設備製造	8	2.3%	1.6	1.5%	2,049	2.9%
7	雑貨卸売	8	2.3%	1.4	1.3%	690	1.0%
7	食品	8	2.3%	0.7	0.7%	1,550	2.2%
8	専門商業設備卸売	7	2.0%	2.8	2.6%	740	1.0%
8	建築	7	2.0%	1.4	1.3%	1,388	1.9%
8	化学卸売	7	2.0%	0.6	0.5%	126	0.2%
8	金属製品	7	2.0%	0.3	0.3%	1,002	1.4%
8	ゴム・プラスチック製造	7	2.0%	0.2	0.2%	570	0.8%

出所：図表2-1に同じ。

図表７-８　台中市における本社の業種別内訳

順位	業種	企業数	比率	売上高(億 USD)	比率	従業員(人)	比率
1	機械・設備製造	17	12.0%	6.2	7.6%	5,828	10.1%
2	食品	8	5.6%	10.4	12.9%	3,982	6.9%
3	ゴム・プラスチック製造	7	4.9%	1.4	1.7%	3,487	6.1%
3	医療機器・器具	7	4.9%	0.6	0.8%	2,296	4.0%
3	その他製造	7	4.9%	0.5	0.6%	1,014	1.8%
3	その他卸売	7	4.9%	0.2	0.3%	140	0.2%
4	輸送用機器	6	4.2%	0.4	0.5%	1,225	2.1%
5	電機卸売	5	3.5%	12.1	15.0%	4,550	7.9%
5	衣服・アパレル卸売	5	3.5%	0.6	0.8%	379	0.7%
5	建設・ハードウェア用品卸売	5	3.5%	0.1	0.2%	108	0.2%
6	半導体製造	4	2.8%	30.1	37.1%	20,730	36.0%
6	金属製品	4	2.8%	0.2	0.3%	753	1.3%
6	雑貨卸売	4	2.8%	0.3	0.3%	191	0.3%
7	衣服・アパレル卸売	3	2.1%	0.1	0.1%	446	0.8%
7	ソフトウェア	3	2.1%	0.6	0.8%	444	0.8%
7	自動車卸売	3	2.1%	0.2	0.3%	190	0.3%
7	住宅・商業ビル開発	3	2.1%	0.3	0.4%	65	0.1%

出所：図表２-１に同じ。

図表７-９　桃園市における本社の業種別内訳

順位	業種	企業数	比率	売上高(億 USD)	比率	従業員(人)	比率
1	電機卸売	41	29.1%	12.0	27.3%	3,643	11.3%
2	半導体製造	20	14.2%	2.7	6.1%	4,422	13.7%
3	コンピュータ，オフィス用品，商用ソフト卸売	15	10.6%	3.7	8.6%	2,720	8.4%
4	機械・設備製造	12	8.5%	1.1	2.5%	1,223	3.8%
5	持株会社	11	7.8%	3.9	8.9%	749	2.3%
5	電子機器・器具製造	11	7.8%	2.5	5.8%	2,507	7.8%
6	医療機器・器具	10	7.1%	0.8	1.7%	1,481	4.6%
7	機械卸売	8	5.7%	1.8	4.1%	1,370	4.2%
7	通信設備製造	8	5.7%	1.6	3.8%	2,049	6.3%
7	雑貨卸売	8	5.7%	1.4	3.2%	690	2.1%
7	食品	8	5.7%	0.7	1.7%	1,550	4.8%
8	専門商業設備卸売	7	5.0%	2.8	6.3%	740	2.3%
8	建築	7	5.0%	1.4	3.1%	1,388	4.3%
8	化学卸売	7	5.0%	0.6	1.3%	126	0.4%
8	金属	7	5.0%	0.3	0.7%	1,002	3.1%
8	ゴム・プラスチック製造	7	5.0%	0.2	0.5%	570	1.8%

出所：図表２-１に同じ。

図表７-10　高雄市における本社の業種別内訳

順位	業種	企業数	比率	売上高(億 USD)	比率	従業員(人)	比率
1	金属製品	8	7.1%	4.0	2.2%	1,619	5.8%
2	半導体製造	7	6.2%	6.4	3.4%	8,820	31.7%
3	ゴム・プラスチック製造	4	3.5%	0.6	0.3%	491	1.8%
3	化学卸売	4	3.5%	0.5	0.3%	182	0.7%
3	建設・ハードウェア用品卸売	4	3.5%	0.2	0.1%	190	0.7%
3	その他卸売	4	3.5%	0.2	0.1%	97	0.3%
4	年金基金	3	2.7%	123.3	66.2%	99	0.4%
4	百貨店	3	2.7%	0.7	0.4%	855	3.1%
4	自動車部品	3	2.7%	0.3	0.2%	411	1.5%
4	コンピュータ，オフィス用品，商用ソフト卸売	3	2.7%	0.2	0.1%	122	0.4%
4	機械・設備製造	3	2.7%	0.1	0.1%	271	1.0%
4	専門建設下請	3	2.7%	0.1	0.0%	56	0.2%

出所：図表２-１に同じ。

3　地域経済と縣政府所在都市

図表７-11では，直轄市・市（旧省轄市）を除く，13の縣において，縣政府所在都市がどの程度の割合を示すのかを，人口，本社立地数，立地する本社の売上高合計の３項目から示している。縣政府所在都市の縣内でのこれらの指標の域内比率は，中国・米国・カナダ・韓国などと比べると高くなるが，日本ほど高い比率では出てこない。しかし，縣の経済規模自体が，日本の都道府県や韓国の道に比べると人口・面積とも小さい。人口が最も小さい連江縣は1.3万人で，最も大規模な彰化縣は127.2万人であるなどばらつきが大きい。その結果，本社数やその売上比率をみてもばらつきが大きい。

人口では，離島である澎湖縣の馬公市が59.9%と最も高く，続いて連江縣の南竿郷が56.5%と高く，この２縣が50%をこえている。嘉義縣は人口が50.3万人であるが，太保市は3.8万人と小規模であるために，比率は7.6%と最も小さい。

直轄市・市以外における本社数の合計値は170社であり，全体の8.5%に過ぎず，台湾においては，本社の大都市への集中がみられ，縣レベルで集中と呼べ

図表7－11　縣政府所在都市に関する主要指標

縣名	縣政府所在地	人口の縣内比率	本社立地数の縣内比率	立地する本社の売上高の縣内比率
宜蘭縣	宜蘭	21.0%	30.0%	30.1%
新竹縣	竹北	12.7%	44.6%	27.1%
苗栗縣	苗栗	16.1%	7.1%	13.9%
彰化縣	彰化	18.2%	22.0%	35.4%
南投縣	南投	20.1%	56.3%	38.7%
雲林縣	斗六	15.9%	33.3%	20.8%
嘉義縣	太保	7.6%	10.0%	7.1%
屏東縣	屏東	24.3%	53.8%	71.6%
台東縣	台東	48.5%	100.0%	100.0%
花蓮縣	花蓮	31.7%	80.0%	83.9%
澎湖縣	馬公	59.9%	0.0%	0.0%
金門縣	金城鎮	30.3%	100.0%	100.0%
連江縣	南竿鄉	56.5%	0.0%	0.0%

出所：図表7－4に同じ。

るのは，新竹縣における56社の立地，彰化縣における41社の立地であり，これ以外の縣における本社数は20社をそれぞれ下回る。

本社数の縣内比率が100％となるのは，台東縣の台東市，金門縣の金城鎮であるが，本社数自体が1社でありもともと経済規模が小さい地域である。新竹縣における竹北市の25社で44.6%，彰化縣の彰化市が9社で22.0%，南投縣の南投市が9社で56.3%と，まとまった本社の立地がみられる。

4　産業構造と地域経済

4.1　産業構造からみる地域的特色

図表7－12では，2016年における，縣・市ごとの産業構造の内訳を，域内総生産（GDP）を単位として，特化係数で示している。なお，用いた資料は，中華民国行政院主計総處「工業及服務業普査（工業およびサービス業調査）」であり，この統計は，農林水産業や政府サービス業は含まれていない。

台北市で，最も比率が大きいのは，金融・保険業の36.5%であり，特化度で2.40と最も高くなっている。次に大きいのは，製造業の17.4％であるが，特化

図表7-12　縣・市の産業構造（2016）

産業	台北市	新北市	桃園市	基隆市	新竹市	宜蘭縣	新竹縣	台中市	苗栗縣	彰化縣	南投縣
鉱業	0.07	0.17	0.33	0.00	-	20.04	-	0.78	32.95	-	9.63
製造業	0.42	1.10	1.36	0.37	2.23	0.65	1.81	1.10	1.84	1.48	1.07
電力	2.26	0.09	0.45	0.22	-	0.07	-	0.07	0.03	-	0.39
水供給・下水処道処理・廃棄物管理及び浄化活動	0.54	0.55	1.25	1.43	0.10	0.65	0.35	4.22	0.39	1.15	1.73
建築	0.87	1.07	0.93	1.33	0.18	3.60	0.55	1.58	0.74	1.02	1.57
土木	0.77	1.11	0.73	2.45	0.12	5.03	0.54	1.17	1.25	0.93	2.85
専門建設	0.19	4.91	0.71	1.91	0.16	1.74	0.54	0.94	0.65	0.68	1.10
卸売	1.16	0.73	0.88	1.32	0.27	0.80	0.71	1.59	0.41	1.00	-0.10
小売	1.16	0.75	0.74	2.42	0.12	2.09	0.33	1.30	0.56	0.92	2.09
運輸・倉庫	1.00	0.74	3.35	2.35	0.06	1.30	0.46	0.57	0.32	0.42	0.80
宿泊・飲食サービス	0.76	0.96	1.00	2.69	0.18	3.61	0.57	1.72	0.64	0.83	3.18
情報・通信	2.05	0.72	0.14	0.34	0.12	0.28	0.29	0.34	0.09	0.10	0.18
金融・保険	2.40	0.10	0.03	0.13	0.02	0.10	0.02	0.12	0.03	0.22	0.13
不動産	1.31	0.84	0.53	1.09	0.14	0.91	0.55	1.47	0.47	0.52	0.84
専門科学技術サービス	1.28	1.26	0.55	1.16	0.33	0.80	1.78	1.01	0.58	0.51	0.80
管理支援サービス	1.27	1.07	0.87	0.94	0.19	0.87	0.69	1.04	0.46	0.43	0.54
教育	0.60	1.11	1.00	2.82	0.26	2.28	0.81	2.06	0.80	1.32	2.36
保健衛生・社会事業	0.51	0.94	1.23	3.43	0.23	3.45	0.43	1.42	0.82	2.12	2.84
芸術・娯楽・レクリエーション	0.77	0.88	0.87	7.32	0.12	2.64	1.46	1.67	0.89	0.74	4.29
その他サービス	0.48	1.12	0.92	4.95	0.20	2.85	0.57	2.06	1.03	1.36	3.39

産業	雲林縣	台南市	高雄市	嘉義市	嘉義縣	澎湖縣	屏東縣	台東縣	花蓮縣	連江縣	金門縣
鉱業	-	0.17	-	-	-	0.00	3.60	12.54	24.10	0.00	0.00
製造業	1.89	1.31	0.25	0.25	0.96	0.11	0.67	0.09	0.20	0.20	1.41
電力	-	0.27	-	-	-	0.09	0.15	-	9.58	0.00	-
水供給・下水処道処理・廃棄物管理及び浄化活動	1.50	0.98	0.63	0.63	1.57	0.65	1.26	0.34	0.61	12.84	4.72
建築	0.61	1.14	2.87	2.87	1.71	6.67	1.82	1.79	2.12	4.69	3.43
土木	1.08	1.62	2.68	2.68	3.16	4.33	3.62	6.33	4.20	19.62	3.85
専門建設	0.63	0.68	0.94	0.94	1.25	1.49	1.21	1.20	0.93	1.07	0.93
卸売	0.43	0.96	1.48	1.48	1.01	0.68	1.36	0.76	0.64	0.25	0.35
小売	0.53	1.35	2.50	2.50	1.44	4.46	2.36	3.96	2.30	1.85	1.32
運輸・倉庫	0.41	0.52	1.08	1.08	0.57	1.49	0.61	1.24	1.52	6.58	1.81
宿泊・飲食サービス	0.56	1.28	3.29	3.29	1.89	5.27	3.81	6.16	3.55	5.34	1.29
情報・通信	0.06	0.27	0.39	0.39	0.21	0.46	0.26	0.31	0.36	0.04	0.19
金融・保険	0.07	0.22	0.11	0.11	0.15	0.22	0.07	-	0.19	-	-
不動産	0.27	1.04	1.58	1.58	0.71	0.02	0.69	1.03	0.69	-	-
専門科学技術サービス	0.18	0.62	1.12	1.12	0.46	0.38	0.64	0.85	1.07	0.25	0.66
管理支援サービス	0.27	0.75	0.98	0.98	2.03	3.36	0.72	1.13	0.94	1.77	1.13
教育	0.72	1.68	3.27	3.27	1.60	2.04	2.34	1.70	1.61	1.44	1.54
保健衛生・社会事業	0.99	1.91	6.90	6.90	3.62	3.69	3.23	6.08	5.17	1.46	1.16
芸術・娯楽・レクリエーション	0.66	1.02	2.83	2.83	2.31	3.29	4.16	2.48	2.25	4.09	1.22
その他サービス	0.91	1.56	3.94	3.94	2.80	3.00	4.04	3.56	2.26	1.92	1.09

出所：中華民国行政院主計総處「工業及服務業普査」を基に作成。

度では0.42と高くない。3番目に大きいのは，卸売業の10.1%であるが，特化度は1.16である。特化度からみると，電力業が2.26，情報・通信が2.05と，2をこえるが，比率は3.8%，6.9%である。情報・通信業で特化度が1をこえるのは台北市のみである。

新北市で，比率が最も高いのは製造業の45.2%であるが，特化度は1.10である。続いて，専門建設業の21.1%で，特化度も4.91と最も高い。これ以外で10%をこえるのはなく，第3位の卸売業の6.4%だが，特化度は0.73である。

台湾の産業構造で製造業の占める割合は41.2%と高いが，なかでも新竹市の92.1%，新竹縣の74.6%が際立って高く，特化度もそれぞれ2.23，1.81と高くなっている。東海岸地区や離島においては，製造業の立地は稀薄で，特化度は台東縣が0.09，花蓮縣は0.20，澎湖縣が0.11，連江縣が0.20と低い。

これらの地域は，製造業や大企業の本社が少なく，民間企業の経済活動が不活発である反面，公共事業を通じた所得再分配も含まれる「土木」「保健衛生・社会事業」の係数は高い。土木の特化度は，台東縣が6.33，花蓮縣は4.20，澎湖縣が4.33，連江縣が19.62，金門縣が3.85と高く，保健衛生・社会事業の特化度も，台東縣が6.08，花蓮縣は5.17，澎湖縣が3.69と高い。

対照的に，土木は，台北市が0.77，新竹市が0.12など，保健衛生・社会事業は，台北市が0.51，新北市が0.94，新竹市は0.23など，大都市圏は低くなる。

第8章 日本の経済的中枢管理機能立地

1 本社立地からみる地域構造

1.1 本社が立地する都市

日本の本社立地は首都における一極集中型を特色とする。そのことは，首位都市や上位都市への集中率の極度の高さによって示すことができる。

図表8-1で，本社の立地数をみると，最も多いのは首都である東京特別区（東京都）であり1,153社で，東京のみで対全国比率は53.4%と，半分以上をこえている点で集中率は極めて高い。第2位に，大阪市（大阪府）の241社で11.1%の集中率となり，大阪市にも一定の本社立地の集積があるものの，その約5倍の本社が東京に集中している。第3位の名古屋市（愛知県）の67社，第4位の横浜市（神奈川県）の60社，第5位の京都市（京都府）の38社，第6位の神戸市（兵庫県）と福岡市（福岡県）の28社，第7位の札幌市（北海道）の18社，第8位のさいたま市（埼玉県）の14社，第9位の千葉市（千葉県）の13社，第10位の川崎市（神奈川県），尼崎市（兵庫県），浜松市（静岡県）の11社となっている。これらの上位10位以内の13都市へ立地する本社数の合計は1,693社で78.4%と，全体の4分の3をこえる。10社以上が立地しているのは，10位以内の13都市である。5社以上が立地しているのは，38都市で1,851社となり，その比率が85.7%となる。3社以上が立地しているのは，66都市で1,941社が立地し，その比率は89.9%となる。

売上高をみると，首位都市の東京で486兆円となり，対全国比率は64.0%であり，本社数の集中率よりも，10.6%も高くなる。第2位の大阪市が65兆円で8.5%であるが，本社数の集中率よりも，2.6%低くなる。第3位の名古屋市は22.9兆円で3.0%であるが，本社数の集中率と近似する。本社立地数で上位10以内の13都市の合計は646兆円であり，85.0%と，本社の立地数の集中率よりも高い。

５社以上が立地している上位38都市の合計は673兆円であり，その比率は88.6%と，本社立地の集中率よりも2.9%と若干高くなる。３社以上が立地している上位65都市の合計は698兆円であり，その比率は91.8%となり，本社立地数の集中率と近似する。本社数で見た場合も，企業の売上高でみた場合にも，首位都市への集中率は極めて高い。なお，全企業の本社立地は，図表８−２のとおりである。

図表８−１　本社が10社以上立地する都市

順位	本社住所	本社数	売上高（百万円）	営業利益（百万円）
1	東京特別区	1,153	486,663,819	40,381,675
2	大阪	241	65,294,629	5,108,800
3	名古屋	67	22,996,847	1,723,613
4	横浜	60	31,176,841	1,930,153
5	京都	38	6,859,480	632,290
6	神戸	28	6,441,680	366,354
6	福岡	28	6,108,000	414,922
7	札幌	18	3,475,363	244,063
8	さいたま	14	1,445,143	104,692
9	千葉	13	9,670,622	430,200
10	川崎	11	918,778	56,730
10	尼崎	11	482,635	37,181
10	浜松	11	4,862,910	486,389

出所：PRONEXUS「eol」を基に作成。

図表8－2　全企業の本社立地

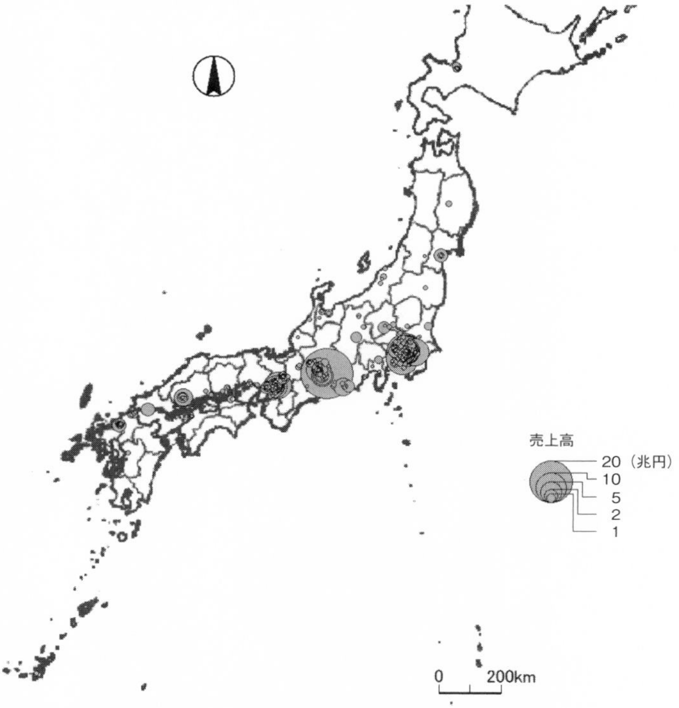

出所：図表8－1に同じ。

1.2　売上高が上位の企業の本社立地

企業の中でも，売上高が大きな企業として，１兆円以上の売上高がある企業は153社あるが，図表8－3でみると，３大都市圏やその周辺の東海道に集中し，その延長として太平洋ベルト地帯に集中している。１兆円以上の売上高がある企業の本社が立地する最北は，仙台市（東北電力，売上2.07兆円）であり，最西は，福岡市（九州電力，1.96兆円）であるが，いずれも公益事業である。

公益事業である電力会社を除いた売上高１兆円以上の企業本社の立地を，図表8－4でみると，首都圏から関西圏にかけての地帯である東海道への集中が鮮明で，最も売上高が大きな企業は，豊田市にあるトヨタ自動車の年間売上高が29.3兆円となっている。これに加え，自動車の完成車組立を主たる業務とす

図表８－３　大企業（売上高１兆円以上）の本社立地

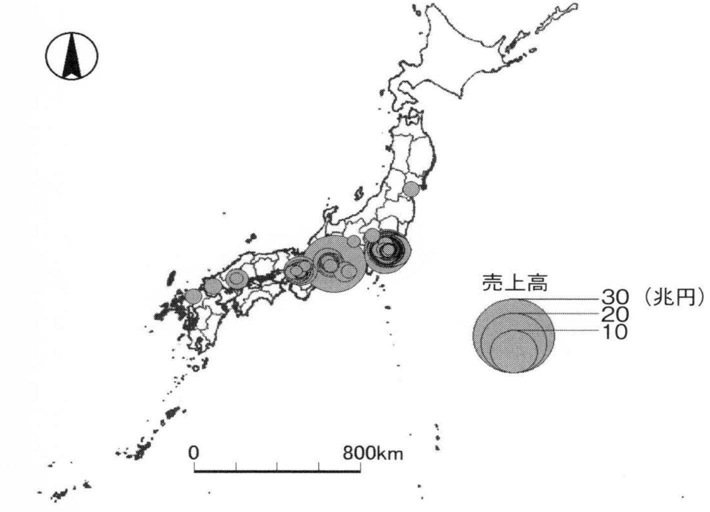

出所：図表８－１に同じ。

図表８－４　大企業（売上高１兆円以上，電力を除く）の本社立地

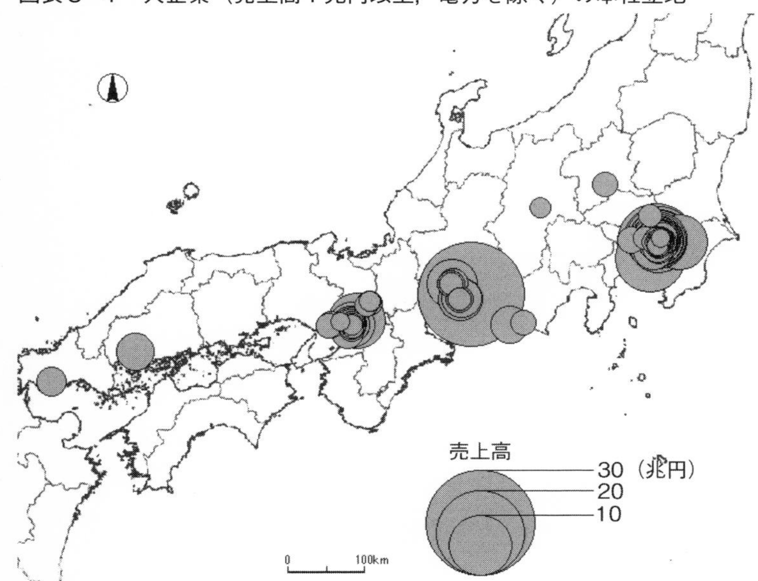

出所：図表８－１に同じ。

る企業は，業種では「輸送用機器」に該当するが，第２位が本田技研工業（15.3兆円，東京都港区），第４位の日産自動車（11.9兆円，横浜市），第36位のスズキ（3.7兆円，浜松市），第42位のマツダ（3.4兆円，広島県府中町），第43位のSUBARU（東京都渋谷区，3.4兆円），第59位の三菱自動車工業（2.1兆円，東京都港区），第68位のいすゞ自動車（2.07兆円，東京都品川区），第82位の日野自動車（1.8兆円，東京都日野市）がある。輸送用機器は，首都圏から広島まで分散的に立地しているのに対し，公的規制，産業政策，公共調達により中央省庁と企業が関連を持つ業種は，東京に集中する傾向がある。中でも旧国営企業・国有企業なども，首都である東京に本社を置く企業の典型例であり，第５位の日本電信電話（11.7兆円，東京都千代田区），第12位のかんぽ生命保険（7.9兆円，東京都千代田区），第46位の東日本旅客鉄道（2.9兆円，東京都渋谷区），第56位の日本たばこ産業（2.2兆円，東京都港区），第70位のゆうちょ銀行（2.0兆円，東京都千代田区）などである。本社立地の最北は，高崎市（ヤマダ電機，1.5兆円）であり，最西は，山口市（ファーストリテイリング，2.1兆円）であるが，いずれも小売業である。

2　首都東京への集中

2.1　東京都心部への集中

1,153社が東京特別区に本社を置くが，図表８−５でその区別の内訳をみると，23区中，江戸川区を除く22区に本社を置いている。都心３区への集中が立地の特色である。第１位が港区の248社，第２位が千代田区の245社，第３位が中央区の204社で，合計で697社となり，23区内の60.5%を占める。また，日本全体の中でも，32.2%と，ほぼ３分の１程度の本社が，この都心３区に集中している。続いて，第４位の新宿区が94社，第５位の渋谷区が90社，第６位の品川区が85社と続き，この６区の合計で966社となり，日本全体の中でも都心・副都心６区に44.8%の本社が集中している。東京特別区全体の本社立地は図表８−６で示される。

図表８-５　本社立地が上位の区

順位	区名	本社数	売上（兆円）	利益（兆円）
1	東京都港区	248	120.6	9.7
2	東京都千代田区	245	204.9	18.0
3	東京都中央区	204	63.2	4.9
4	東京都新宿区	94	19.5	1.4
5	東京都渋谷区	90	18.4	1.4
6	東京都品川区	85	18.1	1.6
7	東京都江東区	32	11.2	0.7
8	東京都大田区	22	9.0	0.6
9	東京都豊島区	20	3.4	0.3
10	東京都文京区	19	3.5	0.3
10	東京都台東区	19	1.3	0.1

出所：図表８-１に同じ。

図表８-６　東京特別区の本社立地

出所：図表８-１に同じ。

2.2　業種からみる立地の特徴

業種の構成の特徴を，図表８-７と図表８-８で示すとおり，東京とそれ以外の地域との対比でみると，情報通信業の比率が15.4％と最も高いが，全国は

図表８－７　東京本社の業種構成

順位	業種	比率
1	情報・通信	15.4%
2	サービス	13.4%
3	卸　売	9.6%
4	化　学	6.7%
5	小　売	6.0%
6	電気機器	6.0%
7	建　設	5.4%
8	機　械	4.6%
9	不動産	4.2%
10	食料品	4.1%
―	その他	24.7%

出所：図表８－１に同じ。

図表８－８　東京以外本社の業種構成

順位	業種	比率
1	小　売	13.1%
2	機　械	8.9%
2	電気機器	8.9%
3	銀　行	7.0%
4	化　学	6.9%
5	卸　売	6.6%
6	サービス	6.3%
7	輸送用機器	5.0%
8	情報・通信	4.1%
9	建　設	3.8%
―	その他	29.7%

4.1％に過ぎない。次に高いのがサービス業の13.４％であるが，全国は6.3％に過ぎない。第３位は卸売業の9.6％であるが，全国の6.6%よりも高い。第４位の化学は6.7%であり，全国の6.9%よりも低くなる。このことから，東京特別区への本社集中の業種で見た場合の，立地特性は，「情報・通信」「サービス」「卸売」が多く立地していることである。「情報通信」の場合は，第５位の日本電信電話（前掲，11.7兆円，東京都千代田区），第７位のソフトバンクグループ（9.4兆円，東京都港区），第25位のKDDI（5.0兆円，東京都千代田区），第28位のＮＴＴドコモ（4.7兆円，東京都千代田区）と，売上高１兆円以上の企業は全て東京に立地している。

対照的に，東京以外を東京との対比でみると，第１位が小売業（13.1％），第２位が同率で，機械と電気機器（8.9%），第３位が銀行業（7.0%）である。小売業は，イオン（千葉市，第10位，8.3兆円），セブン＆アイ・ホールディングス（千代田区，第18位，6.0兆円），ファーストリテイリング（前掲，山口市，第63位，2.1兆円），ヤマダ電機（前掲，高崎市，第97位，1.5兆円），ファミリーマート（港区，第122位，1.2兆円）三越伊勢丹ホールディングス（新宿区，第125位，1.2兆円）など，売上１兆円以上の企業であり，全国・グローバル展開している企業でも，東京以外の本社の立地がみられる。１兆円以下の企業は，高島屋（大阪市，第154位，9,495億円），パン・パシフィック・インターナショナルホールディングス（目黒区，第156位，9,415億円），エイチ・ツー・オー・リテイリング（大阪市，第161位，9,218億円），ビックカメラ（豊島区，第175位，8,440億円）などの全国展開企業に加えて，イズミ（広島市，第195位，7298億円），ライフコーポレーション（大阪市，第218位，6,777億円）をはじめとして，特定の地域を営業範囲とするリージョナルチェーンの総合スーパーが多く入っていることが，東京特別区以外の地域の本社数の比率の高さに反映されている。銀行業も同様の傾向であり，上位を占める都市銀行は東京に本社を立地させるものの，金融庁の指導などにより形成された営業範囲が固定されてきた地方銀行は，ふくおかフィナンシャルグループ（福岡市，第500位，2,375億円），千葉銀行（千葉市，第509位，2,340億円），静岡銀行（静岡市，第527位，2,240億円）をはじめ，本社（本店）を東京以外に置いている。

機械と電気機器（8.9%）は，東京以外の比率が高くなるが，機械ではダイキン工業（大阪市，第55位，2.2兆円），クボタ（大阪市，第81位，1.８）が，電気機器ではパナソニック（大阪府門真市，第11位，7.9兆円），シャープ（大阪府堺市，第54位，2.4兆円），京セラ（京都市，第95位，1.5兆円），ジェイテクト（名古屋市，第109位，1.4兆円），村田製作所（京都市，第113位，1.3兆円），セイコーエプソン（長野県諏訪市，第137位，1.1兆円）が，それぞれ首都圏外に本社を立地させる主要な企業である。

3　行政機関との立地上の相関関係

企業の本社の立地は，全国レベルでは卸売業商品販売額の大きさと関連がある。また，地方ブロック・都道府県など地域レベルでは，支所（支社・支店・営業所など）立地も関連がある。

支所は，営業活動が主である企業が多いものの，行政と密接に関わることもある。例として，建設業の公共事業（公共調達）では行政（省庁の出先機関や都道府県庁の建設・土木関係の部署）が発注元・需要者となるケース，受注に伴って派生する入札などの情報交換・入手・処理の業務が生じるケース，特定の地域を対象とした育成・保護・調整などの地域産業政策についての情報収集業務が生じるケース，特定の地域を対象とした規制である条例などの情報入手の必要性が生じるケースなど，支所は都道府県庁の特定部署と多面的に連絡をとる必要がある。その結果，建設業をはじめとした公共調達，地域産業政策，地域公的規制などが，経営上の存立に影響を与える産業は，その営業範囲（テリトリー）に応じて，広域（一般的には地方ブロック）の場合は省庁の出先機関所在都市に支社・支店を，都道府県域の場合は，都道府県庁所在都市に営業を，それぞれ立地させる傾向がある。

支所は，工場・卸元から仕入れた製品・商品を次の卸売や販売店に送るという中継地としての役割も果たすので，それらの立地は卸売業商品販売額の大きさに反映される。卸売業商品販売額の高さが，全て本社・支所立地に反映される訳ではないが，一定の関係を示すことができる。図表８-９では，都道府県を単位として，その域内の卸売業商品販売額における，都道府県庁所在都市の販売額が占める比率を示している。最も高いのが東京都の97.7%である。東京でも千代田区（45.9兆円），港区（39.4兆円），中央区（31.2兆円）で，東京都の71.5%，日本全体の28.6%を占めるが，これは多くが本社立地によることを示している。

支所立地の多さを反映している，第２位の宮城県（86.9%），第５位の石川県（76.3%）や，本社・支所立地の多さを反映している第３位の京都府（81.3%），や第４位の大阪府（80.5%）などの諸地域に加えて，第26位の山形県（53.9%）までもが50%をこえている。対照的に，都道府県庁所在都市の占める割合が30%を下回るのは６県のみであり，群馬県の15.6%が最も低く，滋賀県（17.5%），福島県（19.1%），三重県（23.1%），山口県（27.4%），茨城県（29.8%）である。

図表８-10に示すとおり，雇用の面でも同様の傾向がみられ，東京都（94.4%）が最も高く，従業者も37.3万人と，東京都の50.1%，日本全体の12.1%を占める。第２位の京都府（81.8%），第３位の宮城県（77.1%），第４位の大阪府（71.0%），第５位の高知県（69.4%）をはじめ，20の都道府県で，50%をこえている。最も低いのは滋賀県（17.1%）であり，福島県（17.3%），三重県（18.6%），群馬県（21.1%），茨城県（21.2%），山口県（21.5%）と続いている。

図表8-9　都道府県庁所在都市の卸売商品販売額の域内比率（2016）

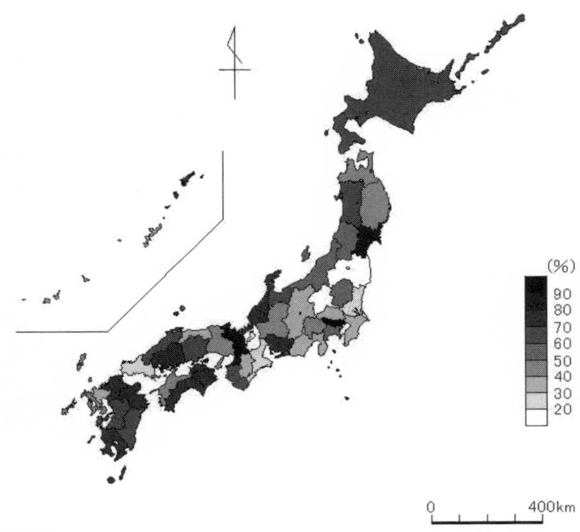

出所：総務省統計局「平成28年経済センサス（2016）」を基に作成。

図表8-10　都道府県庁所在都市の卸売業就業者数の域内比率（2016）

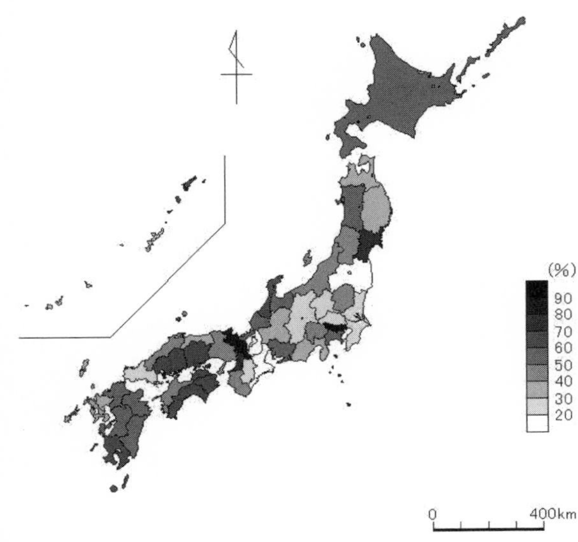

出所：図表8-9に同じ。

4　本社・支所関係

4.1　複数立地組織の本社立地

交通・通信の発達により，支所の立地，中でも大企業の支所の立地は減少している。それでも地方ブロックの特定都市に支所の立地が集中している。省庁の出先機関は，特定の都市に集中し，そのことが戦後の高度経済成長期を経て，地方中枢都市・県庁所在都市の成長をもたらしてきた。中でも福岡市・札幌市・広島市・仙台市など地方ブロックの中心都市の都市規模が拡大したのは戦後のことである。

前節までと同様の資料で，上場企業の動向を参考にし，それらの支所を集計することも可能であるが，あくまでも公表の数値である。本節では，より全体かつ全国的な傾向をみるために，平成28年度（2016年）の「経済センサス－活動調査」を参考にして，本社・支所の関係をみていく。2016年で5,310,326の事業所が存在し，総就業者数は5,672.4万人で，そのうち単独事業所が3,540,519所，複数の事業所をもつ複数立地組織は1,769,807所ある。「本所・本社・本店」に該当するのは318,739，「支所・支社・支店」に該当するのは1,451,068所である。さらに，その中から他の都道府県に「本所・本社・本店」を有するのは624,380所であり，従業者数は12,554,054人である。この指標から「支所・支社・支店」が，どの都道府県に「本所・本社・本店（以下，本社とする）」が所在するのかを読み取ることができる。

図表８-11をみると，第１位が東京都であり，29.4万カ所で全体の47.2％を占め，従業者数でも687.0万人と54.7%を占めている。対人口比で算出した立地特化係数でみても（図表８-12），事業所で4.32，従業者で5.01であり，東京の基礎的人口に比べてより多くの本社が立地し，雇用でも大きな影響を与えている。第２位が大阪府の6.8万カ所（10.9%），138.2万人（11.0%）であり，特化係数がそれぞれ1.57と1.58である。この２都府のみが立地特化係数で１をこえるが，第３位の京都府でも，立地特化係数は，それぞれ0.84，0.93と１を下回り，地域の人口規模に見合った本社数や従業者数はない。

図表８－11　本社の事業所数・従業者数が上位の都道府県

順位	都道府県	事業所数	比率	従業者数	比率
1	東京都	294,697	47.2%	6,870,968	54.7%
2	大阪府	68,325	10.9%	1,382,036	11.0%
3	愛知県	32,712	5.2%	580,653	4.6%
4	神奈川県	28,748	4.6%	566,439	4.5%
5	埼玉県	18,040	2.9%	341,818	2.7%
6	福岡県	21,141	3.4%	314,684	2.5%
7	京都府	10,786	1.7%	240,324	1.9%
8	千葉県	11,998	1.9%	238,495	1.9%
9	兵庫県	15,971	2.6%	219,396	1.7%
10	広島県	12,120	1.9%	206,112	1.6%
11	宮城県	7,538	1.2%	103,243	0.8%
12	岐阜県	7,089	1.1%	101,838	0.8%
13	岡山県	6,695	1.1%	101,757	0.8%
14	静岡県	8,982	1.4%	101,406	0.8%
15	群馬県	4,346	0.7%	82,370	0.7%
16	北海道	6,008	1.0%	81,957	0.7%
17	茨城県	4,343	0.7%	81,811	0.7%
18	福島県	5,000	0.8%	72,748	0.6%
19	新潟県	4,920	0.8%	67,476	0.5%
20	山口県	3,005	0.5%	64,084	0.5%

出所：図表８－９に同じ。

図表８－12　立地特化係数が上位の都道府県

順位	都道府県	事業所数特化係数	従業者数特化係数
1	東京都	4.32	5.01
2	大阪府	1.57	1.58
3	京都府	0.84	0.93
4	愛知県	0.88	0.78
5	広島県	0.87	0.74
6	神奈川県	0.63	0.62
7	福岡県	0.84	0.62
8	香川県	0.71	0.55
9	岡山県	0.71	0.54
10	岐阜県	0.72	0.51
11	山口県	0.44	0.47
12	埼玉県	0.50	0.47
13	宮城県	0.66	0.45
14	群馬県	0.45	0.43
15	石川県	0.58	0.40
16	兵庫県	0.59	0.40
17	福島県	0.54	0.39
18	千葉県	0.39	0.38
19	富山県	0.54	0.38
20	佐賀県	0.40	0.34

出所：図表８－９に同じ。

4.2　複数立地組織の支所立地

本社の立地が偏在しているのに対し，支所の立地は本社ほどの集中度はみられない。その地域（都道府県）に立地し，雇用を生み出しながらも，地域以外に本社を置いている支所（支社・支店・営業所）の立地特化係数を図表８-13で算出した。当該都道府県の人口が全国に占める割合を分母とし，域外本社の支所による事業所・従業者数が占める割合を分子として算出した。これをみると，本社立地ほどの特化係数の都道府県別の偏差はない。事業所数では宮城県の1.64が最も高く，最低値は沖縄県の0.63，従業者数では最高値が栃木県の1.53，最低値が沖縄県の0.44であり，偏差は本社ほどは広くない。

一般的に，大企業では，都道府県よりも広域の地域を管轄する支社・支店などを省庁の出先機関所在都市に置く傾向がある。この状況を明らかにするために，東北・中国・四国・九州・北陸・北海道の地方ブロックをみる。事業所数について，東北では出先機関が集中する仙台市が所在する宮城県が，従業者数でみても最も高く，他の青森県，岩手県，秋田県，山形県は１を下回り，福島県は１をこえるものの1.05にすぎない。中国地方も広島市が所在する広島県が1.13，1.02と１を上回るが，広島市以外にも福山市という極があり，県を単位とした特化係数は高くならない。四国と北陸は，東北と同様に，出先機関所在都市の所在する県の係数が最もブロック内で高くなり，四国では，香川県がそれぞれ1.32，1.04と１をこえ，他の３県はいずれも１を下回る。北陸では，金沢が所在する石川県の係数が最も高く，それぞれ1.28，1.02である。九州では，福岡県が1.13，1.00であるものの，佐賀県は両数値とも福岡県を上回り，1.27，1.16である。

図表８-13での特化係数の算出は，都道府県を単位としている。したがって，その地域内で出先機関所在都市や県庁所在都市など，中心都市の占める割合が域内で高くなる都道府県では，それらの都市の域内比率が高いため，そのまま特化係数も高くなる。ただし，札幌市が所在する北海道，福岡市が所在する福岡県では，それらの都市が域内に占める割合が高くないために，係数が高くならない。広島県も同様のことが当てはまる。

４.３　東京本社企業の支所立地

東京への極度の本社集中とは対照的に，それ以外の地域における大企業の本社立地の欠落と支所立地集中は，なかでも地方中枢都市・県庁所在都市などでは「支店依存型経済」と形容されてきた。図表８-14では，経済センサスにおいて，東京に本社を置く企業が各都道府県内での事業所数・就業者数で，どの割合を占めるのかを表している。

企業規模は考慮していないため東京に隣接する諸県の数値が高くなるが，主要な地方ブロックをみると，東北では宮城県が28.1%，36.3%と最も高く，中国では広島県が19.7%，26.0%，四国では香川県が20.8%，25.5%，九州では福岡県が20.8%，27.5%，北陸では石川県が20.5%，24.5%と，それぞれ出先機関所在都市が，事業所数・従業者数の両方をみても最も高くなる。従業者数をみても，宮城県が19.3万人，広島県が15.6万人，香川県が4.7万人，福岡県が28.9万人，石川県が5.3万人と，地域の中での雇用規模が大きなことを示している。

図表８－13　他都道府県に本社を置く支所の立地特化係数

地域	事業所数	従業者数（人）	地域	事業所数	従業者数（人）
北海道	0.85	0.68	三重県	1.13	1.41
青森県	1.01	0.69	滋賀県	1.19	1.52
岩手県	1.25	0.95	京都府	0.98	0.98
宮城県	1.64	1.43	大阪府	1.01	1.12
秋田県	1.09	0.81	兵庫県	0.98	1.09
山形県	1.04	0.85	奈良県	0.91	0.91
福島県	1.13	1.05	和歌山県	0.91	0.82
茨城県	1.15	1.38	鳥取県	1.22	0.91
栃木県	1.19	1.53	島根県	1.09	0.88
群馬県	1.04	1.21	岡山県	1.08	1.06
埼玉県	1.06	1.16	広島県	1.13	1.02
千葉県	1.09	1.24	山口県	1.17	1.12
東京都	0.67	0.60	徳島県	0.90	0.78
神奈川県	0.98	1.25	香川県	1.32	1.04
新潟県	0.93	0.81	愛媛県	0.94	0.81
富山県	1.08	0.91	高知県	0.89	0.59
石川県	1.28	1.02	福岡県	1.13	1.00
福井県	1.04	0.93	佐賀県	1.27	1.16
山梨県	1.13	1.04	長崎県	0.94	0.78
長野県	1.02	0.86	熊本県	0.98	0.86
岐阜県	0.96	0.92	大分県	1.11	0.90
静岡県	1.03	1.11	宮崎県	1.02	0.81
愛知県	0.93	0.97	鹿児島県	0.92	0.70
			沖縄県	0.63	0.44

出所：図表８－９に同じ。

図表8－14　東京本社企業による支所の事業所数・従業者数とその域内比率

地域	事業所数	域内比率	従業者数（人）	域内比率	地域	事業所数	域内比率	従業者数（人）	域内比率
北海道	14,123	21.3%	248,893	25.6%	三重県	3,326	16.6%	93,190	23.6%
青森県	2,874	19.0%	42,316	20.7%	滋賀県	2,344	15.1%	63,259	20.0%
岩手県	3,377	19.6%	53,852	23.5%	京都府	4,867	18.6%	110,397	22.8%
宮城県	9,471	28.1%	193,714	36.3%	大阪府	25,067	24.1%	684,418	33.2%
秋田県	2,412	19.5%	39,742	22.6%	兵庫県	10,502	18.4%	277,717	26.1%
山形県	2,473	19.2%	45,737	25.2%	奈良県	1,839	16.2%	34,302	17.7%
福島県	5,246	23.4%	107,053	30.4%	和歌山県	1,580	16.4%	35,072	24.2%
茨城県	9,040	29.9%	259,690	41.8%	鳥取県	1,188	15.9%	18,003	17.6%
栃木県	5,884	27.1%	166,090	38.7%	島根県	1,307	13.6%	22,861	18.5%
群馬県	5,107	24.8%	146,941	37.3%	岡山県	3,929	17.7%	88,741	23.4%
埼玉県	25,775	37.0%	622,110	46.5%	広島県	7,229	19.7%	156,596	26.0%
千葉県	22,399	37.8%	545,625	47.4%	山口県	2,838	16.2%	65,323	24.6%
東京都	109,533	62.1%	2,567,949	70.4%	徳島県	1,308	17.1%	23,522	19.6%
神奈川県	31,676	36.3%	895,033	47.6%	香川県	2,645	20.8%	47,945	25.5%
新潟県	5,504	19.1%	108,571	24.4%	愛媛県	2,678	17.3%	52,113	22.6%
富山県	2,332	17.6%	48,389	23.9%	高知県	1,349	17.0%	18,176	17.9%
石川県	3,084	20.5%	53,194	24.5%	福岡県	13,569	20.8%	289,750	27.5%
福井県	1,490	16.2%	27,072	19.1%	佐賀県	1,497	15.1%	31,752	20.6%
山梨県	2,725	29.8%	52,200	35.7%	長崎県	2,406	15.5%	46,321	21.8%
長野県	5,673	21.5%	101,040	25.1%	熊本県	3,149	17.0%	68,499	24.6%
岐阜県	3,060	13.9%	61,587	17.7%	大分県	2,245	16.3%	41,995	21.2%
静岡県	9,527	21.7%	231,242	29.2%	宮崎県	1,843	14.5%	29,833	16.7%
愛知県	17,496	19.9%	438,031	24.2%	鹿児島県	2,921	14.7%	42,138	14.9%
					沖縄県	2,323	17.1%	40,923	20.1%

出所：図表8－9に同じ。

第2部

工業立地からみる地域経済

―中国の事例―

第9章 中国における外資誘致政策と企業立地
—日系企業の「チャイナ・プラスワン」の展望—

1 はじめに

1978年末にスタートした中国の改革開放政策は，国内における計画経済システムの改革と対外経済関係における積極的な外資誘致と対外貿易の推進，という両輪によって進められてきた。すなわち「自力更生の社会主義計画経済」から「対外開放の社会主義市場経済」への移行が行われた。この間，中国が有する低廉な生産要素の賦存と高い潜在成長率，および政府による外資優遇政策は多くの海外資本を魅了し，世界各国からさまざまな産業部門の企業が中国に進出し，中国経済の成長と高度化を促す大きな要因となった。

特に，世界一の人口規模に由来する低賃金労働力の「無尽蔵」な供給は，労働集約型工業製品の生産や組立加工の中国集中をもたらし，これらの産業や企業が多く立地した東南沿海部地域は「低価格・低付加価値」工業製品の世界的な輸出基地となった。そして産業集積はさらなる企業立地を誘い，先進的な技術や資本財，および管理ノウハウを持つ外資系企業の集積が生み出した外部経済性[1)]は，中国製造業の規模拡大と技術進歩，および輸出構造の高度化を通じて中国の持続的な経済成長に寄与した。

アジアの日本やNIEsをはじめ，世界各地からの製造業企業の中国進出の拡大は，1980年代以降の先進工業経済における為替と賃金上昇に伴う製造業の海外移転を受け入れるべく行われた中国政府の外資優遇政策によるところが大きい。すなわち，外向型経済発展戦略の下，輸出入に便利な東南沿海地域に経済特区などの開放地域を新設して外国企業の投資を受け入れ，外資系企業には，輸出入規制の緩和，生産要素の優先的割り当て，税制上の特別優遇措置などを講じてきた。その結果，当初の労働集約型輸出産業の集積と発展がそれらの産業に資本財や部品を供給する産業の集積をもたらし，外資系輸出企業の増加に伴う生産拡大と技術移転が内資企業の立地と技術発展を促進する，という好循環を通じて中国の製造業は大きく発展し，2000年代以降では「世界の工場」と呼ばれるようになった。

しかし，「世界の工場」における製造業の生産と輸出の拡大は，無限に続けられるものではなかった。中国の生産拡大は，地球規模での資源価格の上昇や環境汚染の増加をもたらし，対外開放の初期には「無限」にあるように思われた生産要素の供給にも陰りが見えはじめた。東南沿海部の土地価格は高騰し，2000年代半ばごろには「農民工」と呼ばれる低賃金労働力の供給が減少し，賃金が急速に上昇した。また「世界の工場」となった中国からの輸出拡大は，アメリカなど一部の貿易相手国における対中国貿易赤字を累積させ，中国の為替政策や貿易政策，さらには産業政策などに対する批判も高まってきた。

特に近年では，生産要素価格の上昇に伴う生産コストの増加に加えて，政府の制度変化，国家間の政治関係の変化などに伴う非経済的要因がもたらした生産コストとビジネスリスクの上昇が，多くの外資系企業の中国現地経営に影を落としている。例えば，最低賃金水準の引上げ，雇用保護法制の強化，社会保険制度への加入義務など，経済発展に伴って拡充・整備される諸制度と政策は，外資系企業のコスト増をもたらしている。そして，2012年の尖閣諸島（中国語：釣魚島）をめぐる日中間の政治的対立や2017年以降における米中貿易戦争などの国家間の政治関係の変化は，中国における外資系企業の安定的な経営を脅かす大きな要因となっている。何よりも，2000年代以降における中国国内の社会経済状況の変化に基づく外資誘致政策の大転換（外資優遇措置の縮小・撤廃，選別の強化，経営自主権の拡大など）は，外資系企業の経営戦略，とりわけ立地行動に大きな影響を及ぼしている。

上記のような「世界の工場」の中国における外資系企業の立地環境の変化は，これまでに中国を中心に形成されてきたグローバルサプライチェーンの変容をもたらす可能性はあるだろうか。日本においては，2010年代以降，とりわけ2012年の尖閣諸島騒ぎの後において中国に生産拠点を集中させることのリスクが大いに鼓吹され，「チャイナ・プラスワン（China＋１）」が謳われてきた。

そして，今日のアメリカによる対中経済制裁が強化され，米中経済のディカプリングの可能性までが叫ばれる中において，「チャイナ・プラスワン」への関心はますます高まっている。

本章では，中国に進出している日系企業の企業立地の動向に焦点を合わせながら，中国における外資誘致政策の変化が外資系企業の立地行動に及ぼす影響を検討する（第２節）。そして，近年の中国における外資系企業の立地環境と立地行動を分析することを通じて，日系企業の「チャイナ・プラスワン」動向の実態を明らかにし，製造業企業にとって中国の立地優位は依然大きく，中国からASEAN地域への生産拠点の移転は小幅なものに留まる可能性が高い，という「チャイナ・プラスワン」の可能性を展望（第３節）する。

2　「世界の工場」における外資系企業の立地行動

2.1　中国の改革開放と外資誘致政策

中国政府は，1978年11月の中国共産党第11期第３回会議において改革開放政策の実施を決め，1979年に外国企業による直接投資を解禁した。先の大躍進運動や文化大革命などの政治運動による社会経済の疲弊と国民生活の困窮から脱出すべく国政の中心を経済建設に移すにあたり，国内に不足していた資本と技術，および経営ノウハウを海外から誘致するためであった。そして外資の誘致にあたっては，限られた資源と資金を有効に利用し，かつ対外開放による国内社会経済システムへの衝撃を抑えるために，開放地域を東南沿海部の一部地域に限定する，という試験的な取り組みが行われた（関2016）。

外資誘致のために真っ先に設置されたのは，香港とマカオ，および台湾に近い広東省の深圳，珠海，汕頭と福建省の厦門からなる四つの「経済特区[2)]」であった。1980年に設置されたこの経済特区では，税制や土地・インフラの使用，労働者の雇用，原材料の輸入と完成品の輸出，投資者の出入国などのさまざまな面において優遇的・特別的な措置を講じて外国企業の進出を促した。

1984年では，大連，天津，青島，連雲港，上海，温州，広州，北海などの東部沿海地域の14の都市が「沿海開放都市」に指定され，中国沿海部の主要都市の多くが開放された。そして1985年では，長江デルタ，閩南デルタ，珠江デルタが，1988年には遼東半島，山東半島が「沿海開放地区」に指定され，中国の東南沿海地域における点（経済特区）→線（沿海開放都市）→面（沿海開放地区）の漸進的な対外開放戦略が進められてきた。

1990年代においては，対外開放の地理的範囲が東南沿海地域から長江流域（沿江）と国境地域（沿辺）各省・市へと拡張され，陸続きの外国との対外経済交流が促進された。さらに上海市では「浦東開発区」が設置され，国土全体に広がる全方位的な開放政策を推進すると同時に，経済発展の先導地域である上海，および長江デルタの対外開放も力強く進めてきた。

このような対外開放の地理的範囲の拡大過程で，制度改革の側面における対外開放も進化を遂げた。海外直接投資の誘致がはじまった当初の『中外合資経営企業法』（1979年）では，合弁・合作の合資企業の設立しか認めていなかったし，外資系企業の生産・経営活動の範囲も「加工貿易」に大きく限定していた。しかし，1986年に公布された『外資企業法』と『外資投資奨励規定』を皮切りに，外資誘致のテンポが一気に速まる。外資の進出形態においては，外国資本による独資企業の設立が認められ，製造業に加えてサービス業への進出も，輸出だけでなく中国国内市場での販売についても徐々に認められるようになった。

そして1992年の鄧小平氏の「南巡講話」による市場経済移行への意思表明と2001年のWTO加盟を契機に，中国の対外開放はさらに進んだ。特にWTOの加盟合意において中国政府は，サービス業をはじめとするほとんどの業種の市場開放を約束し，実際2002年から実施された『外商投資方向指導規定』においては外国企業の投資を奨励する業種を186から262へ拡大し，制限する業種は112から75へと縮小した。その一方で，WTOの内外無差別原則も受け入れ，遵守することを約束したことに伴い，外資系企業に対するさまざまな優遇的措置も徐々に削減されていくこととなった。そして2007年の『企業所得税法』の改定（2008年1月から実施）において，国内企業と外資系企業の税率が一本化され，外資系企業に対する税制上の優遇措置が撤廃された。

しかし，地方政府による外資系企業の誘致競争が常態化している中国におい

図表9－1　改革開放以後の中国へのFDIの推移（フロー，単位：個，億ドル）

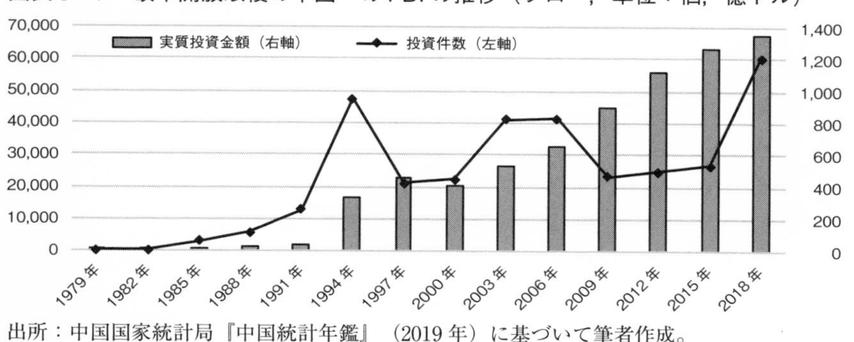

出所：中国国家統計局『中国統計年鑑』（2019年）に基づいて筆者作成。

ては，各地域の地方政府がさまざまな独自の優遇政策を用意して外資系企業の誘致に取り組んでいる。それは，第12章でも紹介する四川省成都市が富士康（フォックスコン）生産工場の誘致に際して講じた工場建設用地の確保と造成，電気・水道などのインフラ整備，労働者募集への協力，行政サービスの優先的提供などの措置からも窺い知ることができる。また最近では，一部の外資系企業，とりわけ政府が指定する高新技術分野に属する企業は，依然として優遇措置の対象であり続けているし，外資優遇政策以外の産業奨励政策の対象にもなっていることから，外資の中国進出は依然として多くの政策的優遇を受けているのが現状である。

上記のような中国における対外開放の拡大と外資誘致のための優遇的政策措置の下，世界各国の企業が中国に事業拠点を移し，現地法人を設立して生産・経営活動を行うようになった。特に製造業の中国進出が顕著であり，2020年現在，フォーチュン・グローバル500にランキングしている全ての製造業の企業が中国に生産拠点を構えている。

図表9－1に示しているとおり，中国へのFDI（海外直接投資）は改革開放以降増加し続けており，現在は世界最大のFDIの受け入れ国となっている。FDIのプロジェクト件数（中国政府によって認可された新規の投資案件）でみると，海外企業の進出は，1992年以後と2000年以後において急激な増加を見せているが，それは前述のように中国経済が計画経済から市場経済へ，そして閉

鎖経済から開放経済へ転換する，という意志に対する国際社会からの信認の表れであると言える。実質投資金額は，投資案件の変動によって若干の起伏はあるものの，拡大傾向が続き，とりわけ1992年以降において急拡大している。

総じて言うと，中国では1978年末の対外開放政策の実施に伴って外資系企業の進出が開始され，順調に増加してきた。特に1992年以降の中国経済の社会主義市場経済システムへの転換に伴ってFDIが急拡大し，今日では世界最大のFDI受け入れ国となっている。このような外資系企業，とりわけ製造業の生産拠点の中国移転が東南沿海地域の輸出産業の発展を促し，また内外資企業が集積して切磋琢磨する過程で中国製造業の競争力は向上し続け，今日の「世界の工場」を造り上げたのである。

次項では，上記のような政府による積極的な外資誘致政策の恩恵を受けながら中国に進出している日系企業の立地行動の特徴と変化について概観する。

2.2　「世界の工場」における日系企業の立地行動

図表９-２は，1990年代以降の対中国FDIの主な投資国・地域をまとめている。日本対中国の直接投資額は2000年代半ばまでに急拡大し，その後は緩やかな減少に向かっている。これは，1990年代半ばからの約10年間において活発に行われた日本の自動車産業の中国進出によって，完成車メーカーから部品サプライヤーまで，さらに自動車産業に関連する機械・装備製造業による大型投資がこの時期に集中したことが影響している。

しかし，図表９-３に示しているとおり，2018年においても中国は日系企業の最大の海外進出先であり，日本の海外現地法人全体の約25%が中国現地法人である。2000年における中国のシェアが12%であったことを勘案すると，両国間の政治的な摩擦や世界金融危機などの影響があったにもかかわらず，日系企業の中国進出は継続的に増加し，中国への集中が大いに進んだことがわかる。これに香港を迂回して中国大陸に進出していると思われる企業までを含めると中国の割合は３割に達し，日系企業の海外進出における中国の重要性が確認できる。その一方で，まだ中国ほどの規模にはなっていないが，ASEAN諸国や中南米諸国への進出が急増しており，日系企業の海外進出地域の多様化も進み

図表９−２　中国における FDI の推移（フロー，単位：100 万ドル）

	1990 年	1995 年	2000 年	2005 年	2010 年	2015 年
日本	503	3,212	2,916	6,530	4,084	3,195
ASEAN5	61	2,626	2,837	2.937	5,989	7,575
台湾	222	3,165	2,297	2,152	2,476	1,537
韓国		1,047	1,490	5,168	2,692	4,034
アメリカ	456	3,084	4,384	3,061	3,017	2,089
ヨーロッパ	151	2,259	4,765	5,643	5,922	6,897
香港・マカオ	1,913	20,625	15,847	18,549	60,567	86,387
FDI 合計	3,487	37,806	40,715	60,325	105,735	126,267

出所：中国国家統計局『中国統計データベース』に基づいて筆者作成。

図表９−３　世界各地域・国における日系企業の現地法人数の推移（単位：社）

		2000 年	2008 年	2018 年
アジア	中国本土	1,712	4,213	6,534
	香港	818	917	1,220
	NIEs3	1,911	2,072	2,944
	フィリピン	338	385	585
	マレーシア	659	615	803
	タイ	937	1,322	2,445
	インドネシア	544	569	1,140
	ベトナム	128	326	1,098
	インド	121	219	602
北米	アメリカ	3,045	2,662	3,053
	カナダ	257	203	224
中南米	メキシコ	164	180	414
	フラジル	242	188	316
	アルゼンチン	39	30	35
ヨーロッパ	EU 加盟国	2,682	2,360	2,659
	その他のヨーロッパ諸国		153	278
オセアニア		581	435	565
アフリカ		136	136	171
世界総計		14,911	17,658	26,233

出所：経済産業省『海外事業活動基本調査』（2000 年，2008 年，2018 年）に基づいて筆者作成。

図表９-４　中国進出の日系企業法人の産業別分布（香港を含む，単位：社）

		2000年	2008年	2018年
総計		2,530	5,130	7,754
製造業計 1)		1,540	2,917	4,004
	食料品	108	156	171
	繊　維	255	252	263
	木材・紙・パルプ	22	47	59
	化　学	175	271	314
	石油・石炭	7	13	16
	窯業・土石		86	101
	鉄　鋼	56	101	105
	非鉄金属	39	89	144
	金属製品		142	250
	一般機械	130	345	641
	電気機械	382	268	300
	情報通信機械 2)		377	411
	輸送機械	108	399	607
	その他の製造業	258	371	622
農林漁業		14	9	12
鉱　業		3	2	2
建設業		34	52	67
情報通信業			213	244
運輸業			239	283
卸・小売業		534	1,340	2,423
サービス業		207	235	564
その他の非製造業		198	123	155

注：１）この中で香港に設立されている企業数は，年度順に277社，240社，205社である。
　　２）2000年時点では，電気機械部門に含まれていた。
出所：図表９-３と同じ。

つつあることが分かる。

図表９-４は，中国に進出している日系企業の産業別の分布の推移を表している。2000年時点で61%であった製造業の割合が2018年では52%まで，約10%ポイント減少しているものの，日系企業の中国進出は依然として製造業を中心

に行われている。これは，日本の多くの製造業企業が生産拠点を日本から中国に移転したことにより，中国が「世界の工場」になると同時に「日本の工場」にもなっていることを表す。

そして，製造業の各部門別の推移を確認すると，2000年時点では食料品や繊維産業，および電気機械産業（情報通信機器を含む）などの，労働集約型で輸出目的の産業部門の割合が高かったが，2008年以降では一般機械や輸送機械，および関連する鉄鋼や金属製品などの中国国内市場向けの資本集約型産業部門が大きく増加している。これは，2000年代半ば以降の中国における低賃金労働者の供給減少や賃金上昇に加えて，経済成長と所得増加に伴って中国国内市場が発展（量的な拡大と質的な向上）していることにより，中国進出の日系企業の産業構造も高度化したことを表している。

また，2018年時点におけるサービス業企業の中国進出増加は，中国政府が外資誘致制度の改革を通じてサービス産業部門への外国企業の参入を認めたことに加えて，拡大し続けている中国国内市場におけるビジネス機会が増加していることの表れである。サービス産業の中でも，卸・小売り部門の企業数が特に多く，その伸びも顕著であるが，2018年時点では金融業も含まれている「サービス業」部門における中国進出が増えていることも大きな変化である。近年，中国政府による金融市場の開放が急ピッチで進んでおり，今後は金融業が日系企業の中国進出における重要な産業部門となる可能性が高い。

上記のような1990年代以降における日系企業の海外進出の中国集中，とりわけ日本の製造業企業の生産拠点の中国移転は，日本国内における産業空洞化や製造業雇用の縮小をもたらした。その一方で，海外現地法人の生産拡大は日本からの機械設備や部品の輸出拡大をもたらし，生産拠点の中国移転に伴う影響は，産業部門によって，企業規模によって，さらには企業の経営戦略などによってさまざまであり，賛否両論が続いている。

ただし，日本の製造業が生産拠点ないし輸出拠点を中国に移転したことにより，従来の日本からアメリカへの工業製品輸出の多くが中国現地生産から直接アメリカへの輸出によって代替され，日米間の貿易摩擦が幾分緩和されたことには異論がないようである。すなわち，1985年のプラザ合意後に進んだ円高が

図表9－5　日中米三カ国間貿易の変化

輸出国	中国				日本				米国			
輸入国	米国		日本		中国		米国		日本		中国	
	中間財	最終財	中間財	最終財	中間財	最終財	中間財	最終財	中間財	最終財	中間財	最終財
1995年	85	389	80	245	188	98	584	668	296	333	71	57
2015年	1,296	3,240	549	928	884	457	561	701	300	280	642	541

出所：RIETI, Trade Industry Database 2018 に基づいて筆者作成。

一つのきっかけ（危機と機会）となり，日本の製造業企業が生産拠点をアジア諸国，とりわけ中国に移転した結果，1990年代以降における日本の対米輸出の伸び率は緩やかになり，日米貿易摩擦の圧力は縮小したのである。

その一方で，韓国や台湾の企業も日本と同じような状況の下で，日本の企業と同じく対中進出を拡大した結果，近年では米中貿易摩擦が世界経済における新たなリスク要因として浮上している。図表9－5は，1990年代以降の日米中貿易の推移をまとめている。この間，日本の製造業が生産拠点を中国に移転したことにより，日本から中国への中間財輸出が増加し，最終財を含めてアメリカへの輸出増加は緩慢である。その一方で，世界的な「製造業の生産・輸出拠点」となった中国からアメリカへの最終財の輸出が大きく拡大し，米国の対中貿易赤字額は累積し続けてきた。このような日米中間の貿易関係の変化は，生産拠点の多くを中国に移転している韓国，ドイツ，台湾と，米中の間でも言えるものである。

中国から日本への輸出の推移をみると，圧倒的に最終財が多いが，近年では中間財の輸出も大幅に拡大している。日本国内では，中国の工業化が進み，日中間でお互いに工業製品を輸出しあっていることから「中国脅威論」が謳われ，それがまた対中国投資を批判する人々のエネルギーとなっている。つまり，中国の企業が日本企業のライバルとなり，多くの産業で直接競合するというリスクが誇張されている。しかし，梶谷（2018）が指摘しているように，産業の細分類表に基づいてみると，日中間にはかなり明確な「すみわけ」がなされており，工業における日中間の相互補完関係は依然として強いのである。

中国が日本をはじめとする海外から直接投資を受け入れ，世界の製造業の生産・輸出拠点として急速に発展してきたことは，近隣のアジア諸経済のみならず，アフリカやラテンアメリカの途上国経済，さらにはアメリカやEU諸国の対外貿易，産業発展，さらには人々の消費生活にまで，多大な影響を及ぼすようになった。これに関して，黒田（2001）は，中国の産業発展を「アジアの雁行型発展」モデルの群れを乱す「鵬」の出現として描き，丸川・梶谷（2015）は，中国の台頭，とりわけ中国の工業化と「世界の工場」化，および貿易大国化の影響は，アジア域内に留まるのではなく，世界全体に広がっているもの，として説明している。

中国経済の巨大化は，安価な工業製品の大量輸出に加えて，原材料や資本財と部品などの生産要素，および国内消費需要を満たすための消費財の大量輸入を通じて，グローバル需給構造に大きな影響を及ぼすようになった。また，中国経済が世界各国，および各企業に及ぼす影響は，時には大きな機会に，時には重大なリスクになりうるが，2010年代の日本では，生産拠点の過度な中国依存のリスクが多く指摘され，海外生産拠点の分散化を進めるための方策として「チャイナ・プラスワン」が主張されるようになった。次節では，中国における外資系企業の経営環境の変化を確認しながら，中国に進出している日系企業の生産拠点の海外移転の実態と可能性について検討する。

3　中国リスクと「チャイナ・プラスワン」の可能性

3.1　中国における外資系企業の立地環境の変化

中国に進出している外資系企業は，当初は豊富かつ低廉な生産要素の利用，後には世界の生産拠点がもつ産業集積効果の享受とグローバルサプライチェーンへの編入，さらに近年では経済成長に伴って拡大し続けている中国国内市場の獲得などを指向し，中国での投資を拡大し続けてきた。しかし，40年にわたる高成長は巨大な生産能力と市場を形成すると同時に，中国国内の社会経済構造，対外経済関係の変化をもたらした。その結果，中国に進出している外資系企業の生産・経営環境，とりわけ外資系企業の立地環境は大きく変容した。

図表9-6　中国のマクロ経済指標の推移（3年移動平均値）

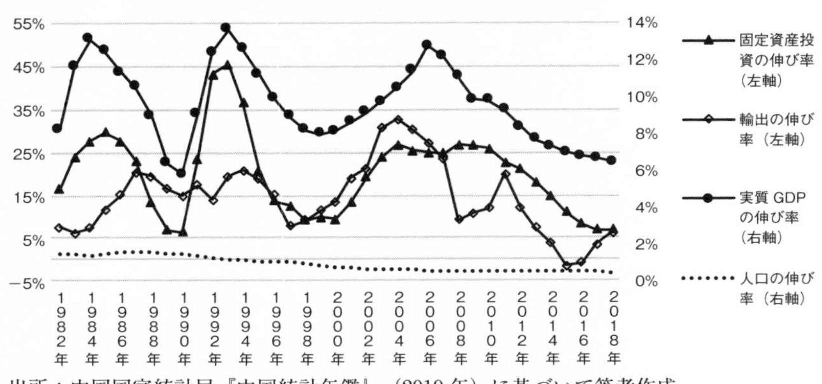

出所：中国国家統計局『中国統計年鑑』（2019年）に基づいて筆者作成。

鈴木（2018）は，企業の国際的な立地行動の背景にあるグローバルな立地環境の要素として，各国の経済状況（規模や成長率，産業構造や配置，生産要素の賦存など），各国政府の政策的対応（外国投資に関する制度的，政策的措置など），および各国市場の特徴（規模，構造，歴史的・文化的要素の影響を受ける消費者行動，競争環境など）を挙げ，これらの要素の空間的賦存と時間的変化が企業の立地行動に大きな影響を及ぼすことを指摘している。以下では，近年の中国における上記のような立地環境の要素の変化について確認しておく。

まず，中国のマクロ経済状況を確認しよう。図表9-6では，改革開放以降の中国の経済成長にかかわる四つの指標の推移をまとめている。経済成長率（実質GDPの伸び率）は，1989年前後に大きな落ち込みはあったが，2000年代の終わりまでに平均10%の経済成長を続けてきた。そして2010年代では徐々に低下しているが，2019年度においても6%の成長を達成し，中成長を維持していると言える。

次に，経済成長の長期的推移を決定する資本投入（固定資産投資の伸び率）も2010年代において傾向的に低下し，また労働投入量を決定する基礎的要素である人口の伸び率は1990年代の後半から1%未満となり，近年では0に近づいている。これらの中国経済の潜在成長率を決定する要因らの傾向的な低下に加えて，改革開放以後の高成長の大きな牽引力であった輸出の伸び率も2010年代以降において大幅に低下し，最近では前年度の伸び率を下回る年も続出している。

中国政府は，このような経済成長率の趨勢的な低下を「新常態」として捉え，国内産業構造の高度化（技術集約型産業の発展を促進し，サービス産業の比重を高める），内需拡大（輸出需要依存から脱却し，国内消費需要を拡大させる），および更なる制度改革（政府管理・介入の縮小と市場メカニズムの役割拡大）に国を挙げて取り組んでいる。

「新常態」は，さまざまな側面で外資系企業の生産・経営環境の変化をもたらしている。潜在成長率の傾向的低下は，従来のような生産規模の持続的な拡大を妨げるだろうし，技術集約型産業の発展促進は，従来のような低賃金指向の製造業企業にとって，また輸出依存から内需依存への転換は，輸出製品を生産している企業にとって逆風となる。そして，市場メカニズムの役割を強調する制度改革は，国内外の企業を同一視しながら自由・平等・公正な事業環境を創出することを目指しているが，これは既存の外資系企業に対する優遇的措置の縮減に繋がっており，外資系企業の立地行動に大きな影響を及ぼす要因となっている。

そして，外資系企業が多く進出している東南沿海部地域では賃金上昇が続き，2000年代半ばごろから「民工荒」と呼ばれる組立加工ラインの低賃金労働者の採用が困難な現象がみられているのも事実である。さらに東南沿海部の製造業の集積地域では，外資系企業間，外資系企業と内資企業間の競争も激しさを増し，土地や素材などの生産要素の価格が上昇し続けている。もちろん，2020年現在においても発展途上国である中国のさまざまな生産要素の価格は日本などの先進国・地域に比べるとかなり低いが，外資系企業が大挙中国進出を果たしていた1990年代と2000年代に比べると大幅に上昇しており，状況は大きく変化しているのである。

さらに日系企業の場合は，2010年代における日中政治関係の冷え込み，という特殊な要因の影響も受けている。2012年９月，日本政府による尖閣諸島の国有化に反対する中国国内の激しい反日デモ，それに続く日本製品のボイコットと日系企業に対する破壊行為は，両国におけるナショナリズムの台頭を助長し，両国間の外交・安全保障上の対立が経済関係の悪化をもたすことを示した。その結果，日本国内では中国リスクが唱えられ，中国進出の日系企業も投資と生産機能の中国集中を是正する必要に迫られた。

その際に，中国に代わる生産拠点として注目を集めたのがASEAN諸国やインドであった。図表9-3でも示したように，ASEANのタイ，インドネシア，ベトナムとインドへの日系企業の進出が2010年代において大いに進んだ（現地法人数は，2008年以降の10年間で2～3倍の規模に増加した）のも事実である。しかし，中国の生産拠点として，そして市場としての魅力が完全に喪失されたわけではないし，一部の企業（高新技術産業の企業や中国国内販売を主とする企業）にとって中国は依然として最大，最高の進出先である。

なぜならば，中国の経済成長は鈍化したとしても依然として高い水準の伸び率を示しているし，国民の所得の継続的な上昇（2019年の一人当たりGDPが1万ドルに達した）が市場を拡大させているからである。また日本との地理的距離や人的交流の実績に加えて，長年にわたって構築されてきた両国の産業連関は非常に緊密になっており，短時間で代替先を見つけ，大挙移転することは困難である。その結果，現実的な対応策として浮上したのが「チャイナ・プラスワン」戦略であった。

「チャイナ・プラスワン」とは，製造業を中心に，海外拠点を中国へ集中させることによるリスクを回避し，中国以外の国・地域へも分散して投資する経営戦略，および考えを指す。平たく言えば，中国における賃金水準の上昇，ストライキの頻発，知的財産の流出に加え，反日運動などの「チャイナリスク」を回避するために，海外投資の中国一極集中を止め，他の国・地域に分散して投資を行う動きである。もちろん，「チャイナ・プラスワン」指向は，日系企業だけでなく，中国に進出している他の国・地域からの企業にも当てはまるものであるし[3)]，生産拠点の東南アジア地域への移転は，リスク分散と合わせて当該地域の経済発展と市場需要の拡大を取り込むためにも必要な手段となりうる。

次項では，「チャイナ・プラスワン」の候補地として注目されているASEAN諸国とインドの生産拠点としての魅力と可能性について，『アジア・

図表9-7　アジア各国の製造業作業員の賃金水準の比較（基本給，月額，単位：米ドル）

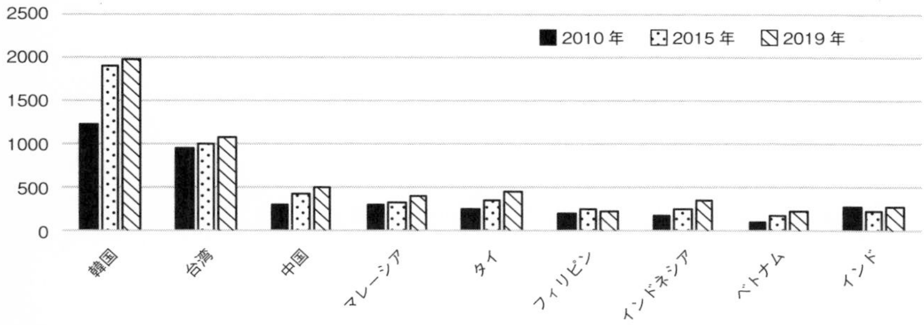

出所：JETRO，『アジア・オセアニア進出日系企業実態調査』（2010年，2015年，2019年）に基づいて筆者作成。

図表9-8　アジア各国の製造業作業員の賃金水準の比較
（社会保険料等を含む企業負担総額，年額，単位：米ドル）

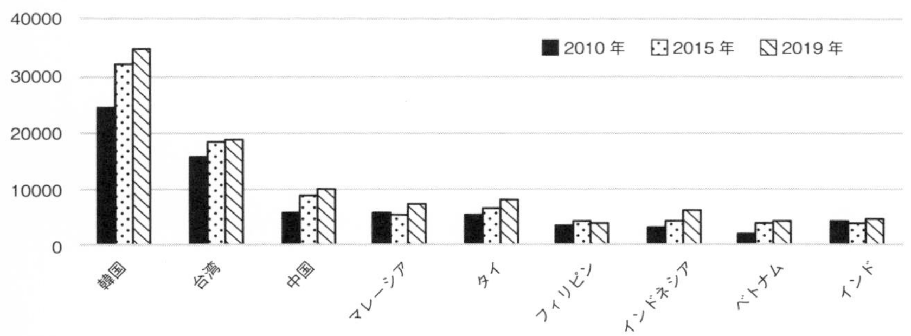

出所：図表9-7と同じ。

オセアニア進出日系企業実態調査』（JETRO）を題材に検討する。

3.2　「チャイナ・プラスワン」候補地としてのASEANの立地条件

日系企業を含めて外資系企業が中国からASEAN諸国やインドなどに生産拠点を移転する，もしくは中国の生産拠点を残したままこれらの国・地域に新しく進出する，という動きも，鈴木（2018）が指摘したような各国の経済状況，各国政府の政策的対応，および各国市場の特徴，というグローバル立地環境に左右されると言えよう。すなわち，これらの国・地域における経済発展の動向，

図表９-９　日系企業の中国事業の継続に関する意向の変化

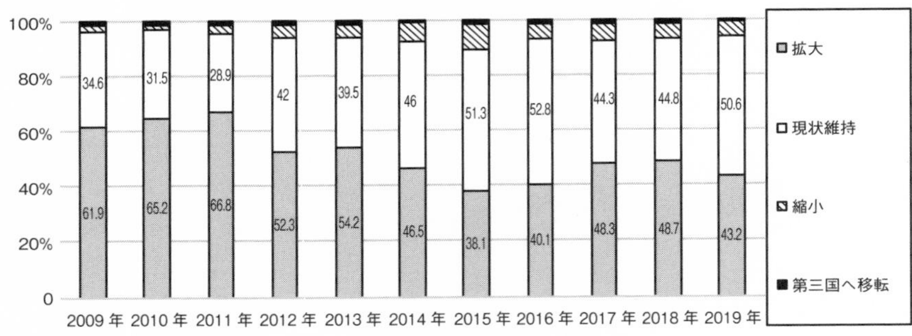

出所：図表９-７と同じ。

社会経済的インフラ，人口動態と労働力供給能力，賃金などの生産要素の価格，さらには各国政府による外資誘致政策などの影響を受けている。紙幅の制約上，全ての要素の検討は難しいので，ここでは主に各国の賃金水準の比較を通じて製造業企業の立地環境を比較検討する。

図表９-７と図表９-８に示すとおり，中国の製造業作業員の賃金水準は韓国や台湾のような経済が発展した国や地域に比べると依然低い（半分か，３割以下）が，ASEAN諸国やインドに比べると高い[4)]。そして，労働者の賃金コストはこの10年間において約1.8倍（図表９-７）に上昇しているが，それは先にも言及した2000年代半ば以降に東南沿海部地域における賃金上昇と組立ライン労働者の採用難としても現れている。ただし，賃金上昇は中国に限った話ではなく，他のすべて国・地域でも見られるが，中国の上昇幅はベトナム（2.3倍）とインドネシア（1.9倍）に次いで高い水準である。

さらに，労働者の社会保険料の支払いまでを含む企業負担総額（図表９-８）では，中国とASEAN諸国，インドとの格差はさらに大きくなっている。これは，中国政府が2000年代半ば以後に社会保障制度の整備・拡充を進め，また労働者権利の保護に力を入れてきたことにより，企業の給与支払い負担が増加した結果である。輸出主導型成長から（消費中心の）内需主導型成長への転換を図る過程において，国内労働者の就労安定と所得向上を志向した政策的な対応であり，国内消費需要の拡大を見込んで現地販売を志向する外資系企業には機会となったが，労働集約型輸出製品の生産企業には死活問題となり，生産拠点を賃金がまだ安いASEANやインドに移転させる要因となった。

図表９-９は，中国進出の日系企業における「中国事業の継続に関する意向」の変化を表している。2012年から「事業縮小」と「第三国へ移転」の割合が増加しているように見えるが，それも2015年をピークにその後では徐々に縮小している。そして，中国での事業を「拡大」したいという意向も少し起伏はあっても傾向的に縮小しているが，「現状維持」の意向は傾向的に増加している。これは，中国ビジネスにおける生産・経営コストの増加や政治的リスクなどは，より「積極的な投資」を妨げているが，だからと言ってすぐに中国から撤退，移転しようとする動きにまでには繋がっていないことを表す。

その背景は，以下のような二つの側面から説明できる。

第一は，海外進出の外資系企業にとって，中国を超える，もしくは代替しうるグローバル立地環境を有する候補地を見つけるのは難しい，ということである。すなわち，候補地として注目されているASEAN諸国やインドは，中国よりも経済発展が遅れているゆえに賃金をはじめとする生産要素のコストは確かに安い。しかし，企業立地決定に影響を及ぼす他の要素，例えばインフラの整備，労働者の教育と熟練水準，制度の利便性，宗教・文化的条件，地理的距離などの側面においては，中国に比べると劣っていると言わざるを得ない。

さらに，先の図表９-７と図表９-８でも確認しているとおり，これらの国・地域においても賃金は傾向的に上昇しているし，上昇幅が中国より高い国もある。また経済発展が遅れていることから所得水準が低く，民族・宗教構成が複雑であるがゆえに，国内の政治社会情勢も不安定なところが多く，政治的リスクも中国に比べて小さくない。そしてもっとも重要な要因だが，部品や原材料の現地調達が困難である。

「世界の工場」である中国，とりわけ中国の東南沿海部地域では，あらゆる産業や製品生産が集積しており，部品や原材料の調達が非常に便利である。中国がグローバルサプライチェーンの中心となっている所以でもある。グローバルビジネス環境がますます競争的になっている現在において，部品と原材料の調達コストの増加（時間的ロスに加えて輸送コストも追加される）は，企業の

図表９-10　中国の製造業作業員の地域別賃金格差（基本給，月額，単位：元）

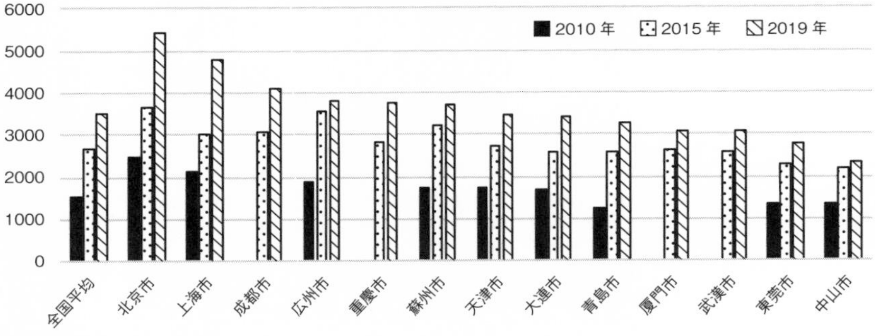

出所：図表９-３と同じ。

立地決定に影響する大きな要因であることは言うまでもない。

第二は，中国国内における地域間の経済発展の格差を逆手にとって，生産・経営環境が厳しくなった東南沿海部地域から，中・西部の内陸地域へ生産拠点を移転する可能性である。

そもそも中国はASEAN諸国に比べてあまりにも大きな規模の国であり，ASEANの国々の場合は，中国の一つ一つの省と比較した方が現実的でもある（舛山2014）。もちろん中国は政治的には数千年前から統合され，かつ強力な中央政府による戦略的な政策調整が行われているが，各省や地域が有する経済地理的な条件，歴史的な発展経緯，社会文化的な相違も大きい。

中国の経済発展が，地域的には東南沿海部地域，中部地域，西部地域として大きく区分して議論されているように，経済発展は東部から西部内陸地域へ行くほど遅れている。自然地理的条件や歴史的な発展経緯などに基づく地域間の格差は著しく，各地の投資環境も大きく異なる（戴2014）。特に，対外開放以後の中国の経済成長と産業発展を牽引してきた外資系の輸出企業が，輸出入が便利な東南沿海地域に集積したことからも分かるように，外資系企業の立地条件は地域（経済発展状況，生産要素の賦存状況，および外資誘致政策など）によって大きく異なる。

図表９-10で示しているように，賃金水準だけを見ても，経済が発展した東南沿海地域の上海や北京などのグローバル大都市と内陸地域の成都，重慶，武

図表9－11　中国国内における日系製造業企業の立地変化

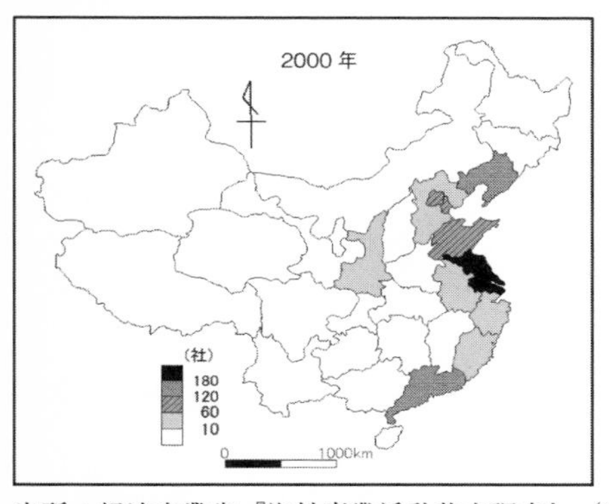

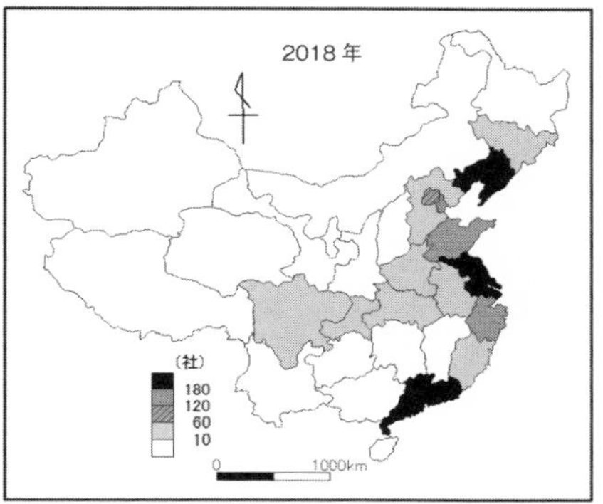

出所：経済産業省『海外事業活動基本調査』（2000 年，2018 年）に基づき筆者作成。

図表9－12　中国国内における日系企業の立地変化（全産業）

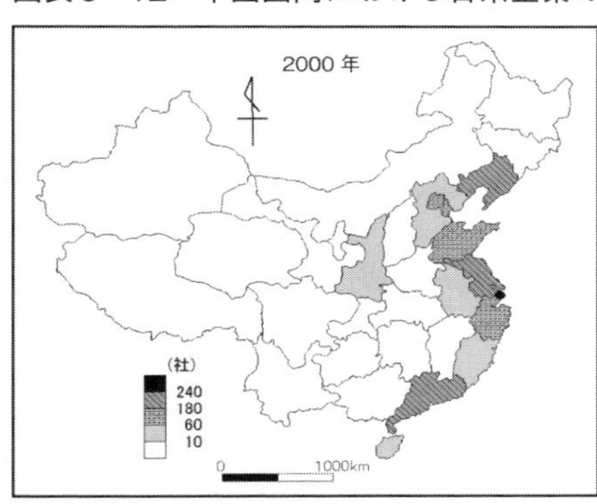

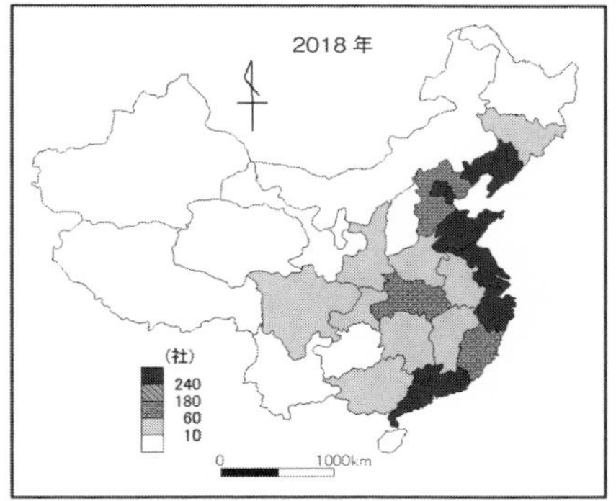

出所：図表9－11 と同じ。

漢など中核都市の間でも，同じく東南沿海地域でも中核大都市の広州や蘇州と東莞，中山などの間には大きな差異がある。

実際に，このような地域間の経済発展の違いに基づく生産要素価格，および各地方政府による外資誘致政策の相違などを反映する形で，日系企業の中国国内での立地状況を詳細に検討してみると，図表9-11と図表9-12で示しているように，東南沿海地域から中部，西部への立地移転が確認できる。現在のところ，製造業の移転（図表9-11）は主に長江沿線の内陸地域までしか拡大していないが，中国国内市場指向がより強いサービス業まで含むすべての産業でみると，内陸地域での立地がかなり増加していることが確認できる（図表９-12)。しかし，現在においても西部地域までには広がっておらず，将来的な可能性として残されている。

もちろん，このような中国国内での内陸地域への移転は，中国国内市場指向の企業にとってはある程度可能であるが，輸出指向の企業にとっては簡単ではない。すなわち，1990年代の早い時期に低廉な生産要素，とりわけ豊富な低賃金労働力を利用して，海外から原材料と部品を輸入しかつ完成品を海外に輸出する企業にとっては，内陸地域への工場移転は難しく，より賃金コストの低い他の国・地域へ移転する可能性が高いと考えられる。また，国内市場指向の企業にとっても，他の内外資系企業との競争が激しさを増しており，絶えず競争力を高めて行かなければならないのも事実である。

それにしても中国は，高い経済成長と所得向上に伴って内需市場がますます拡大していること，国内の社会経済情勢が安定していること，社会経済的インフラが整備されていること，国民の教育水準と労働者の質の高さ，産業集積に伴うサプライチェーンの存在など，外資系企業の立地に適した立地環境を有している。2016年にDTTLが発表している「世界製造業競争力指数」では，中国がアメリカを抜いてトップになっているくらい，中国の製造業は力をつけているし，世界銀行傘下のIFCが発表している2020年度の「グローバルビジネス環境ランキング」においても，中国（31位）は「チャイナ・プラスワン」候補地であるインド（63位）やベトナム（70位）に比べて顕著に高く評価されている。

以上，中国進出の日系企業による「チャイナ・プラスワン」の実態と可能性について検討してみたが，日系企業が生産拠点を中国からASEAN諸国やインドなどに移転させる動きは非常に限定的なものであった。それは現段階における中国と移転候補地との間の企業立地環境の優劣が顕著であり，日本国内の一部のマスコミや人々が言っているような「大撤退」の可能性が，実は高くないことも示している。

4　終わりに

これまでの日本における「チャイナ・プラスワン」の掛け声は，2000年代半ばの中国東南沿海地域における賃金上昇，および組立ライン労働者の採用難を契機に生まれ，2012年における日中両国間の政治的対立に伴う国内のナショナリズムの台頭によって促され，2020年現在は米中貿易戦争の激化を追い風に高まっている。特に，2017年に発足したトランプ政権が行っていた中国製品に対する大幅な関税の引上げ，さらには中国の産業構造高度化と経済発展を抑止するための各種制裁措置は，中国で生産した工業製品をアメリカ向けに輸出している日系企業を含む製造業企業にとっては災難であるに違いない。

米中貿易戦争は，2018年に本格的にスタートし，2019年以後において摩擦の度合いが深まっているが，本章の分析が用いているデータは，この二大国の間の政治，経済，技術，外交，軍事的な対立がもたらしているグローバル立地環境の変容と，それに適応しようする企業の最新を動きのすべてを捉えているわけではない。現在，米中対立は単なる貿易摩擦の範囲を超えて，技術や金融，外交や軍事の領域にまで拡大しつつあり，さらに政権批判と体制否定にまでエスカレードしていることを勘案すると，米中対立は長期化する可能性が高い。よって，特にアメリカとの政治軍事的，社会経済的関係が強い日本の企業にとっては，中国での生産・経営活動の維持は新たなリスクに向き合わなければならないかも知れない。この米中対立がもたらすグローバル立地環境の変化とそれへの日系企業の対応に関する分析は，今後の課題としたい。

本章では，中国の改革開放がもたらした積極的な外資誘致政策が，外資の中国進出を促し，また内外資が切磋琢磨しながら発展させてきた中国製造業の現状が，日系企業をはじめとする外資系企業の立地決定に及ぼす影響を検討した。経済発展に伴って変化した立地環境―インフラの整備，生産要素価格の変化，サプライチェーンの形成などの経済的要因に加えて，外資誘致政策の変更（選別の強化と優遇政策の縮小）―によって，中国に進出している外資系企業の立地行動がどのように変化しているのか，について明らかにした。

上記のような立地環境の変化に際して，日本国内では「チャイナ・プラスワン」という掛け声の下，中国から生産拠点をASEAN諸国やインドなどの中国外の国・地域へ分散すべき，という議論が盛んに行われているが，本章の分析をみる限り，そのような動きは限定的であった。それには「チャイナ・プラスワン」の候補地と中国の間における立地環境の優劣が依然として明瞭であること，そして広大な国土を有する中国における地域間の経済発展の違いが生み出した中国国内の内陸地域への移転可能性の存在が大きく影響している，と言える。

注

1）産業集積の外部経済性について，アルフレッド・マーシャルは主に以下のような四つの側面を指摘している。第一に，情報収集や技術開発と利用を有利に進められる利点；第二に，原材料や部品などの生産要素の調達における利便性の向上；第三に，生産規模の拡大と生産効率向上の可能性の上昇；第四に，熟練労働などの人材獲得の利便性の向上，である（マーシャル1966）。

2）1988年に海南省が加わって，経済特区は五つとなる。

3）例えば，ほとんどの製品生産を中国に依存しているアップル社も中国一極集中から脱却しようとしている。WSJによると，アップル社は2015年時点で，少なくとも一製品の組立ラインをベトナムに移転しようとする案が浮上したが，現地での部品調達や工場労働者の熟練形成のためのトレーニング体制の構築に数年かかると判断され，「リスクが高すぎる」として断念した経緯がある，と報じている。また，直近では，The Economic Times誌（2020年5月11日）が，「アップル社が中国からiPhone生産の約20%をインドに移す計画である」と報じている。

4）期間中，フィリピンのペソ対米ドル為替レートは約2割，インドのルピー対米ドル為替レートが約3割引き下げられており，現地通貨換算の賃金水準はもう少し上昇していると考えられる。

第10章 中国における経済技術開発区政策と企業立地
—天津TEDAにおける外資系企業の立地実態—

1 はじめに

中国における対外開放は，外向型経済発展の条件が整っている地域から順次，試験的に行うという漸進的な発展戦略の下で行われた。そして経済技術開発区（以下，開発区）政策は，点→線→面へと徐々に拡大されていく対外開放過程で，線（1984年の沿海開放都市の指定）と面（沿海開放地区）における外資系企業の誘致と輸出型産業の発展を実現するための主な措置として推進されてきた。

1984年以後に，東南沿海地域の沿海開放都市において14個の開発区を設立したことを皮切りに，開発区の数と設置地域が徐々に増加し，2019年現在では中国全土に計218個の開発区が設置されている。その経済規模は，次節の図表10-1で示しているように，GDPや財政収入では国全体の約１割，外資誘致額や対外貿易では約２割を占めており，改革開放以後の中国の経済成長と産業発展を牽引する役割を果たしてきた，と言える。

設立当初における開発区の主な目標は，第一に，海外直接投資を誘致し，製造業企業の立地を促し，輸出促進と輸入代替を実現する，第二に，開発区の成功経験を全国に波及させ，国土全体の対外開放戦略の推進を先導していく，第三に，沿海港湾都市の優位を発揮して，対外開放の拡大と国内製造業発展のリンケージを強めることであった。そして，今日までの発展実績を見ると，上記の目標の多くは達成されており，中国の開発区戦略は大きな成功を収めた，と言える。

開発区では，国内外の企業が進出してフール型の産業集積を形成しており，「世界の工場と輸出拠点」の中心的役割を担っている。そして，その基盤である製造業の成長と発展は，外資系企業の立地に伴う海外資本と技術の誘致に負うところが多い。また，開発区の成功事例は，内陸や辺境地域の対外開放の手法として，貴重な経験として拡がっている。開発区は，中国の改革開放政策の要として外資誘致における呼び水と貯水池の役割を果たし，中国の外向型経済発展の最大の貢献者であった。

開発区では現在，中国経済の「新常態」への安定的な移行に向けた新たな方針と戦略，すなわち産業構造の高度化とイノベーションを通じた供給側構造改革の推進に合わせて，「第一に，中国全土の対外開放リードし，改革と革新を推進する，第二に，高品質・高効率・省エネの推進を通して全要素生産性と産業構造の高度化を促進する，第三に，市場メカニズムの主導的役割と政府の誘導的役割を発揮する」という発展の指針を打ち出している。その核心にあるのが，国内外から新しい生産要素である技術と知識，情報とデータを開発区に集積させ，技術革新と産業の現代化を促すことである（国務院2019）。

すなわち，従来からの対外開放と外資誘致，輸出拡大における先導的役割を果たしつつ，新技術や知識の集積（関連する国内外の産業や企業の立地）を通じて工業現代化，産業高度化を促す役割も果たさなければならない。そのために開発区には，より大きな経営，改革の自主権が与えられるようになった。今後，全国各地にある開発区では，各自の比較優位を活かして独自の制度，政策，措置等を講じながら，企業誘致と産業構造調整に乗り出すことが予測され，開発区間の競争もより激しくなっていくことが予想される。

本章では，天津経済技術開発区（Tenjin Economic-Technological Development Area。以下，TEDA）を事例に取り上げ，開発区が海外と国内の他の地域から先進的な企業や産業を誘致しながら技術革新を促進し，地域と国全体の経済発展と産業構造の高度化に大きな影響を及ぼしていることを説明する。そのために，まずはTEDAの発展軌跡を追いながら，開発区の発展に伴って誘致，立地している内外資系企業の産業構造が変化（高度化）していることを明らかにする（第二節）。次いで，TEDAで実施した日系企業への調査訪問で確認した，中国政府の工業現代化，産業高度化を促すための政策・措置をうまく利用しながら成長している日系企業の実態，について紹介する（第三節）。

2　天津経済技術開発区（TEDA）の発展と企業立地

2.1　中国における経済技術開発区の発展

中国の国家級経済技術開発区は，経済特区に次いで東南沿海開放都市，およびその他の都市にて対外開放政策を実施するために設けた，特別な区域である。経済インフラを優先的に整備して外資を誘致し，海外の先進的企業の立地を促すことを通じて開発区所在都市と近隣地域の輸出主導型発展を牽引する役割を果たしてきた。1988年までに14個，1998年までに32個，2008年までに54個，そして2018年までに219個の開発区が設立され，外資誘致と輸出促進の中心地域として中国の対外開放と経済発展に大きく貢献してきた。

中国における開発区は，以下の四つの段階を経ながら発展し続けてきた。

第一段階は，1984年の政策スタートから1991年までの「創業期」である。国内における開発資金の不足が顕著であったこの時期では，中央政府による開発区への政策的支援は開発資金の支援ではなく，主に自主権の賦与であった。よって開発区の建設テンポは緩慢で，外資もまだ中国進出に慎重であったことから，全体的な発展は期待値を下回った。1991年までの開発区全体（14個）の工業生産額は146億元（2019年それの0.2%），税収は7.9億元（同0.03%），FDI誘致額は3.6億ドル（実質利用額，同0.7%）だけであり，輸出が11.4億ドル（同2.2%）であった（図表10-１を参照）。また誘致した企業も労働集約型の中小企業が中心で，先進的技術の誘致は非常に少なかった。

その一方で，開発区における大胆な挑戦と努力によって，インフラの整備は進み，外資系企業の立地促進に関する経験を蓄積することができた。開発区は中国対外開放の「技術の窓口，管理の窓口，知識の窓口，そして対外政策の窓口」として徐々に国内外に知れ渡り，次の段階の飛躍のための基礎を作った。

第二段階は，1992年から1998年までの「高速発展期」である。1992年の鄧小平氏の南巡講話が，中国の社会主義市場経済への転換を決定づけ，中国の対外開放戦略は新しい段階に突入した。開発区の地理的範囲が東南沿海地域から沿江（長江，珠江，黄河）と沿辺（国境）地域，および内陸地域の都市にまで広がり，外資に開放される事業領域も製造業から，関連する金融，貿易領域まで広がった。1998年における開発区全体（32個）の工業生産額は1,869億元（1991年の13倍），税収は131億元（同17倍），FDI誘致額は32.5億ドル（同９倍）の規模にまで成長した。

開発区に立地した企業の規模でみると，多国籍企業の進出が増え，一件当たりの投資額が１億ドル以上のプロジェクトが次々と立ち上がった。進出する企業の規模の拡大に伴って投資と生産の技術集約度が高まり，中国全体の製造業の技術水準の向上と産業構造のレベルアップに大きく貢献するようになった。

第三段階は，1999年から2014年までの「安定発展期」である。この間，中国の対外開放は，2001年のWTO加盟を経てさらに一段階進んだ。外資も中国経済がますますグローバル経済循環に組み込まれていくことを想定して競って中国進出を行い，グローバルフォーチュン500の大企業のほとんどが中国に進出した。2008年には世界金融危機，2011年には欧州債務危機などのグローバル経済の波乱を経ながらも中国の経済は安定的な成長を果たし，また開発区における生産と輸出も拡大を続けた。

そして，2000年代以降における中国の成長方式の転換（輸出主導型成長から内需主導型成長へ）と地域開発戦略（国土の均衡的発展を目指して中部，西部，東北地域の開発を大々的に促進する）の修正路線が明確になるに連れて，中・西部地域で多くの開発区が設立されるようになった。その一方で，法律や制度，政策における外資系企業の優遇措置の撤廃が行われ，外資誘致における選別（単純な組立のみを行う製造業企業，環境負荷の大きな産業などの誘致は制限する）も強化されている。各開発区が誘致に力を入れるのは，中国がまだ比較劣位にある先端技術分野の企業であり，地域の工業現代化，産業構造の高度化に資する産業と企業には依然として手厚い優遇政策を提供している。

第四段階は，2015年から今日に至る「第二創業期」である。この間では新しい開発区の設立はなく，国内経済構造調整やハイテク産業育成策（「中国製造2025」）の下で，IoTやAI，そして産業用ロボット技術の発展に基づく製造業のデジタル化，ネットワーク化，およびスマート化を先導する地域としての役割が求められるようになっている。そのために，国務院が2019年に新しく公布

図表 10－1　中国の国家級経済開発区の発展の概況

	数(個)	GDP（兆元）			財政収入(兆元)	FDI(億＄)	対外貿易（億元）		
		総額	第二次	第三次			総額	輸出	輸入
2009年	54	1.7 (5.3%)	1.3	—	0.35 (5.0%)	204 (22.6%)	24,033 (16%)	12,802 (15.6%)	11,231 (16.3%)
2010年	90	2.7 (6.7%)	2.4 (—)	0.7 (—)	0.56 (6.8%)	306 (28.9%)	33,618 (16.7%)	—	—
2011年	131	4.1 (8.8%)	3.0 (15.9%)	1.1 (—)	0.9 (8.3%)	429 (37%)	42,598 (18.1%)	—	—
2012年	171	5.4 (10.4%)	3.8 (19.2%)	1.2 (5.3%)	1.1 (9%)	507 (—)	46,780 (19.2%)	24,410 (18.9%)	22,364 (19.5%)
2013年	210	6.9 (—)	4.8 (—)	1.6 (—)	1.27 (—)	600 (—)	48,195 (18.7%)	22,979 (16.7%)	25,216 (20.8%)
2014年	215	7.7 (12%)	5.6 (20.5%)	—	1.46 (10.4%)	627 (—)	50,858 (19.2%)	27,913 (19.4%)	22,945 (19.1%)
2015年	219	7.8 (11.5%)	5.6 (20.3%)	2 (6%)	1.47 (9.6%)	589 (—)	47,575 (19.4%)	27,162 (19.2%)	20,413 (19.5%)
2016年	219	8.3 (11.2%)	5.8 (19.4%)	2.4 (6.3%)	1.54 (9.6%)	497 (—)	47,605 (19.6%)	26,946 (19.5%)	20,659 (19.7%)
2017年	219	9.1 (11%)	6.1 (18.2%)	2.6 (6.7%)	1.78 (10.3%)	556 (—)	55,938 (20.1%)	31,583 (20.6%)	24,355 (19.5%)
2018年	219	10.2 (11.3%)	6.5 (17.7%)	3.3 (6.9%)	1.9 (10.6%)	513 (20%)	62,000 (20.3%)	34,108 (20.8%)	27,829 (19.8%)
2019年	218	10.8 (10.9%)	6.7 (17.4%)	3.9 (7.4%)	2.1 (10.9%)	532 (20%)	63,000 (19.9%)	35,000 (20.3%)	28,000 (19.6%)

注：各欄の下段のカッコ内の値は，各項目の中国全体の値に占める割合を表す。
出所：中国商務部「国家経済技術開発区主要経済指標」（各年）に基づいて筆者作成。

した開発区の発展指針では，冒頭でも言及した，国内外から新時代の生産要素となる技術と知識，情報とデータを開発区に集積させ，技術革新と産業の現代化を促すことを唱っている

この段階における開発区の企業誘致行動におけるもう一つの特徴が，外資系企業の選別に加えて，国内企業の誘致にも積極的取り組んでいることである。その背景には，30年以上にわたる高い経済成長の過程で中国国内企業も大きな発展を遂げ，資金力や技術力，さらには研究開発力において世界の先頭を走る企業が多数生まれていることがある。各開発区では，このような国内の大企業，

高新技術産業の企業にもさまざまな優遇政策を与え，研究開発拠点や生産拠点の開発区立地を促している。

図表10-1で整理している中国の国家級経済開発区の発展を示す諸指標の直近10年間の推移を見てみると，各値が2019年まで伸び続けているが，中国全体に占める割合はおおよそ2014年頃がピークであり，その後は縮小，もしくは現状維持が続いている。最先端の革新的企業の誘致と生産拡大，およびそれに伴う産業構造の質的向上の成果が，現在のところまだ十分には現れていないことを示しているかも知れない。

また，図表10-2で示している各地域別の開発区の発展状況を見てみると，開発区の数や規模においては東部地域が圧倒的に大きいが，ここ10年間の発展スピードでは，中部，西部，東部の順で高い。これは，2000年から国家戦略として進めてきた「西部大開発」，「中部崛起」などの中・西部地域の経済開発政策が，各地域における開発区の発展を促し，それがまた内外資企業の内陸部での立地を促進してきた結果であろう。ただし，西部地域の対外開放関連指標のFDI誘致額や貿易額の伸び率は，東部よりは高いが，中部地域とは顕著な差があり，外資系企業を西部内陸地域までに誘導するには一定の限界があることも示されている。

2.2　天津経済技術開発区の発展の軌跡

天津経済技術開発区（TEDA）は，1984年の開発区設置の第一期生として，環渤海地域開放戦略を推進し，対外的には日本や韓国との経済連携，対内的には東北と華中，華南経済との連携，域内では河北，北京，天津からなる京津冀地域の対外開放の拠点として設置された。2000年代の終わりまでは中国最大規模の開発区であり，2019年度の国家級開発区の総合発展水準のランキングでは，蘇州工業園（1994年設立），広州経済技術開発区（1984年設立）に次ぐ第三位にランクインしている。

設立（1984年12月6日）当初，TEDAは「外資の利用，製造業の発展，および輸出を通じた外貨獲得」を目標に，製造業の産業集積を発展戦略の中心に据え，豊富な土地と労働力の活用に基づく組立加工型製造業の外資系企業の誘致

図表 10－2　各地域別の国家級経済技術開発区の発展の概況

	数	GDP（億元）			財政収入	FDI誘致	対外貿易（億元）		
東部		総額	第二次産業	第三次産業	（億元）	（億ドル）	総額	輸出	輸入
2009 年	32	13,523	9,426		2,526	164	22,673	12,064	10,609
2011 年	66	28,624	20,419	7,974	6,485	327	38,173		
2013 年	102	46,191	30,818	12,091	9,255	435	42,353	20,194	22,159
2015 年	107	50,529	34,361	15,098	10,359	372	41,914	23,719	18,195
2017 年	107	58,933	37,702	20,146	12,525	334	48,462	27,193	21,269
2019 年	107	69,242	40,903	27,323	14,659	320	54,784	30,601	24,183
変化率	*12%*	*16%*	*15%*	*18%*	*18%*	*7%*	*9%*	*9%*	*8%*
中部									
2009 年	9	2,434	1,892		369	24	765	335	430
2011 年	38	8,144	6,224	1,593	1,394	74	2,713		
2013 年	61	14,508	11,155	2,409	2,249	121	4,042	1,894	2,148
2015 年	63	17,569	13,998	3,383	2,721	155	3,845	2,267	1,578
2017 年	63	20,450	15,020	5,056	3,349	179	4,842	2,584	2,258
2019 年	63	24,380	16,806	7,376	3,766	156	6,368	3,513	2,855
変化率	*19%*	*23%*	*22%*	*22%*	*23%*	*19%*	*21%*	*24%*	*19%*
西部									
2009 年	13	1,772	1,164		275	16	526	335	191
2011 年	27	4,590	3,391	963	713	28	1,712		
2013 年	47	8,364	6,014	1,445	1,198	44	1,800	891	909
2015 年	49	9,512	7,218	1,969	1,571	62	1,817	1,176	641
2017 年	49	11,982	8,288	3,309	1,935	44	2,634	1,806	828
2019 年	48	14,776	9,649	4,695	2,331	55	2,165	1,217	948
変化率	*13%*	*21%*	*21%*	*22%*	*21%*	*12%*	*14%*	*13%*	*16%*

注：変化率は，10 年間の年率変化率を記している。
出所：図表 10－1 に同じ。

に取り組んだ。そして，1985年までにTEDAが誘致した外資プロジェクトは21個，契約投資額は3,192億ドルであったが，誘致したのはライター，自転車，ウールシャツなどの労働集約型の組立加工業の企業であり，国際分業システムの最底辺に組み込まれていた（趙2019)。しかし，30年以上の発展を経て現在のTEDAは，中国国内のみならず世界的な製造業の集積地，R&Dの集積地，および貿易・金融産業の集積地となり，中国の改革開放政策の成功を国内外に示す窓口となっている。

図表10－3は，設立してからの30年間にTEDAが誘致した域外からの投資（海外と国内の他の地域）の推移を示している。全体で言うと，内外資ともに継続的に増加している。その内，外資系企業の進出は1992年以降において急拡大し，企業数と投資額ともに急上昇を見せているが，1990年代の後半以降からは緩やかな上昇が続いている。そして，内資系企業の進出は1990年代以降において加速していき，2008年では企業数で外資系企業を超え，その後も外資系企業との差を広げていく。

内資系企業の投資額では，開発区設立当初にTEDAに立地した内資系企業が，海塩などの化学原料の賦存に基づく化学工業や港湾都市の優位に基づく石油コンビナート，造船などの大型投資からスタートしたため，最初の段階では外資誘致額より多い。その後，1990年代後半から外資系の電子，自動車産業などの大型投資が増加するにつれてその差が縮小し，内外資が逆転した年（2005年）もあったが，さらにその後では内資がより速いスピードで拡大していき，両者の差も拡大していく。

そして，図表10－4に示している近年の外資系企業と内資系企業のTEDA進出を見てみると，内外資の差はますます拡大していることが分かる。外資系企業の進出は増加しているが，伸び率は非常に緩慢（企業数では年率２％，投資額では年率５％）である。その一方で，内資企業は高い伸び率を示しており（同22%と19%），2019年における内資企業数は外資系企業の約５倍，投資額は同2.4倍になっている。

図表10－4における内外資系企業立地の推移は，2015年代以降の中国経済の「新常態」の基本的特徴とも一致する。すなわち，第９章でも説明したように，生産要素価格の上昇や外資優遇政策の変化，さらには競争激化など，外資系の製造業企業の立地，経営環境はますます厳しくなっている。その一方で，潤沢な資本を有し，かつ技術水準も向上した内資企業がますます競争力を持ち，中国製造業発展の中心となっている。その結果，TEDAの企業誘致活動もますま

図表10－3　TEDAにおける企業数と投資額の推移（累積数，単位：社，千万ドル）

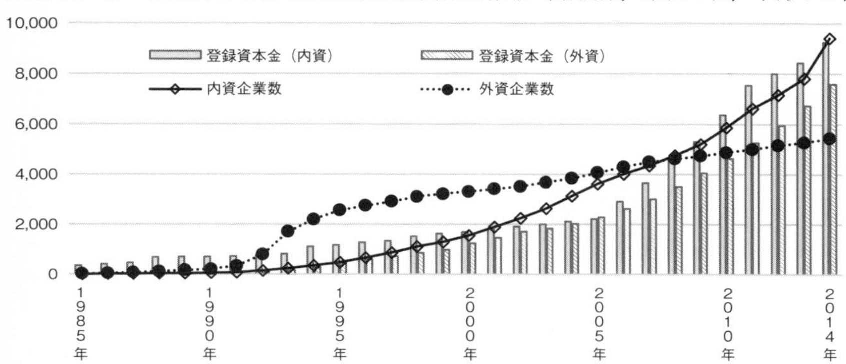

出所：天津経済技術開発区『TEDA統計』（各年）に基づいて筆者作成。

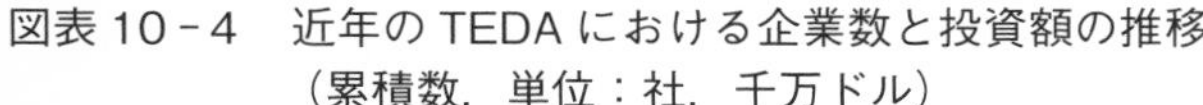

図表10－4　近年のTEDAにおける企業数と投資額の推移
（累積数，単位：社，千万ドル）

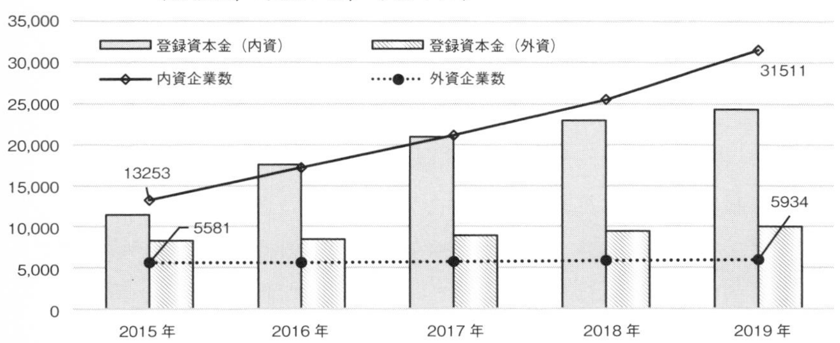

出所：図表10－3に同じ。

す内資系企業を重要視するようになる。

このような変化は，当初のTEDAが設定していた，外資系企業を誘致して労働集約型輸出産業を発展させる，という外向型経済発展の目標と役割の転換を促すものであった。TEDAの外向型経済発展の推移を示している図表10－5を見ると，年度によって若干の変動はあったが，輸出は実質FDI[1)]の増加に伴って2014年までは傾向的に拡大している。しかし，その後はFDIの増加額が減少するにつれて，輸出も減少に転じる。これは，経済成長に伴う内需拡大と関連

図表10-5　TEDAにおけるFDI誘致額と輸出額の推移（フロー，単位：億ドル）

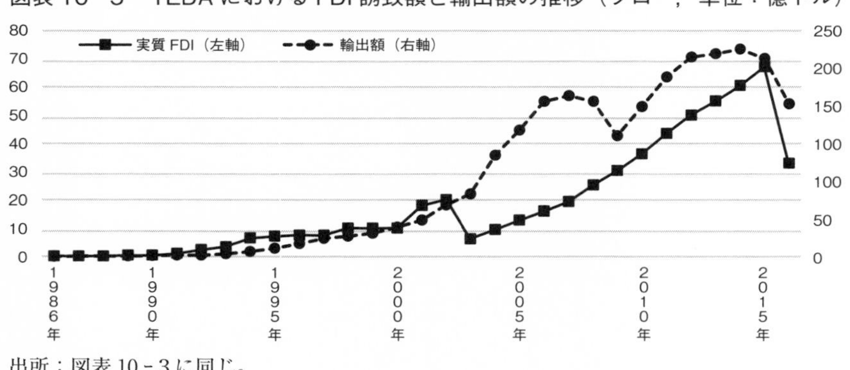

出所：図表10-3に同じ。

する産業が発展し，国内市場向けの内販型企業の立地が増加したからである。次項では，TEDAに立地している企業の産業別分布の変化について説明する。

2.3　産業立地から見る天津経済技術開発区の進化

渡部・楊（2005）では，TEDAの投資環境の地理的・歴史的優位性として以下の四つを挙げている。第一は，TEDAが立地している天津市は港都市として，中国国内で２番目に大きいコンテナ埠頭を有し，中国最大の貨物空輸空港を有し，また首都の北京に隣接している，という地理的利便性である。第二は，南開大学や天津大学などの高等教育機関が多数揃っており，人材の獲得に有利である。第三は，歴史のある工業都市であり，工業基盤が形成されている。第四は，天津市と北京市を除くと周辺地域の生活水準は高くなく，低賃金労働力の確保が容易である。

これらの地理的，経済的，人的資源の優位を有効に活用しながら，TEDAは国内外から多数の企業を誘致して産業集積を形成し，集積がさらなる企業の進出を促す，という好循環を作り出した。また，外資系企業が持ち込んだ先進的な機械設備，中間財，さらには製造技術，および企業経営のノウハウが徐々に国内企業にも波及し，内外資が共に競争し，支え合いながら成長していく良好な企業経営の雰囲気を醸成した。また，産業の集積に伴う雇用増加と所得向上が域内の消費需要の拡大と都市化の発展を促し，それがまた新しい産業の発展と企業の進出を促す，というマクロ経済の好循環がTEDAの持続的な発展を支えた。

このような地域内の経済状況，および前項でも述べたような中国経済全体における経済成長に伴う企業の投資・立地環境の変化が，TEDA内の産業構造の変化に及ぼす影響は，図表10－6で示す新規立地企業の産業別分布の変化からも確認できる。表では，2008年と2018年のTEDAに立地している一定規模以上[2)]の外資系企業の企業数と実質投資額の産業別分布と，実質投資額の10年間の変化率（年率）を示している。ただし，一部の企業数が少なく，投資額も少ない産業部門，例えば農林水産業，その他の製造業，廃棄物処理業，飲食・宿泊業などは表から除いた。

まず，全体でみると，10年間で企業数は100社以上減少しているが，投資額は大きく増加している（年率伸び率は10%)。これは，この10年間に一件当たりの投資額が大きい企業の進出が増えた一方で，一部の中小の工業企業が統計基準の変更（統計範囲に含まれる企業の売上高の基準が引き上げられた）によって統計から漏れてしまっていることによる。

次に，この10年間で投資額が大きく伸びている産業部門としては，鉱業では石炭採掘及び洗選業（伸び率は年率で17%)，製造業では石油製品・石炭製品製造業（同34%)，医薬品製造業（同７%)，汎用機器製造業（13%）などがある。投資金額では輸送用機器や電気機器，および情報通信機器部門の規模が大きいが，2008年以前に世界的な大企業の進出が済んでおり，既存企業の生産規模拡大などのための増額投資の伸びは小さいか，減少している。

そして，サービス業は全体的に大きく伸びているが，ITサービス業（同12%)，金融・保険業（同92%)，その他の金融サービス業（同54%)，科学技術交流とサービス業（同27%）などが特に著しく拡大している。金融産業部門の伸び率の拡大は，中国政府による金融サービスの対外開放が習近平政権下で大きく進み，海外金融産業の中国進出が本格化していることを表す。またITサービスや科学技術交流とサービス部門の急速な伸びは，TEDAが近年において力を入れている最先端技術の誘致，IoTを基盤とする現代化工業の確立に向けた取り

図表 10－6　TEDA における新規立地企業の産業別分布の変化

	企業数（社）		実質投資額（万ドル）		
産業分類	2008 年	2018 年	2008 年	2018 年	変化率
全体	1,806	1,691	1,187,270	3,182,536	10%
石炭採掘及び洗選業	2	1	6,849	35,750	17%
その他資源採掘関連業	4	3	1,209	1,656	3%
農産品加工業	46	19	34,070	28,748	－2%
食品製造業	42	22	33,828	41,579	2%
飲料製造業	24	12	13,739	15,270	1%
紡績業	22	8	5,033	6,228	2%
服装・靴・帽子製造業	50	13	3,495	976	－13%
革製品製造業	15	8	1,457	1,326	－1%
木材加工及び木・竹製品製造業	10	4	749	572	－3%
家具製造業	19	6	5,724	7,838	3%
製紙・パルプ業	14	5	1,082	707	－4%
印刷・同関連業	36	21	7,106	7,224	0%
石油製品・石炭製品製造業	9	12	2,820	83,480	34%
化学工業製品製造業	96	56	61,647	57,346	－1%
医薬品製造業	41	26	43,479	87,142	7%
ゴム・プラスチック製品製造業	79	35	38,894	48,413	2%
非金属鉱物製造業	61	30	17,080	27,307	5%
金属製造業	58	41	22,683	32,546	4%
汎用機器製造業	67	48	32,117	123,291	13%
専用機器製造業	104	61	37,270	37,392	0%
輸送用機器製造業	78	54	66,035	82,783	2%
電気機器製造業	71	37	42,077	64,474	4%
情報通信機器製造業	145	67	256,518	155,908	－5%
事務用機器製造業	45	17	13,796	10,754	－2%
電気・ガス・熱供給・水道業	9	8	20,286	49,746	9%
建設業	52	20	23,606	55,758	9%
不動産業	93	56	58,282	123,059	7%
運輸・倉庫業	55	31	24,646	18,333	－3%
IT サービス業	35	35	13,403	43,727	12%
卸・小売業	61	180	54,526	118,843	8%
金融・保険業	1	123	64	639,731	92%
その他の金融サービス業	6	163	2,329	516,107	54%
ビジネス関連サービス業	148	140	168,642	151,362	－1%
科学技術交流とサービス業	125	255	33,809	489,522	27%
その他のサービス業	29	46	33,103	12,064	－10%

注：変化率は，10 年間の年率変化率を記している。

出所：図表 10－3 に同じ。

組みがもたらした結果であると考えられる。

これらの伸びている産業は，2010年代においてTEDAが集中的な政策支援を行い，積極的に誘致している九つの産業に属するか，関連している産業である。すなわち，自動車，電子・情報通信，機械製造，新エネルギーと新素材，航空宇宙，石油化学，生物医薬，食品・飲料製造，および現代サービス業は，TEDAの九大支柱産業に位置づけられ，それぞれの産業における巨大な産業集積の形成と各産業の間の相互横断的な連携と協働が図られている。さらに2015年以降では「中国製造2025」戦略の下で，AI，ブロックチェーン，クラウド，ビックデータと５Gに関連する世界最先端技術領域の企業の立地を奨励し，産業用ロボットやIoTの発展に基づく製造業のデジタル化とスマート工場の建設が目指されている。

そして，この10年間で投資額が大きく減少している産業部門は，製造業では，農産品加工業（年率２%の減少），服装・靴・帽子製造業（同13%の減少），製紙・パルプ業（同４%の減少），および情報通信機械器具製造業（同５%の減少），事務用機械器具製造業（同２%の減少）である。その他の減少した製造業部門には，同１%減少の革製品製造業と化学工業製品製造業がある。これらの産業部門の投資額が減少した原因としては，農産品加工，服装・靴・帽子製造などの伝統的な労働集約型産業と情報通信機器や事務用機器製造業の中の単純加工組立の労働集約的企業が，近年の中国における賃金コストの増加の影響を強く受けていることが挙げられる。また，木材加工，革製品，製紙・パルプ，化学工業などの部門は，近年の中国における環境規制強化の影響を受けていると考えられる。

TEDAをはじめ中国の開発区では，設立当初では国内の資金（もちろん外貨も）が不足し，技術レベルも低かったため，あらゆる業種の外資系企業を積極的に受け入れた。しかし，開発区の新設から30年余りが過ぎた近年では，経済の発展と企業の成長に伴って資本は蓄積されたが，その他の（かつて無限にあると思われた）生産要素である土地，労働力の供給が限界に近づいている。また汎用，一般的な技術においては国内企業が既に習得・掌握しており，依然不足しているのは最先端の技術のみである。そのため，近年では外資の選別が行われるようになり，技術集約型産業，省エネや環境親和的産業を優先的に誘致するようになっている。逆に労働集約型産業や環境負荷の大きい産業は優遇措置の対象から外された。

もう一つ特筆すべき点は，サービス産業の中で金融や技術交流関連の部門の伸び率には及ばないが，電気・ガス・熱供給・水道業部門，建設と不動産業，および卸・小売など都市住民の生活関連サービス業も大きく成長している。このような住民生活関連サービスがビジネス関連サービスよりも高く伸びていることは，近年の海外投資がより中国内需向けであることに加えて，中国で最初に設置された開発区の一つであるTEDAの機能も時代の変化に伴って変わっていることを映す一つの出来事である。

すなわち，近年における物流，金融，貿易，および不動産業など現代都市型サービスの増加に伴ってTEDAの機能も，製造業の企業立地を促し産業集積を形成して地域の外向型経済発展を先導する産業園から，工業・商業・住居が一体化された現代化都市新区へと発展と遂げ，新しい段階への飛躍がはじまっていると言える（賈・楊2016）。何もなかった塩田に次々と工場を建設して工業基盤を構築し，1992年の鄧小平氏の南巡講話と2001年のWTO加盟を契機に二回の飛躍を遂げてきた開発区は現在，世界と国内の他の地域から最先端の知識と情報，最先端の製造技術と産業，そして最先端のサービス産業を誘致しながら，第三回目の飛躍を目指している。

次節では，このような発展し続けているTEDAに立地している日系企業の経営実態について紹介する。

3　日系高新技術企業の進出，ビジネスの事例紹介

近年，中国政府の外資誘致政策（『外商投資法』などの関連法規，指令，意見等）の変更を受け，TEDAでも企業誘致と経営支援などにおいて多くの新しい措置が講じられている。とりわけ重要視されているのが，国内外から高新技術企業を開発区内に誘致して域内の技術革新能力を向上させ，産業構造の高度化と現代化を促し，持続的な発展を実現することである。そのため，電子情報

写真10－1　天津電装電子有限公司

天津電装電子有限公司外観

天津電装の生産現場の管理コンセプト

産業，装置産業，石油化学産業，医薬品と医療機械産業，新エネルギーと新素材産業，航空宇宙産業，栄養健康産業に属する企業のTEDAへの立地にさまざまな奨励（補助金の支給，税制優遇，土地利用優遇，工場建設補助金など），支援（行政支援，人材誘致支援，輸出入手続きの簡素化など）措置を講じている。

本節では，筆者らがTEDAの高新技術産業の立地促進政策の対象となっている日系企業を対象に行った訪問調査の結果を紹介する。調査では，各企業の天津進出の経緯から今日の経営実態，さらに今後の課題などについて聞き取りを行った[3)]。訪問調査を行った対象企業は，日本電装（DENSO），川崎重工，大塚製薬，およびヤクルトがTEDAに設立している中国法人である。

3.1　自動車部品メーカー：天津電装電子有限公司

天津電装電子有限公司（天津電装電子）は，1997年に天津汽車と日本電装（DENSO）の合弁企業として設立され，天津を拠点に中国進出を行ってきたトヨタ自動車（中国）と共に成長してきた[4)]。2016年度の生産販売額は54億元前後であったが，2020年度までに100億元に拡大される見込みであり，中国国内にある電装グループ企業33社の中で最大の売り上げを誇っていた。「新常態」下の中国経済の成長率が低下傾向にあり，自動車の販売台数も減少している中，電子部品の需要は継続的に伸びているようである。

TEDAに立地したのはトヨタ自動車のサプライヤーとして，トヨタの海外進出に伍してという側面が大きいが，進出当時からTEDAに進出した目玉企業の一つとして，現在でも最重要視される外資系企業の一つである。2018年度もTEDA内のTop10企業として表彰され，従業員の雇用に際しては天津市の戸籍が取得できる「社員枠」の割当を受けている，土木建築作業の実施時期の制限（環境汚染問題が厳しくなる冬季は制限される）措置の緩和を受けられる，などの開発区政府による特別な待遇の対象となり続けている。

天津電装電子の工場では，現在約2,000人の労働者（日本からの出向者は総経理を含めて30人）が働いているが，その構成が非常に興味深い。従業員の内訳をみると，全体の約三割に当たる566名が間接雇用の派遣労働者であった。近年では，天津電装電子でも組立ライン労働者の直接採用が難しくなっており，人材派遣会社から労働者のあっせんを受けながら労働力を調達しなければならないようであった。さらに生産職労働者市場における求人倍率が上がっていく中，労働者の勤続年数も減っていき，多いとき[5)]には同時に60名以上の新規採用者の教育訓練を実施している。

増大する労務管理コストを抑制するために，まずは教育訓練コストを削減すべく期間の短縮化（約２週間の座学と１週間の生産ライン実習を合わせて合計３週間），プログラムの機械化と体系化を図っている。そして，生産ライン労働者の定着率を高めるために，年功序列の賃金制度を活用（７カ月以上で係長に昇進できる）しながら，愛社意識の醸成のために生産現場の管理コンセプトとして「３Li（理想，活力，美麗）」を打ち出していた。

ここで掲げている「理想」（中国語の発音としては「Li Xiang」）は，従業員と企業が共に成長し，共に新しい価値を創造していく，という目標である。会社の「品質向上とコストダウン」の目標を実現しながら，労働者個々人の技能向上と熟練形成を達成する，という意味であり，共に成長することは一人一人の従業員の「活力」（同「Huo Li」）の基でもあるし，結果でもあると言える。また，「美麗」（同「Mei Li」）は生産現場内の清潔さを保つと意味もあるが，一人一人の従業員の心も綺麗に保とう，と言うことである。

「キツツキと品質」という視点から生産工程の改善を追求している天津電装電子にとって，継続的な改善と人材育成の両立が最大の経営課題であると思われる。今後，電気自動車を含む新エネルギー車の普及が進み，また競争も激し

写真10-2　川崎機械人（天津）有限公司

川崎機械人（天津）有限公司ビル

展示中の川崎製運搬ロボット

くなっていく中国自動車産業において，技術集積度の高く品質も高い部品を製造・供給し続けるためには，高技能・高熟練労働力の確保と育成が欠かせない。現在のところ，人事制度や教育訓練システムの多くが，日本での慣行を踏襲していたが，中国の実情に合わせた大胆な現地独自の制度設計や実践も必要ではないか，と感じる。

3.2　産業機械メーカー：川崎機械人（天津）有限公司

川崎機械人（天津）有限公司（天津川崎ロボット）は，日本の川崎重工業が100%の投資を行い，2006年にTEDAに設立した川崎ロボットの販売，アフターサービス，技術支援などを行う企業である。製品である産業用ロボットは，日本から輸入したものと中国の生産拠点（重慶と蘇州工場，2015年から生産開始）で生産したものがあり，天津では製品のプロモーションと販売機能のみを担っている。天津への立地要因については，最大の顧客であるトヨタ自動車（中国）の工場が天津に立地していることが挙げられる。また，工業用ロボット産業は，中国政府のみならずTEDAが海外から優先的誘致している産業部門であり，さまざまな政策的優遇措置と支援が得られることがある。

現在のところ，中国国内で年間約5,000台の生産を行っており，徐々に生産能力を拡充し，近年中に8,000台に増やす予定である。顧客は日系自動車メーカーが中心であるが，2016年では中国民族系自動車メーカーである長安汽車のSUV生産ラインを丸ごと受注したりしながら，飛躍的な成長を遂げている。

2000年代半ば以降，中国においても労働力不足，特に生産ライン労働者の採用難や賃金上昇が続き，また急速に進んでいる少子高齢化に伴う労働力供給の長期展望が悲観的になっていることを受け，製造業の機械化は急速に進んでいる。それへの対応として中国政府が生産工程の機械化，現代化を積極的に奨励，推進していることが，川崎ロボットにとっては大きな追い風となっている[6)]。

この無限の将来性を持っている中国の産業用ロボット市場では，日本のファナック，安川電機と川崎，ヨーロッパのABB（スイス）とKUKA[7)]（ドイツ）という世界の５大メーカーの進出に加えて，中国国内のメーカーも力をつけはじめており，熾烈な競争が繰り広げられている。その中で，川崎ロボットは，新参者（外資系メーカーの中では中国進出が一番遅い）らしく，中上位レベルの市場を狙い，中国メーカーの低位モデルとの差別化を図りながらブランドイメージの構築と新規顧客の開拓に努めている。

特に，急速に進んでいるIoT化に同調して，従来の遠隔協調システムの機能強化に加えてロボットのコンバージョン機能（ロボットが人の操作工程を覚え，自動操作ができる）の向上に向けた技術開発に力を入れている。また，中国国内の製造現場が将来直面するであろう課題の解決に役立つ「人と共存するロボット」（労働力不足に対応），「技術継承ロボット」（熟練労働者の不足に対応），「医療分野のロボット」（人的ミスの克服）の研究開発を進めているようである。

3.3　医薬品メーカー：天津大塚飲料有限公司

天津大塚飲料有限公司（天津大塚飲料）は，日本の大塚製薬と天津渤海軽工業投資グループの合資企業として，2002年に天津に立地した。工場では，主に電解質飲料のポカリスウェット（中国語では，音訳として「宝鉱力水特」と言う）を生産しているが，製品は中国国内販売だけでなく，東南アジアや中東地域にも輸出している。TEDAに立地した要因としては，天津市が外資誘致のために設立した投資会社との合資であったことに加えて，開発区の外資優遇政策，日本と輸出市場へのアクセス（海路）の利便性などが挙げられる。

ポカリスウェットは，近年の中国におけるスポーツブームに加えて，食品の

写真10－3　天津大塚飲料有限公司

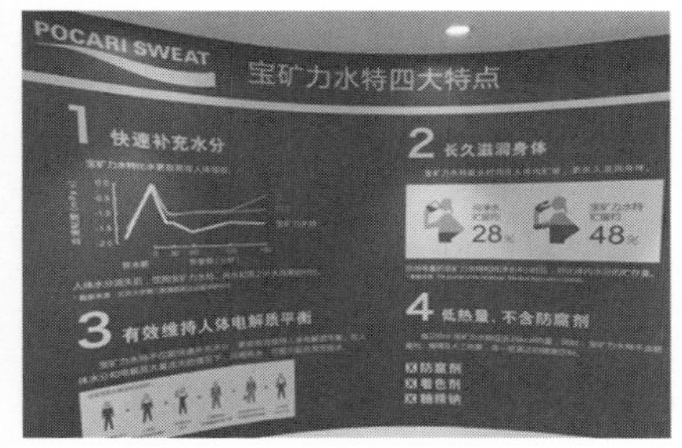

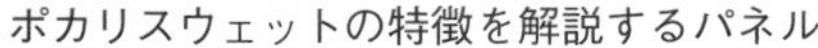
ポカリスウェットの特徴を解説するパネル

展示されている天津大塚飲料の製品

糖質低減需要が拡大する波に乗り，2018年度で5,000万本だった生産量を2019年度では7,000万本に拡大させ，急成長を遂げている。印象深かったのは，ポカリスウェットの中国語版のパッケージであった。もともと，ポカリスウェットは世界各国・地域で同じ英語版のパッケージを使用しているが（日本でも同じ），中国の法律では認めてもらえず，中国語版のパッケージを新しく設計・製作したようである。中国における外資系企業の誘致においてよく「市場と技術の交換」が言われるが，大塚飲料の場合は中国進出に際してブランド戦略の変更を受け入れており，これは「市場と企業のプライドの交換」とも言えるだろう。

天津大塚飲料のTEDA立地の背景には，中国医薬品産業における外資系企業の第一号であった中国大塚製薬有限公司（1981年設立，1984年生産開始）が先に天津市に立地していたことがある。大塚製薬は，中国の対外開放の初期段階において中国進出を果たした，中国国内市場でもっとも有名な外資系製薬メーカーである。2019年現在，中国全土に計29の現地法人（有限公司）を設立し，販売地域は全31の省（直轄市，自治区）を網羅している。

大塚製薬の中国におけるビジネスの展開は，中国が国家的プロジェクトとして推進しているバイオ・医薬品産業の推進とのかかわりで，中国国内で高新技術産業の企業として認定され，政策的な支援を受けられる。また，TEDAが現在推進中である最先端企業の誘致戦略とも合致しており，天津大塚飲料や天津大塚製薬の生産拡大に追い風となっていた。

写真10-4　天津養楽多乳品有限会社

天津養楽多乳品有限会社の玄関

中国で販売中の二種類のヤクルト

3.4　乳製品生産企業：天津養楽多乳品有限会社

天津養楽多乳品有限会社（天津ヤクルト）は，日本のヤクルト社が中国に設立した六つの工場の一つとして，2007年にTEDAに立地し，2019年現在，日産350万本の生産ラインを稼働中である。原料は日本から輸入し，生産した製品は広大な北部地域（華北と東北，および西北）市場で販売している。すなわち，天津立地の要因としては，開発区における外資優遇政策に加えて，原料の輸入に便利であり，かつ販売対象地域が中国北部地域であることが大きい。2019年現在，天津工場では計四つのラインで約300名の労働者が働いており，大手スーパーでの販売に加えて，ヤクルト伝統の訪問販売（約100名のヤクルトレディが所属している）も行っている。

ヤクルトは，「生きた乳酸菌を，生きたまま腸内に届け，腸内細菌を退治し，免疫力を高める」を謳い，世界共通の成分，味と包装を用いて中国市場で急成長している。販売価格は同類の中国メーカーの製品よりは若干高めであるが，「一本飲めば100億個の生きた乳酸菌を摂取できる」と宣伝しながら，販売されている各地域市場において最も高いシェアを獲得している。最近では，中国国内における健康意識の高まりに伴う血糖値を下げる需要の増加に対応するため，低糖のヤクルトを開発，販売しているなどして，絶えず変化している市場環境に柔軟に対応している。

天津ヤクルトの調査においてもっとも興味深かったのが，乳酸菌飲料の製造販売からスタートしたヤクルトが，中国国内大学との共同研究などを行いながら，化粧品や医薬品の開発・生産に本格的に取り組んでいることである。日本国内では，ヤクルト化粧品（ヤクルトビューティエンス），ヤクルト医薬品（ヤクルトBL整腸薬）が有名であるが，中国国内でもその事業を計画しているのである。化粧品はともかく，医薬品の生産メーカーになることによって，先の大塚製薬に似たような経営戦略の展開が予測される。

もちろん，医薬品産業のみならず，乳製品市場や化粧品市場では韓国などの外資系企業も積極的に参入してきているし，内資系企業の発展も著しく，競争はますます激しくなっている。その中にあって，ヤクルトの中国事業全体でも言えることであるが，如何に日本のブランドイメージを維持しつつ，同業他社との価格競争，市場規模拡大競争にて優位に立ち続けるかが今後の中国ビジネスの課題であると言えよう。

以上の四つの企業に対する訪問調査によって明らかになっているTEDA進出の日系企業に共通する特徴は，以下の四点にまとめられる。第一に，TEDAにおける立地要因としては，天津という港都市の自然地理的条件，開発区の外資優遇政策の存在，および関連する企業立地の増加と産業集積（自動車産業や医薬品産業など）が挙げられる。第二に，全ての企業の業績は順調に伸びている。中国国内で成長し続けている産業分野に属し，また輸出向けの生産ではなく，拡大し続けている中国国内市場をターゲットにしている企業であるからである。第三に，中国政府の高新技術開発促進や製造業の現代化，という国家戦略と政策の変化に臨機応変に対応していることから，日系企業の高い適応力が示されている。第四に，外資系企業や内資企業を含め，多くの競争者が現れており，各企業を取り巻く競争環境の厳しさが増している中，各企業は業態転換や生産規模の拡充を通じて存続を図っている。

4　終わりに

本章では，中国で最初に設立され，もっとも成功した開発区の一つであるTEDAにおける外資系企業の立地について考察した。国内外から多数の企業を誘致して産業集積を形成しながら持続的な産業構造の高度化と技術のレベルアップに成功しているTEDAの事例は，中国全土に設置されている218個の国家級経済技術開発区の発展に多くの示唆点を与える。

また，本章ではTEDAに立地している日系高新技術企業に対する訪問調査の結果を紹介した。国内外のマクロ経済環境の変化と中央政府の発展戦略や政策変更に合わせて，TEDAの発展戦略や外資誘致政策も大きく変化している。そして，TEDAの産業発展戦略や外資誘致政策は立地している企業の経営戦略や生産活動に影響を及ぼす。ここで紹介している四つの企業の事例，すなわち変化するTEDAの発展戦略と政策にうまく適応しながら成長している日系企業の経営戦略と実践は，開発区をはじめ中国各地に進出している外資系企業に多くの示唆点を与えてくれる。

国家級経済技術開発区政策と開発区の産業発展，そして立地企業の実態に関する本章の考察から見えてきた中国の外向型経済発展と外資系企業の中国進出戦略の経験は，以下の四点にまとめられる。

第一に，開発区は国内外から資本，技術，および人材の誘致を通じて発展を遂げ，地域全体の経済成長を牽引し，さらに中国経済全体の発展に大きく貢献している。開発区に進出する国内外の企業が増えて産業集積が形成され，それがさらに多くの企業の立地を促している，という好循環が確認できる。

第二に，開発区における外資誘致政策は，中国国内で不足していた資本と技術，および先進的な経営ノウハウの蓄積を促し，その波及効果を受けて国内企業も成長をはたした。そして，外資系企業と内資企業が競争の中で共に成長し，開発区の産業構造のレベルアップと技術水準の向上を促している。

第三に，改革開放以後の持続的な経済の成長と産業の発展に伴って中国国内市場がますます大きくなり，中国の国内市場向けの生産・経営活動を行っている企業の方が，従来の外向型企業よりも成長し，将来も明るい。

第四に，国内外のマクロ経済環境の変化，および国家の発展戦略や制度改革に伴って開発区の発展戦略や産業政策も変化する。開発区に立地する企業には，このような立地環境の変化に柔軟に対応しようとする意志と能力が問われ，それが外資系企業の中国進出における成敗を決めると考えられる。

注

1） 中国が誘致しているFDIに関する統計には，「契約投資額」と「実質投資額」の二つがある。海外直接投資の場合，投資契約を締結してから工場の立ち上げ，さらに実際の操業開始までに一定の期間を有する。ので，投資契約に含まれている投資額は契約年度に全て利用されるのではなく，何年間を通じて投資される。ここで使用しているFDIの金額は，各年度に実際に利用されている金額（実質FDI）である。

2） 中国の企業統計では一般的に零細企業は含まず，「一定規模以上」の企業についてのみ集計を行っている。そして，「一定規模以上」の基準は，産業によって異なる。例えば，製造業では2010年までは年間の売上高が500万元以上の企業が，2011年からは2,000万元以上の企業が統計の対象となる。サービス業では，さらに部門別に基準が異なり，卸売業，交通輸送業や倉庫業，情報通信業などでは年間の売上高が2,000万元以上，リースなどの商業サービス業，科学技術交流サービス業，教育サービス業，不動産仲介業や賃貸業などでは同1,000万以上，小売業，住民サービス業，修理業，文化・体育・娯楽などのその他のサービス業では同500万元以上の企業が統計の範囲に含まれる。すなわち，中国で「一定規模以上」の企業は，概ね各産業分類において比較的に規模の大きな企業を指す。

3） 本節で使用している各企業に関連する写真は，筆者らが調査訪問の際に撮影したものである。TEDAでの企業訪問調査に際しては，TEDA日本事務所，TEDA投資促進局二課，および各企業の責任者の方々に大変お世話になった。記して感謝申し上げたい。

4） トヨタ自動車と天津汽車（後に中国第一汽車の傘下に入る）の合弁企業の正式な設立は1998年であり，天津電装電子の天津進出の1997年より後になる。しかし，既に1996年にトヨタ自動車は天津にエンジン工場を立ち上げていた。また，天津電装電子は設立当初，ダイハツと天津汽車が共同開発・生産している自動車（夏利：日本名はシャレード）の電子関係部品の生産を受け持っていた。

5） 中国労働市場の特徴の一つとして，特に組立ラインの農民工たちが旧正月に故郷に帰省する際に仕事を辞め，お正月の明けには別の仕事を探す，という流れがある。ので，多くの企業が，帰省の際に仕事を辞めないことを条件に特別手当を支給したり，正月明けに戻ってきたら奨励金を支給したりしながら旧正月休みが引き起こす人員変動に対応している。それでも企業は旧正月を区切りに，辞職した人（辞職手続きもしないまま帰って来ない人も多くいる）の穴埋めのため，多くの新規採用をしなければならない状態が続いている。

6） 例えば，世界全体で新規投入された産業用ロボットは2016年に約30万台，2018年に約40万台であったが，その内の約三分の一を中国が占めている。世界各国における産業用ロボットの導入実績は，韓国がもっとも高く工場労働者１万人当たりで約500台（５%），日本とドイツが約300台（３%），米国が約200台（２%）などであるが，中国は現在まだ0.5%程度である。すなわち，世界最大の製造業を有する中国（製造業の生産額は，日本，ドイツ，米国の合計を上回る）における産業用ロボット業界の成長可能性は非常に高い，と言える。

7） 2016年に中国家電メーカーの美的集団に買収され，その小会社となっている。

第11章 中国における環境規制と企業立地
—環境政策の変化が企業の立地行動に及ぼす影響を中心に[1]—

1 はじめに

1978年の改革・開放路線の移行に伴い中国経済は奇跡的な成長を遂げ，2010年には世界第２位の経済大国になった一方で，地域間格差の拡大，資源の枯渇，環境悪化などの社会経済システムの持続的な発展を妨げる多くの課題に直面している。近年における中国の経済成長率は先進国の２～３倍に達しているが，単位当たりの最終エネルギー消費量は先進国の８～10倍となっており[2]，今後も持続的な経済成長と社会発展を実現しようとすれば，巨額な環境コストの負担による経済成長率の鈍化を甘受し，環境政策を断行していくほかに道はないと指摘されている。

このような社会的・経済的問題を踏まえ，中国政府は第12次５カ年規画がはじまる2011年以降において環境汚染対策に本格的に乗り出し，中央政府主導の環境保護目標の設定，環境汚染対策の執行計画の制定，環境保護関連法案の整備と規制強化，環境保護関連部門の機能強化などの一連の措置を講じながら，環境保護を基本国策の一つに昇格させている[3]。

しかし，環境規制は「両刃の剣」とも言われ，環境規制の強化は環境問題に対する社会的要請への対応となる一方で，経済発展の重要な担い手である企業の経営活動に多大な影響を及ぼす。とりわけ，環境規制は規制対象企業の生産費用を増加させるため，短期的な視点からは，環境規制は企業にとって費用増加となり，利益を減少させることとなる。したがって，企業に汚染財の生産を環境規制が緩い国と地域へ移転することを通じて追加的な費用負担を避けようとするインセンティブを与える可能性があり，これは経済成長に負の影響をもたらす可能性が大きい。

本章では，環境規制が企業の立地行動に及ぼす影響に関する先行研究を概観し（第２節），近年の中国における環境規制の強化が汚染型産業[4)]の空間構造の変化，および企業の立地行動に及ぼす影響の実態を明らかにする（第３節）。

2　先行研究のレビュー

2.1　汚染逃避地仮説（Pollution haven hypothesis）

汚染逃避（ポリューションヘヴン）とは，開発途上国が先進工業国に比べて環境規制が緩いため，先進国における環境負荷の大きい産業の生産が途上国に向かって移転することを言い，税金の安い国に事業所の所在地を移すというタックスヘヴンになぞらえた呼称である。この仮説によると，環境規制水準の差異が，汚染財と非汚染財に関する貿易構造を決める上で重要な要素になる。したがって，貿易自由の拡大は環境規制の緩い国を汚染財の生産に特化させ，環境被害を集中させることになると考えられる（Copeland and Taylor, 2003)。

汚染型産業の海外への移転に関する実証研究のLucas, Wheeler and Hettige (1992）は，1976年から1987年までの間におけるアメリカの約15,000社の汚染集約的企業に関する調査結果として，汚染型企業がアメリカから発展途上国に移転していることを明らかにした。またHenderson (1996)，Greenstone (2002) などの多くの実証研究が，貿易自由化の進展に伴い，汚染企業が先進国に比べて環境規制やその執行が緩い途上国へ生産拠点を移転している事実を確認し，汚染逃避地仮説を裏付けている。

その一方で，Marconi (2012）の汚染逃避地仮説に関する実証研究では，中国やインドなどの発展途上国は工業先進国の汚染逃避地にはなっていなかった，という結果を示している。他にも，Kirkpatrick and Shimamoto (2008）が1992～1997年の日本の企業レベルのデータを利用して行った海外直接投資の投資地域選択に関する研究においても，汚染逃避地仮説を否定する結果を示している。

このように汚染逃避地仮説は，環境規制による汚染型企業や産業の移転に関する分析の重要な理論的枠組みとなっており，多くの実証研究が蓄積されてきたが，環境規制が産業移転に与える影響については，必ずしも一致した見解は得られていない。

2.2　ポーター仮説（Porter hypothesis）

新古典派経済学の伝統的な考え方に従えば，環境規制により，経済活動の主体である企業は，汚染処理費用を負担することとなり，企業の生産コストが上がり，汚染処理にかかった費用を製品の販売価格に上乗せすれば，企業の競争力を低下させることとなり，生産性は低下することになる。あるいは，汚染処理費用を製品の販売価格に上乗せすることができない場合は，企業の利益は減少することになる。つまり，短期的な視点からは，環境規制は企業にとって費用となり，利益を減少させる要因となる可能性が高い。

その一方で，環境規制がもたらす経済的打撃はそれほど大きくない，あるいはたとえ打撃が大きかったとしても人々の健康や持続可能な発展のためには環境規制の導入が必要である，という主張も多い。さらに，環境規制を単なる費用増加と収益低減の要因としてではなく，その積極的な役割を強調する議論も多く存在する。その中で特に有名なのが，環境規制と技術進化あるいは競争優位との相互関係について議論したポーター仮説である（Porter，1991）。

ポーター仮説では，環境規制，技術革新，企業・産業の競争力の関係を論じ，「適切に設計された環境規制は，費用逓減・品質向上に繋がる技術革新を促進し，その結果，国内企業は国際市場において競争上の優位を獲得する一方で，国内産業の生産性も向上する可能性がある」と主張している。この仮説を支持する研究であるPorter and Van der Linde（1995）は，仮に技術・製品・工程・消費者のニーズが変わらないのなら，環境規制は企業のコスト増を招くことになるが，現実では適切な環境基準は製品にかかる総費用を引き下げ，製品価値を高めるイノベーションにインセンティブを与えると論じている。

その一方で，企業活動に対する環境規制は，企業の意思決定にマイナスの効果をもたらし，生産性向上の減速をもたらす可能性があると指摘する研究も多い。例えば，Palmer，Oates and Portney（1995）は，環境規制が技術革新を通じて企業に利益をもたらすのであれば，企業は規制が強化される以前から既に技術革新に対するインセンティブを持っているはずであって，環境規制が改めて技術革新のインセンティブを与えるものではないと主張し，ポーター仮説を批判した。

上記二つの仮説に関するさまざまな先行研究が示すように，環境規制の強化が企業の立地行動に及ぼす影響に関しては，必ずしも一致した結論が得られているわけではなく，時代によって，国によって，産業によって，さらには企業の規模や経営理念などによって異なる結果がありうると考えられる5)。次節では，中国における環境規制の強化に伴う企業の立地行動が，上記の二つの代表的な理論のどちらに該当するかについて検討する。

3　環境規制の強化と企業の立地行動の変化

3.1　中国における環境政策の演変と特徴

今日，「世界の工場」と称されている中国のGDP構成をみると，第二次産業の割合が40%以上を占めており，その中でも鉄鋼，石油化学，機械，セメントといった重化学工業が占める割合が高い。中国において重化学工業は，経済成長の主たるエンジンとして，成長を牽引してきている一方で，急激なエネルギー消費の拡大は，石油をはじめとする化石燃料資源の枯渇を早め，その燃焼に伴う環境汚染が深刻化している。また，急速に進むモータリゼーションの結果，中国の民間自動車保有台数は2000年の約1,600万台から2016年の約1.8億台に増え，10倍以上の規模となっている。中国の産業構造の特徴と自動車の普及に伴い，中国の環境汚染問題は深刻さを増している。

このような中国の急速なエネルギー消費の拡大と環境汚染の影響を踏まえ，中国政府は環境汚染対策に本格的に乗り出し，史上最強の『環境法』と評価されるほどの環境規制や汚染取り締まりを行っているが，それは産業活動に大きな影響を及ぼしている。

まず，中国が国家レベルで環境対策に取り組みはじめたのは，1973年の第１回全国環境保護会議の開催以降である。中国政府は環境対策の一環として，第

図表11－1　各5カ年計画における環境汚染対策関連投資額とGDPに占める割合の推移

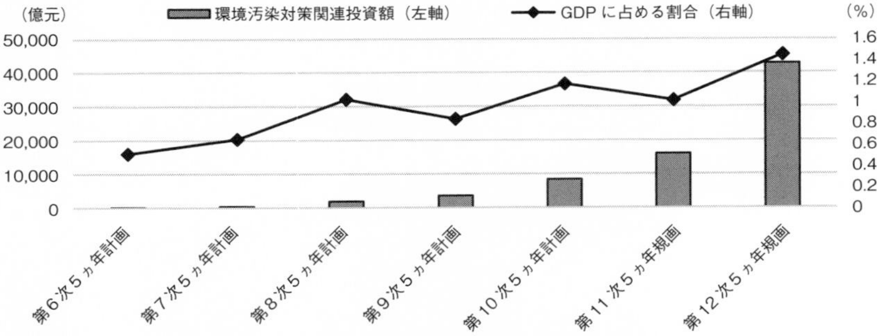

（億元）　環境汚染対策関連投資額（左軸）　GDPに占める割合（右軸）　（%）

第6次5ヵ年計画　第7次5ヵ年計画　第8次5ヵ年計画　第9次5ヵ年計画　第10次5ヵ年計画　第11次5ヵ年規画　第12次5ヵ年規画

出所：JETRO（2018）「中国における環境規制と市場規模の最新動向調査」に基づいて作成。

6次5カ年計画がはじまった1980年代から環境汚染対策への投資を開始した。図表11－1に示すように，第6次5カ年計画期間中の環境関連の投資総額は166億元で，GDPに占める割合は0.5%であった。

その後，環境汚染問題の顕在化と国民の環境意識の高まりに伴い，環境汚染対策への投資額は継続的に増加し，第12次5カ年規画期間では，その額が4兆元を上回り，対GDP比は1.5%までに伸びた（JETRO，2018）。それでも日本の70年代における公害防止投資がおおよそGDPの8.5%程度であったことに比べると，その規模が如何に小さいかがわかる。中国国内でもこのような投資規模では汚染防止が困難であることは認識されており，少なくともGDPの7%は必要だと試算している。

他方で，改革開放以後の急速な経済発展を実現した東部沿海地域と，まだ発展の途中にある中・西部地域との間の社会経済発展における格差がますます大きくなっていく中，地域間の環境汚染対策への取り組みにも顕著な格差が生まれ，それが中国国内の産業立地と企業の立地行動に多大な影響を与えるようになる。図表11－2で示しているとおり，改革開放以降において急速な経済発展を遂げ，輸出産業をはじめとする産業集積と工業立地が盛んであった東部地域における工業汚染対策関連投資の規模は，他の中部，西部地域の各省・市を顕著に上回っている[6)]。

図表11－2　各地域における工業汚染対策関連投資の推移と地域のGDPに占める割合（2015年）

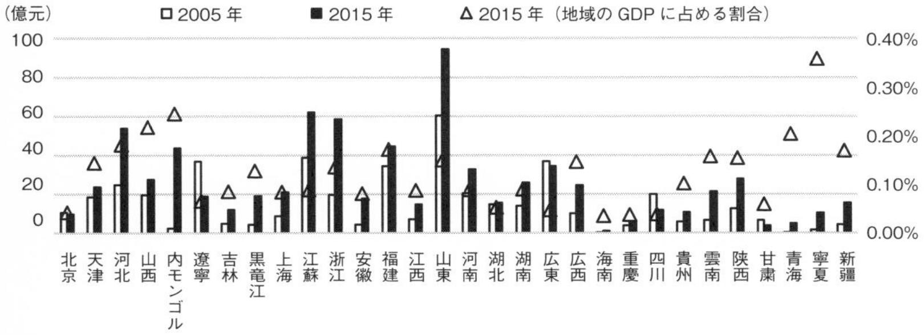

出所：中国国家統計局『中国統計年鑑』（2006年と2016年）に基づいて筆者作成。

しかし，工業汚染対策関連投資額が当該地域のGDPに占める割合で見ると，東部地域の経済規模が中部・西部地域を大きく上回っていることもあり，東部地域よりも中部・西部地域の方が高い。これは，**図表11－1**でも説明している中国全体における環境汚染対策関連投資の対GDP比率が上昇はしているものの，依然として低い水準にある原因の一つでもある。

また，**図表11－3**で示す工業汚染対策関連投資額に占める企業負担額の割合の推移を見てみると，2005年時点では，政府による投資が一定の規模に達していたが，2010年ではかなり減額され，環境汚染対策関連投資における企業負担が大きく拡大している。さらに，企業負担の割合は，東部地域の各省・市の方が，中部・西部地域の各省・市を上回っており，企業負担額の地域別差異が明らかである。すなわち，経済発展が進んだ東部地域を中心に環境規制の強化が先行しており，中・西部地域よりも環境関連投資の規模，および企業負担の方が増加する傾向にある，と言える。

このような東部地域と中・西部地域の間における環境関連投資における相違には，山東省，広東省，江蘇省，浙江省などの対外開放に伴う外資の誘致が盛んに行われてきた東部地域の各省では，多国籍企業の立地も多く，環境保護への意識が高く，投資国が大きな資金的・技術的能力持っていたことから，環境配慮への取り組みが進んでいたことも一定の影響を及ぼしていると考えられる。

図表11－3　各地域における工業汚染対策関連投資に占める企業負担の割合の推移

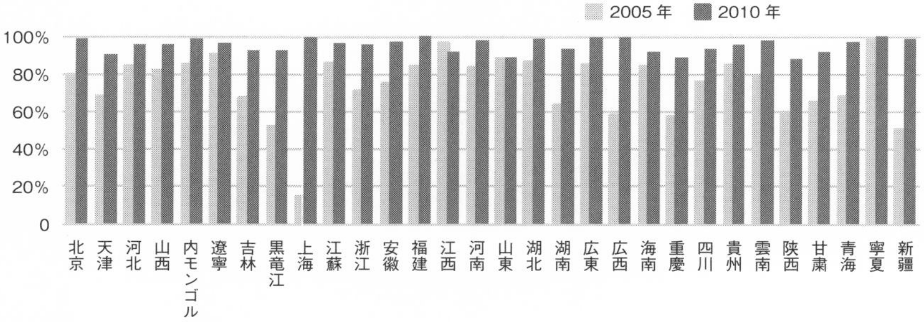

出所：図表11－2に同じ。

次に，中国における環境法の執行体制は，図表11－4に示しているように中央政府と地方政府による役割分担が決められている。しかし，この環境法執行体制において，中央政府の環境法の執行機関である国家環境保護部は，地方の環境保護部門に対して業務指導を行う，という緩い協力関係でしかなく，具体的な汚染監督や環境保護業務は，各地方の環境部門が行うことになっている。そして，地方環境部門の人事権と財政権は，各地方政府のコントロール下にあるため，各地域の環境対策に関しては，中央政府よりも地方政府の方が果たす役割が大きくなっている。

中国における中央と地方の行政システム，および中央と地方の財政関係により，経済発展が遅れている中・西部の地方政府の間では環境規制の引下げ競争（race-to-the-bottom）の動きが見られる。すなわち，各地方政府は企業誘致や産業育成のため，環境規制基準の緩和を競っているのである。その背景には，改革開放以後において地方政府と官僚の業績評価基準として経済成長率が重視されてきたことがある。地域の経済発展，とりわけ経済成長の目標を請け負った地方政府と官僚にとって，内外資の企業を誘致して経済成長を達成することが何よりも重要な課題であり，そのための地域間の熾烈な競争が行われているのである。

したがって，現行の中国における統治構造（中国共産党による実質的な一党支配），行政システム（下級行政単位において上級行政単位からの指令を実行

図表11－4　環境法規の執行機関とその役割

機関		役割
中央政府	国務院環境保護行政主管部門＝国家環境保護部	国家レベルの環境関連政策・措置の完備，環境保護の評価，計画，マクロ調整と指導・監督
	海洋，漁港監督，軍隊，交通，鉄道部門	それぞれの所管行政における環境汚染防止の監督管理
地方政府	各地域環境保護部門＝省・市環境保護局	各行政区域における環境の質に対しては，各地方政府がその責任を負う。環境保護責任制によって評価・査定を受ける
	土地，工業，林業，水利行政主管部門	関連法律の規定に基づき，資源の保護に係る監督管理

出所：『中華人民共和国環境保護法』，『国家第十一次環境保護規画』に基づいて筆者作成。

して業績を上げた官僚が，上級行政単位の職に昇進する），および財政構造（上級行政単位の決定によって下級行政単位への財政再分配が決まる）の下で，地方官僚は，環境保護よりも地域の経済成長に繋がる汚染型産業の誘致や都市開発を優先させている。特に経済発展が遅れ，生産要素の賦存や消費市場との距離も遠い一部の地方では，付加価値が高いハイテク産業の誘致は現実的には難しく，環境規制の緩和や企業立地補助金の創設，および優遇税制などの手厚い支援策を講じてでも，高汚染型産業を誘致しようとしている。このような環境規制引き下げ競争の下，汚染型産業の移転によって山間地域の環境が破壊されたり，地域住民の健康被害が引き起こされたりする事例も多数報告されている。一例として，安徽省合肥市周辺の工業開発区では近年，東部沿海地域から多数の高汚染型産業を誘致したものの，汚染水処理に失敗したことにより８億元を投資して建設した大型ダムの水質汚染が発生し，地域全体の水道水の供給を停止せざるを得ない事態が発生したのである[7)]。

3.2　環境規制と企業の立地行動に関する実証分析

第２節で述べたように，環境規制については，「自由貿易の拡大に伴い，先進国に比べて環境規制やその執行が緩い途上国に汚染型産業が生産拠点を移転する」とする環境汚染逃避仮説が，途上国の環境汚染の移転に対する重大な懸念として取り上げられ，経済学を中心とする各分野の研究者らによる研究も進んでいる。その一方で，経済成長の初期段階では環境汚染や悪化は増えるが，ある所得水準を超えると経済成長に伴って環境汚染は改善されていくという「環境クズネッツ仮説」も長らく定説として受け入れられている。すなわち，経済理論的には，経済成長の初期段階において汚染型産業の立地によって環境汚染が引き起こされたとしても，経済が成長した暁には，環境汚染問題は解決されていく，という汚染型産業の立地や地域間移転を正当化できる根拠があると言える。

実際に，中国における環境規制が産業立地や企業移転に及ぼす影響については，多くの研究者がさまざまな理論的な枠組みに基づいて検証を行ってきた。しかし，現在のところ，一致した見解は得られていない。例えば，中国の東部，中部，西部地域における汚染型産業の成長率に基づいて，中国の汚染型産業の立地動向について研究した劉・王・李（2012）は，中国の汚染型産業は，東部から中・西部地域に移転しつつあり，移転の重要な要因は，各地域における環境規制の差異，すなわち東部地域における規制強化と中・西部地域における規制緩和であることを明らかにした。その他にも，傅・李（2010），李（2013）などの研究も，中国においては汚染逃避地仮説が支持される，という結論を導き出している。

その一方で，林・劉（2013）は，環境規制を外生変数とみなした場合，中国では汚染逃避地仮説は支持できない，という結果を発表している。また，張・呉・劉（2016）は，環境規制の強化は中国全土で行われているし，また自由貿易が進んでいる状況の下では，汚染型産業が環境規制の緩い他の地域に生産活動をシフトすることは不可能であり，汚染逃避地仮説は中国では成立しない，と主張している。

まず，中国における汚染型産業の空間移転の実態を確認しておこう。

世界最大の人口規模と世界第４位の広大な面積を有する中国は，地理的・歴史的な要因に加えて，制度・政策的な要因，および各地域の資源賦存量や経済発展段階の違いから，産業発展の地域間格差が非常に顕著である。しかし，近年では東部沿海地域を中心に賃金が上昇し，政府による地域間の経済発展格差の是正策，および環境規制の強化などのさまざまな要因によって，東部沿海地

図表 11－5　汚染型産業の地域別分布とその推移

業種	地区	2005 年	2008 年	2011 年	2014 年
石炭鉱業	東部	31%	26%	24%	25%
	中・西部	69%	74%	76%	75%
鉄鉱石鉱業	東部	62%	62%	62%	56%
	中・西部	38%	38%	38%	44%
非鉄鉱石鉱業	東部	36%	28%	26%	25%
	中・西部	64%	72%	74%	75%
製紙・紙製品製造業	東部	78%	75%	68%	67%
	中・西部	22%	25%	32%	33%
石油精製業	東部	64%	62%	63%	64%
	中・西部	36%	38%	37%	36%
化学原料・化学製品製造業	東部	72%	70%	67%	67%
	中・西部	28%	30%	33%	33%
医薬品製造業	東部	62%	54%	55%	55%
	中・西部	38%	46%	45%	45%
繊維工業	東部	80%	78%	79%	74%
	中・西部	20%	22%	21%	26%
非金属製造業	東部	68%	62%	53%	49%
	中・西部	32%	38%	47%	51%
製鋼・製鋼圧延業	東部	68%	66%	63%	63%
	中・西部	32%	34%	37%	37%
非鉄金属・同合金圧延業	東部	49%	45%	42%	44%
	中・西部	51%	55%	58%	56%

注：各値は，それぞれの地域の汚染型産業の生産額が全国の汚染型産業の生産額に占める割合。

出所：中国国家統計局『中国工業統計年鑑』（2006 年，2009 年，2012 年，2015 年）に基づいて筆者作成。

域から中・西部地域への産業移転が進んでいる。

図表11－5で示しているとおり，東部と中・西部地域における汚染型産業の立地は，2000年代以降において大きく変化している。産業分類の中で，特に環境汚染度の高いこれらの産業の中で，石油精製業を除く他の10産業において，東部から中・西部地域への移転が確認できる。中には，労働集約型産業に分類

できる繊維工業や知識・技術集約型産業に分類できる医薬品製造業も含まれているが，多くは資源集約型の重化学工業部門である。これらの産業部門は現在もなお，多くは東部の経済発展が進んでいる地域に立地しているが，2005年以降の約10年間におおよそ５～10%ポイント程度，地域間移転が行われていることが確認できる。このような，資源集約型の重化学工業が，海外からの資源輸入に便利でありかつ主な消費地である東部地域から，中・西部地域へ移転していることには，東部地域における環境規制の強化が大きく影響を及ぼしていると考えられる。すなわち，2000年代以降の中国の産業立地の変化は，中国の中・西部地域が「汚染逃避地」となっている可能性が高いことを示す。

もともと中国の産業政策は，建国後から改革開放までの期間中には，東部沿海地域に比べて中・西部地域の工業基盤形成に重点が置かれていた。しかし，改革開放政策が遂行された後は，東部沿海地域の経済特区などで外国資本を積極的に誘致しながら経済発展に必要な資源を集中的に投下してきた。国全体における均衡的な地域発展戦略から，効率を重視する不均衡発展戦略が採られてきたと言える。このような国家の経済発展戦略の転換に伴い，経済発展が著しい東部地域，とりわけ東南沿海部地域には汚染型産業を中心とする多数の製造業の集積が形成された。しかし，近年の中国では，経済成長に伴う国民生活水準の向上や環境意識の高まりに伴い，経済発展を遂げた東部沿海地域では環境規制が強化され，汚染型産業は中国国内の中・西部地域や国外へ移転するようになった。

次に，中国における汚染型産業の工業生産額の地域別シェアの変化に焦点を当て，2000年代以降における汚染型産業の地域間移転の実態を確認する。図表11-６～10は，特に環境負荷の大きい五つの産業（繊維工業，製紙・紙製品製造業，化学原料・化学製品製造業，製鋼・製鋼圧延業，非鉄金属・同合金圧延業）を取り上げ，2000年から2016年の間に，これらの汚染型産業の空間構造が如何に変化しているかを示している。総じて言うと，東部沿海地域の中では，山東省における汚染型産業のシェアが高くなっている以外，その他の上海市，広東省，浙江省，北京市などにおける汚染型産業のシェアは顕著に縮小している。これらの汚染型産業は，2000年時点では，輸出産業の発展に基づく経済成

図表11－6　繊維工業の空間構造（地域別工業生産額の推移）

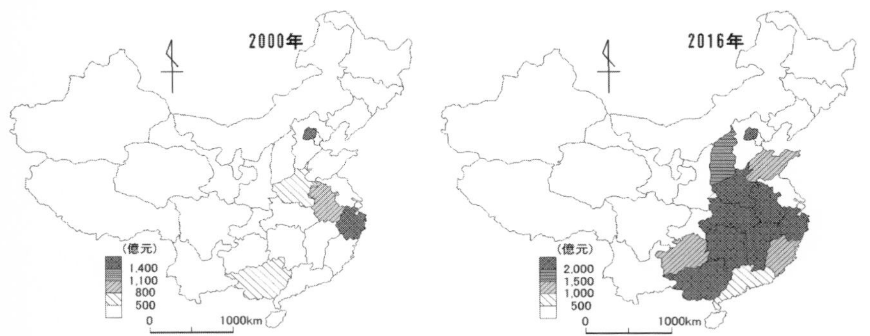

出所：中国国家統計局『中国工業統計年鑑』（2001年，2017年）に基づいて筆者作成。

長が著しく，製造業の集積が進んでいた江蘇省，広東省，山東省，浙江省，上海市などの東部沿海地域に集中的に分布していたが，2016年時点では広西省，河北省，河南省，江西省など中・西部の内陸地域に移転していることが見てとれる。

まず，図表11－6は繊維工業の空間分布における変化を示している。2000年時点では，中国の繊維産業は東部沿海地域の浙江省，江蘇省，広東省などに多く分布していたが，2016年時点では山東省，河南省などの東部沿海地域の中でも少し発展が遅れている地域と江西省，四川省などの環境規制が緩い中・西部地域に移転していることが分かる。繊維工業の移転には，2000年代半ば以降の中国東南沿海地域における出稼ぎ労働者の賃金上昇が顕著であったことも影響しているが，後の企業インタビュー調査でも明らかになっているように経済発展が進んだ東南沿海地域における環境規制の強化も大きな影響を及ぼしている。

次に，製紙・紙製品製造業を見てみると，湖南省，安徽省，湖北省，貴州省などの労働力が豊富でかつ環境規制が緩い中部地域への移転が進んでいる（図表11－7）。山東省，浙江省，江蘇省，福建省，広東省などの地域，とりわけ原材料の輸入と完成品の輸出に便利な東南沿海各省においても生産が拡大しているが，中・西部地域での生産も確実に増加していることがわかる。

そして，図表11－8で示す化学原料・化学製品製造業の空間分布を見ると，

図表 11－7　製紙・紙製品製造業の空間構造（地域別工業生産額の推移）

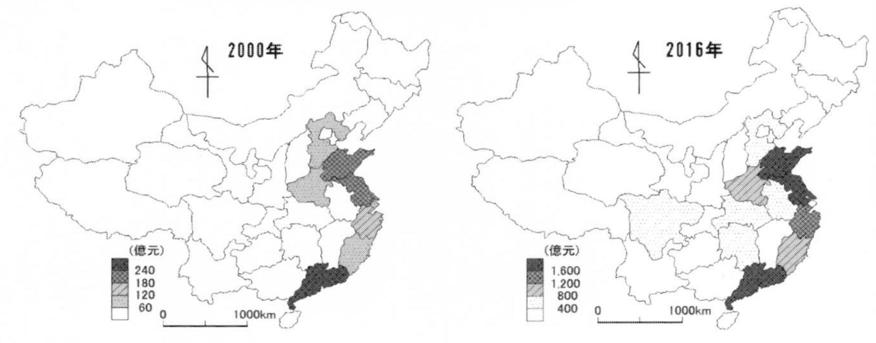

出所：図表 11－6 と同じ。

図表 11－8　化学原料・化学製品製造業の空間構造（地域別工業生産額の推移）

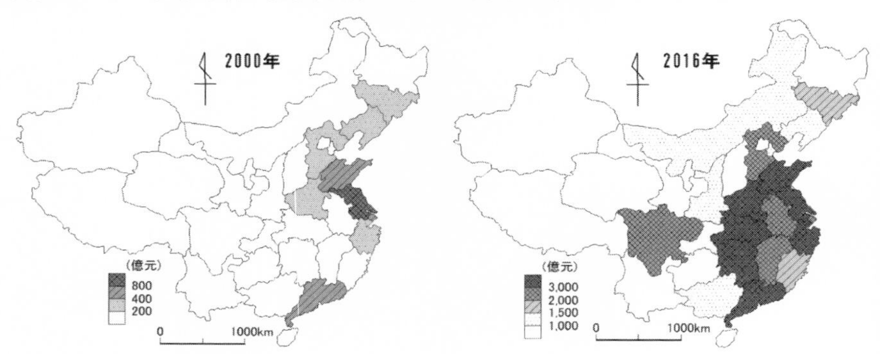

出所：図表 11－6 と同じ。

東部沿海地域から中部，西部地域への産業移転が鮮明に現れている。当初は東部沿海地域に集中的に立地していた企業が，河南省，湖北省，湖南省，広西チワン族自治区，および四川省などの中・西部地域の各省に大量に分布するようになっている。東部沿海地域では，山東省や浙江省，広東省などでは生産額が拡大しているが，北京市，天津市，河北省なとの地域，とりわけ首都の北京市周辺地域では，環境規制の強化と汚染型産業の移転を促す都市計画の実施などにより，化学原料・化学製品製造業の工業生産額のシェアは低下している。

最後に，原材料志向型であり資源集約型産業である製鋼・製鋼圧延業（図表

図表 11－9　製鋼・製鋼圧延業の空間構造（地域別工業生産額の推移）

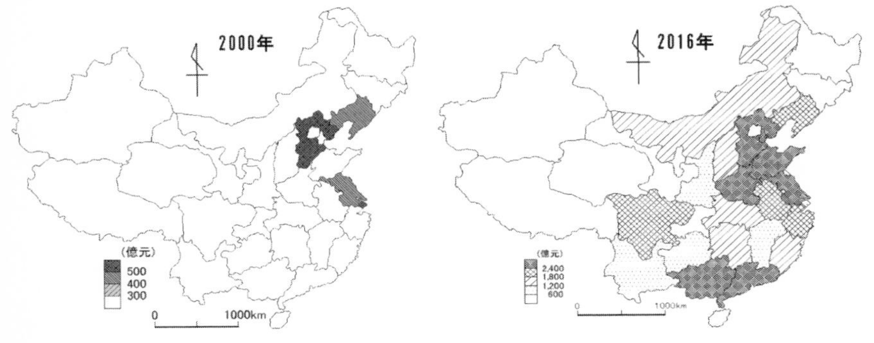

出所：図表 11－6 と同じ。

図表 11－10　非鉄金属・同合金圧延業の空間構造（地域別工業生産額の推移）

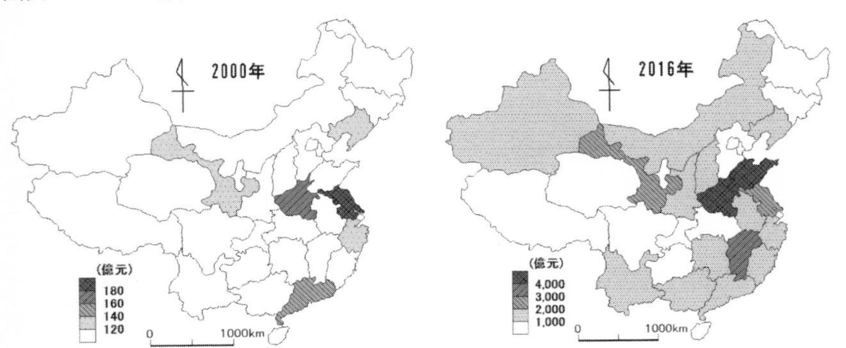

出所：図表 11－6 と同じ。

11-9）と非鉄金属・同合金圧延業（図表11-10）の空間分布の変化を見ると，やはり東部地域から中・西部地域への移転が明らかである。鉄鋼業は2000年時点では，老工業地帯であった遼寧省と河北省を中心に立地していたが，2016年時点では，北は内モンゴル自治区から南の雲南省までの広範な中・西部地域各省に分布するようになっている。また，非金属製造業は2000年時点では，資源分布の制約を受けながらも東部地域の江蘇省，広東省に多く分布していたが，2016年時点では，湖北省，湖南省，江西省，四川省など中部地域への移転が進んでいるように見える。

３.３　環境規制が企業活動に与える影響と企業の対応

環境規制が企業の経営活動，とりわけ企業の立地行動に与える影響については，伝統的な経済学および産業界の多くの研究結果が，環境規制は生産コストを高め，企業の利益と競争力を削ぐものとして捉えてきた。しかし，1991年に提起された「ポーター仮説」では，適切な環境規制が企業の効率化や技術革新を促し，規制を実施していない国・地域の企業よりも競争力の面で上回る可能性があると主張している。1970年代以降の先進工業国における環境規制の強化とリーディング・カンパニーらによる環境汚染対策技術の進化とも相まって，この見方に対しては一定の理解が進んできているものの，今日では賛否両論がある状況と言えよう。しかし，本節の冒頭でも言及しているとおり，中国における環境規制の強化が企業活動に及ぼす影響に関する多くの研究では，汚染逃避地仮説を立証しているものが多く，前項の汚染型産業の空間分布の変化に関するデータからも中国の汚染型産業は，環境規制が緩い地域への移転を進めているようである。

環境規制に対する企業の対応について，島田（2006）は次のような四つのケースがあることを述べている。第一に，企業が規制に適応して現在の事業場の立地や生産プロセスの基本を維持すると決めた場合には，将来を見越した更なる対応（R＆Dや製造工程の見直しなど）にまで踏み込むかどうかという判断に迫られる。これに着手する企業（規制先取り型企業）は，環境技術の競争力をつけて成長するポテンシャルを獲得するが，これは当然過大投資のリスクも抱え込むことを意味する。第二に，そこまでは踏み込まず，リアクティブに環境規制に対応しようとする企業（規制適応型企業）は，短期的な視点から最低限の対応を行うことになるが，これは規制先取り型企業に比べて環境技術力で劣ってしまい，長期的には競争力の衰退につながる可能性もある。そして第三には，規制を遵守することが技術的・経済的に厳しい場合には，当該規制の効力が及ばない地域での生産や規制対象外の製品の生産に移行せざるを得ない企業（汚染逃避型企業）もありうる。最後の第四のケースとしては，このような立地や製品のシフトによる対応も難しく，転・廃業に追い込まれる企業も現れる。

前項の中国における汚染型産業の空間分布の変化をみると，近年の中国においては東部地域から中・西部地域への産業移転が確かに確認できるが，このような生産拠点の移転を促す要因として環境規制はどれくらいの影響力を持っているのだろうか。1978年の改革開放以降における30年も続いた高度経済成長によって，経済成長の中心であった東部沿海地域では，土地価格の上昇，低賃金労働者の供給減少と賃金上昇，資源価格の高騰，さらには東部沿海地域各省・市が進める産業構造調整の影響なども，東部沿海地域の企業の中・西部地域への移転に一定の影響を及ぼしている可能性は否定できない。すなわち，生産活動の地域間移転には多くの要素が影響を及ぼしているので，単に環境規制を避けて移転が進んだ，と断定することは難しい。

そこで本項では，直近の２～３年の間に生産拠点を移転した経験をもつ企業の経営者や責任者にインタビュー調査を行い，企業の移転を促したさまざまな要因のうち，環境規制の強化による影響を把握することを試みる。インタビューでは，近年における企業活動を取り巻く事業環境の変化，移転先の決定要因，および移転先における企業活動の課題と今後の展望に焦点を当てて質問を行った。

まず，A社へのインタビュー内容は次のとおりである。

A社の基本的な事業展開の地域や時期，規模，および主な製造品については，以下のようにまとめられる。元々1998年に山東省の青島市で事業を開始し，従業員数は20人未満であり，主に製紙・紙製品の製造（段ボール箱の製造）を行う小規模事業所である。そして，創業当時の山東省への立地決定要因は，安価な原材料費と人件費が主な要因であった。

近年における企業活動状況については，経営環境の悪化により企業存続の危機に見舞われている，ということであった。その主な原因として，まずは厳しすぎる環境政策を指摘していた。A社は，今年を含めて過去２年間で計５回も工場を移転している。そして，５回の移転のすべてが山東省内での大都市から中・小都市へ，さらに都市郊外に向けた短距離移転であった。工場移転の決定に影響を及ぼした要因としては，全５回のうち３回は環境規制の強化による汚染逃避のための自主的移転で，残りの２回は立地している都市の発展計画の変更による強制的な移転であった。

環境規制の強化に伴う事業環境の変化については，使用する資材の価格上昇と工場移転にかかわるコスト増が挙げられた。資材価格上昇の背景には，習近平政権が強力に推進している環境政策の下，2017年末から大気汚染対策の一環として一部の資源ごみの輸入が禁止され，また近年のネット販売の拡大に伴う配送用段ボール需要の拡大がある。すなわち，資源ごみの輸入禁止措置や需要の拡大によって，古紙を原材料とする段ボール紙や白板紙などの原材料価格が高騰していると言う。

そして，今後の環境規制への対応については，経済的にも技術的にも対応が厳しく，環境規制の効力が及ばない地域へ生産を移転せざるを得ない，と考えでいた。また，今後における企業の存続と経営活動の課題としては，環境規制の更なる強化や地理的範囲の拡大と資材価格の一層の上昇によって，生産コストと工場の移転費用が拡大する可能性を挙げていた。

次いで，B社へのインタビュー内容は以下のとおりである。

B社の基本的な事業展開の地域や時期，規模，および製品の詳細は，2000年に天津市に進出し，従業員数が100人未満の中小規模の布の染色とアパレル製造（OEM生産）を行う繊維工業の企業である。天津市への立地決定要因については，工場周辺地域の市場規模と熟練労働者の確保が容易であったことが挙げられた。

近年における企業活動状況については，環境規制の強化に伴うコスト増と人手不足などにより，経営環境の悪化が進んでいる，との回答を得た。日本でもよく報道されていたが，近年の北京市，天津市，河北省などの地域では，PM2.5問題が特に深刻であり，その改善と産業構造調整を目的に，特に北京市と天津市では先進国の基準を上回る環境規制を行っている。それがB社の経営活動に大きな影響を及ぼしているようである。B社の生産移転過程をみると，はじめは政府の厳しい環境規制を受けて汚染度の高い染色部門の生産工程のみを移転していたが，後に天津市の産業構造高度化と都市発展計画の変更により，繊維産業全体が外地への移転を促されている状況の下，アパレル製造ラインも天津市郊外に移転させなければならなかった。

しかし，環境規制の地理的な適用範囲はますます拡大し，また移転した郊外の地方政府による政策変更なども重なり，昨年からの僅か１年の間に４回も工場を移転する羽目になったようである。インタビューにおいてB社の経営者は，地方政府による突発的な管理基準の設定や改正により，賃貸で使用している工場の環境対策や建築構造において，ある日突然国や地方政府が定めた基準（厳格化した，もしくは引き上げられた基準）をクリアできなくなったことにより，強制的に撤退させられるケースもあると指摘した。また，このような突然の規制変更に伴う企業の工場移転に際して，政府側は，賃貸工場の残された契約期間にかかわる賃貸料の一部を補填してくれる以外に，その他の工場の移転に伴う引っ越し費用，従業員に支払う給与補償，新しい工場の賃貸に関する費用などについて全く補償措置を講じず，企業の負担ばかり重なっていると言う。

そして，繊維産業に属するB社の場合，上記のような環境規制や政府の都市発展計画の変更による影響以外にも，賃金の上昇と労働力不足（大都市から離れて行けば行くほど労働力の確保が困難）も現在の事業環境を厳しくしている要因であると言っていた。特に，近年の中国においては人々の環境や健康問題への関心も高まり，皮革製品製造業や繊維工業などの汚染型企業においては給料を引き上げても労働者が集まらず，経営者は労働者の募集に大変苦労しているようである。B社は現在，天津市内にある本社ビル内では一般的な事務と環境汚染のない裁断などの行程を残し，製造工場は天津市郊外の農村地域に移転し，村の女性らを従業員として雇って生産を維持している。

今後における環境規制の変更や強化に対する企業の対応としては，染色工程や縫製工程における技術や生産設備の改善に取り組みながら，汚染低減のための最低限の対応は行う用意はあるものの，大型の設備改良や技術開発などを行う余力はなく，政府が課す新しい基準をクリアできなければまた移転するしか方法はない，という考えであった。

そして，インタビュー対象企業のC社は，木材・木製品製造を行っている従業員数50人程度の2010年に北京市で創業した中小企業である。北京市への立地決定要因については，物流インフラ，市場規模，および労働力確保の容易さ，であった。しかし，近年北京市における汚染型産業への環境規制が厳しさを増す中，C社は環境対策（木材・木製品製造業全体が北京市内から外地へ移転を迫られた）に対応できず，今年の４月から大連市に企業を移転している。

現在の移転先における企業活動状況に関する質問では，企業の移転にかかるコストと新たな移転先での労働力確保が難しいことが挙げられた。今後の環境規制への取り組みと事業の展開については，現時点では事業の拡大や工場の移転は考えておらず，B社と同様に環境規制への最低限の対応を考えていると述べた。

最後に，D社のインタビューの内容について紹介する。

D社は，2002年に広東省の工業団地に進出している従業員数が400名以上の紡績企業である。経営者によると，当時広東省への進出を決めた立地要因としては，関連産業の集積と安価な労働力，およびインフラの整備などである。しかし，昨年に政府による新しい都市計画が実施され，企業を隣接している福建省に移転させられている。

移転当時，企業側の希望としては省内での短距離移転であったが，近年の環境規制に伴う工業用地の確保，汚染型産業の工場新設・増設への審査基準の厳しさ，および審査期間の長期化などの問題があり，隣接している福建省への長距離移転を決めたようである。現在の移転先における企業活動の状況に関する質問では，企業の引っ越し費用や新しい工場の建設などに伴う費用の増加，移転先での熟練労働者の確保が大きな負担となっていると言った。小規模事業所に比べ，大企業の場合は多くの熟練労働者を必要としている。しかし，中国においては，戸籍制度や子女の教育問題，および住宅ローンなどの制度的・経済的要因によって，労働力の地域間移動には多くの制限があり，企業移転に伴う従業員の移動は困難である。今後の環境規制への取り組みについてD社は，環境技術の向上や環境対策に積極的に取り組む考えであると述べた。

以上の４社のインタビューの結果を簡単にまとめると，図表11-11のとおりである。

総じて言うと，近年中国における環境規制の強化が，企業の立地活動に甚大な影響を与えていると考えられる。特に，経済発展を遂げた東部沿海地域の都市部における，環境汚染の低下と産業構造の高度化を意識した都市発展計画の

図表 11－11　環境規制が企業の影響に与える影響に関するインタビュー結果のまとめ

調査対象	業種	会社規模	企業移転の要因	移転距離	企業活動への影響と課題
A 社	製紙・紙製品製造業	小規模事業者	環境規制の強化，都市計画	短距離	資材価格の上昇，工場移転への心理的ストレス，移転にかかる費用
B 社	染色，アパレル製造業	中小企業	環境規制	短距離	環境設備の導入や移転にかかる費用増加，労働力の確保
C 社	木材加工業	中小企業	環境規制	長距離	環境対策への投資と，移転にかかる費用負担
D 社	紡績業	大企業	産業の再配置による移転	長距離	新設・増設などの審査期間の長期化，移転にかかる費用負担，人材確保

注：従業員 20 人未満を小規模事業者，20 人以上 300 人未満を中小企業，300 人以上を大企業とする。

変更は，上記のインタビュー調査で取り上げた汚染型産業の中小，零細企業の経営環境の劇的な変化をもたらしている。また，環境規制や都市発展計画の地理的な適用範囲の拡大（大都市から周辺の中小都市へ，さらに都市周辺の郊外に向けて拡張）によって，汚染型企業は移転，再移転を余儀なくされており，それに伴う費用負担は企業の経営を圧迫している。さらに，環境規制をはじめさまざまな政府の規定や指令は，突然変更，通達されることが多く，その対応に応じるための経営者や従業員の心理的なストレスも相当大きいことがわかる。

そして，インタビューに応じてくれた４社の内，３社（A社，B社，C社）が企業移転の主な要素として厳しい環境規制を挙げており，それに対応できず（規制をクリアできるほどの新たな設備投資を行うための費用負担を避けている場合と，そもそも地方政府が当該汚染産業を都市部から駆逐するような都市計画を実施している場合がある），企業は汚染逃避のために生産拠点を移転している。さらに，新しい都市発展計画や地域内の産業構造調整（高度化）の影響を受けて工場を移転した事例（D社）においても，地域内での工場移転に際しての環境評価・審査基準の厳しさを勘案すると，ある程度は環境規制強化の影響を受けていると言えよう。

また，このような環境規制の強化や政府の都市発展計画の修正によって企業は工場移転を余儀なくされているが，移転に伴う費用に対する政府の補償は非常に限られたものである。特に，工場の移転距離は，移転にかかる費用と正の相関があり，移転距離が長ければ長いほど，企業の負担は増える。これは単純に移転費用に限ったことではない。長距離移転[8)]となる場合，既存工場で雇用していた従業員の移動は難しく，移転先では新たな雇用，技能訓練などにかかわるコストが発生する（D社）。一方で，短距離移転の場合，移転費用は長距離移動に比べて低くなるが，中国における環境規制の地理的な適用範囲の拡大が急激に進んでいることを勘案すると，移転して間もないうちに再移転を迫られる可能性も大きく（B社），移転費用の増加のみならず，経営者への心理的な打撃も大きいと言えよう。

ここで一つ強調しておきたいが，上記のような環境規制の強化や都市計画の変更に伴う企業への影響は企業規模によって異なる，と言うことである。すなわち，工場の移転を行う場合，零細，中小企業（A社，B社，C社）においては，環境対策へのコスト増や移転にかかる費用負担が経営を圧迫する要因として指摘されたが，大企業（D社）においては，工場の新設・増設などにかかわる審査期間の長期化，サプライヤーや納入先との間の調整，人材確保などが困難であることが指摘され，企業の規模による違いが見られる。

4　終わりに

本章では，中国における環境規制（環境汚染の改善と防止を目的に実施されている地域の発展戦略や都市計画を含む）が，工場移転のような企業の立地行動や経営活動に与える影響について先行研究をレビューしつつ，実証分析を行ったものである。本章の分析結果は，以下のように要約することができる。

第一に，環境規制の強化に伴い汚染型産業が環境規制の緩い地域に向かって移転するという「汚染逃避仮説」は，中国において成立する。すなわち，近年の中国における環境規制の強化は，汚染型産業の東部沿海地域から中・西部地域への移転を促しており，経済発展段階の異なる地域間の環境規制の違いは，汚染型産業と企業の工業移転の大きな要因となっていることが明らかである。

中国における環境保護の目標を達成するよりも経済的利益（成長）を優先する地方政府の姿勢，および先進諸国が歩んできた「先汚染，後治理」（先に汚染，後に対策）の経験則が，上記のような汚染型産業の地域間移転の背景をなしていると言える。

第二に，適切に設計された環境規制は技術革新を促進し，生産性向上をもたらす可能性がある，と説いた「ポーターの仮説」は，必ずしも全ての業種や状況に当てはまらないし，少なくとも現段階の中国における汚染型企業の行動からはこの仮説が成り立つとは言い難い。本章の分析は，環境対策への取り組みと立地行動は，企業の規模や業種によって異なっている可能性があることを示唆している。すなわち，大企業や一部の中小企業は，製造工程の見直しや環境汚染対策のための新規投資を行うなど，環境改善に取り組もうとしている。その一方で，企業規模や利益が小さい零細，中小企業は，汚染対策のための投資を行う余力もなく，汚染逃避のために企業移転（再移転），を行い，単発的な最低限の対応を通じて環境規制の強化に対応しようとするケースが多い。

第三に，中国における環境規制は年々強化（基準の引き上げ，適用される地理的範囲の拡大）され，企業の事業活動に大きな影響を及ぼしている。それは，原材料，賃金，土地などの生産要素価格の上昇と共に，企業の経営コストを増加させ，経営を圧迫する可能性が高いと言える。

第四に，環境規制の強化に伴う汚染型産業の地域間移転は，汚染型産業の移転先（受け入れ）地域における経済成長に寄与していると考えられるが，一方では当該地域の環境悪化をもたらしていることも事実である。経済成長に伴う所得増加と生活水準の上昇は，国民の環境意識の向上と健康志向の拡大をもたらすが，現在の汚染型企業の受け入れ地においてもいずれ，環境規制は強化されることが予測される。そいう意味で，現在の中国における汚染逃避的な東部沿海地域から中・西部地域への企業移転は，その短期性を指摘できよう。また，企業の長期的な経営戦略として，ポーター仮説が提起しているような環境規制を先取して汚染防止のための技術革新に取り組んでいくことが必要であると考えられる。

注

1） 本章の内容は，朴（2019）を加筆・修正したものである。

2） BP, Statistical Review of World Energy, 2017における「主要国のエネルギー消費量の推移」を参照。

3） 2014年4月24日，中国全国人民代表大会常務委員会の第4次審議を経て『中国環境保護法』が改正され，2015年1月1日より施行された。この改正法では，「環境保護は国家の基本国策である」と法律ではじめて明記した。その他にも環境汚染行為に対する罰金の上限を無くし，環境保護当局に，汚染企業の工場閉鎖を命ずることができるほどの大きな権限を持たせるなど，法則規定を強化した。

4） 一般的に汚染型産業とは，生産過程においての管理を考慮してない条件の下で，直接あるいは間接的に大量の汚染物質を排出している産業を指す。そして，汚染型産業の分類方法は多様であるが，一般的に，石炭鉱業，鉄鉱石鉱業，非鉄鉱石鉱業，製紙・紙製品製造業，石油精製業，化学原料・化学製品製造業，医薬品製造業，化学繊維を含む繊維製造業，非金属製造業，製鋼・製鋼圧延業，非鉄金属製造業，電気・熱供給業などが汚染型産業に分類される。

5） 日本における環境規制と企業の対応に関する分析では，おおよそ「汚染逃避地仮説」よりも「ポーター仮説」の方が説得力をもっているようである。詳細に関しては，宮本（2014）がコンパクトに整理している。

6） 本章における東部，中部，西部の3大地域区分の詳細は以下のとおりである。東部地域には，北京市，天津市，河北省，遼寧省，上海市，江蘇省，浙江省，福建省，山東省，広東省，海南省などの11の省，直轄市が含まれる。これらの地域は，別称「東南沿海地域」として呼ばれることも多い。そして，中部地域は，山西省，吉林省，黒龍江省，安徽省，江西省，河南省，湖北省，湖南省など8の省を指し，その他の重慶市，四川省，青海省，陝西省，甘粛省，貴州省，雲南省，寧夏，チベット，広西，内モンゴル，新疆自治区など12の省，直轄市，および自治区を西部地域としている。

7） https://news.sina.com.cn/c/2006-01-19/14218914831.shtml

8） 本章において，短距離移転は省内での移転で，長距離移転は省間移転を指す。

第12章 中国の都市化政策と内陸地域の企業立地
―「新型都市化計画」と企業の立地環境の変化[1)] ―

1　はじめに

中国の経済発展は，改革開放当初における「国際大循環論」や「先富論」の理念と実践に基づいて優先的に進められた東南沿海地域の発展に牽引されてきた。これはハーシュマンの「不均整成長」の経済開発論に沿ったものであった。「成長の極」となった輸出産業，および輸出産業が集積している東南沿海地域が先に発展し，産業連関効果の拡大と地域間リンケージの向上を通じて国全体の経済発展を牽引していく，という発展方式であった。

確かに，2000年代半ばまでに続いた中国の輸出主導型成長は巨大な成果を収めた。輸出拡大，投資拡大，GDP拡大，雇用拡大，産業の高度化，都市の発展など，さまざまな側面で中国の発展を牽引した。その一方で，輸出産業が集積している東南沿海部地域と中・西部内陸地域の経済発展の格差が拡大する，という問題を生み出した。また，国内外の政治経済環境の変化によって，2010年代以降では輸出主導型成長が限界に直面したことで，輸出主導から内需主導への成長戦略の転換が図られている。その重要な手段として，従来からの都市化政策をさらに強力に進めるための「国家新型都市化計画」（以下，「新型都市化計画」とする）が提起された。

「新型都市化計画」（2014～2020）では，都市化の空間的配置においては，東南沿海地域の開放都市および内陸地域の大都市中心の都市化から，全国各地で中小都市を大量に建設して大中小都市の有機的な発展を促すこと，都市化の基本的手段としては，都市インフラの整備や住宅建設に加えて，都市と農村の二元構造を解消する制度改革を行うこと，そして都市化の最終的な目標としては，公共サービスの拡大を通じた国民の「生活の質」を向上させること，を掲げている。

さらに,「新型都市化計画」の効果に関しては，都市建設と都市人口の増加に伴う内需の創造，サービス産業の拡大と新興産業の発展に伴う産業構造の高度化，農民の都市住民化と農業の生産性拡大および農村と都市の連結発展を通じた「三農問題」の解決，農村部が多い内陸地域の経済発展を通じた国土の均衡ある発展の促進，そして都市住民の生活水準の向上を通じた「全面的小康社会」の達成，などの五つにまとめられる（三浦2015)。そして,「新型都市化計画」がスタートした2014年３月以降，中国の都市化は中央政府による具体的な数値目標の設定と管理，関連する制度改革と政策の実施，および各地方政府による積極的な推進によって大きく進んでいる。

欧米先進国における都市化は，主に経済発展に伴う産業と人口の集中によって自発的に進むという「ボトムアップ」の経路を辿るが，中国の都市化は，国家戦略として政府主導の都市システムの配置と建設によって計画的に推進されるという「トップダウン」の経路に依存する（李2018)。よって，中国の都市化を議論する際には，国家の国土開発と地域発展戦略，産業の空間的配置，人口の秩序ある移動などにおける政府の「介入と退出のバランス」問題が重要となる（岡本2018)。

すなわち，広大な国土の上に多様な発展地域が存在する中国において都市化は，経済発展に伴う生産要素の集積によるボトムアップ型と，政府の計画や政策，および制度改革による推進というトップダウン型の最適な組み合わせが必要となる。しかし，岡本（2018）でも整理しているように，中国の都市化の推進における政府と市場の役割分担はうまくできておらず,「過度な政府介入」と「市場の役割の不足」が顕著に表れている。すなわち，市場経済の発展による生産要素の都市への集積作用が限定的であると言えるが，この特徴は経済発展が進んでいる東南沿海地域よりも中・西部の内陸地域においてより顕著である。

もちろん，市場経済の発展によって促される都市化は「是」であり，政府主導による都市化は「否」であることではないが，政府の財政支出の拡大によって「空間の都市化[2)]」が進んだとしても，企業の立地や産業の集積に伴う市場経済の発展が遅れれば，都市は「空城」になってしまう可能性が高い。その一方で，政府による制度改革や規制緩和，さらには政策的推進がなければ，都市への産業と人の移動が制限される可能性もあるし，また政府が介入せず，もっぱら市場の調整に任せれば，一部都市への過度な集中も起こり得る。

本章では，「新型都市化計画」の発表と実施に代表される中国式の都市化政策が，中・西部内陸地域の開発に及ぼしている影響を考察する。中国において都市化政策は，内需拡大，産業構造の高度化，格差是正，三農問題の解決，および社会的安定の達成などの「一石多鳥」の目標を実現すべく推進されているが，この政府主導の都市化政策が，産業集積と企業立地を通じて地域経済の発展に寄与しているか，について検討する。

まず第２節では，中国における都市化の軌跡と今日の到達点を整理しつつ，都市化政策が経済発展の遅れている内陸地域の企業立地環境，および企業の立地決定と行動に及ぼす影響について検討する。次いで第３節では，中国西部内陸地域の四川省における域外からの企業誘致と都市化との関係について，二つの事例を取り上げて説明する。最後に，近年の経済発展を取り巻く国内外の政治経済環境の変化に際して，中国政府が立て続けに打ち出している新しい国家発展戦略と都市化の関係について述べる。

2　中国における都市化政策と企業の立地環境の変化

2.1　中国の都市化政策の沿革

五千年の悠久な歴史を有する中国は，18世紀までは世界でもっとも発展した国であって，もっとも大規模で多数の都市が発展していた。しかし，19世紀以降では西洋のような資本主義の発展に遅れを取り，世界列強に侵略され，植民地化される中で，国民経済も都市化も大きく後退した。その一方で，西洋の先進資本主義諸国では，産業化に伴う商工業都市の繁栄と巨大化が進み，その都市で暮らす人々の豊かさは多くの中国人を魅了した。

改革開放以降の40年間，中国経済は世界で稀に見る急速な経済成長を達成したが，それはまた世界に類を見ないような急激な都市の発展を伴ったものであった。対外開放政策の試験的地域として設立された深圳などの経済特区（4

つ），青島などの沿海開放都市（12個），および山東半島などの沿海開放地区（５つ）では，社会経済的インフラが整備され，企業立地と産業集積が進み，全国各地から人々を引き寄せながら大都市へと成長した。これらの対外開放の先導役の各都市は，東南沿海部地域の「成長の極」となり，地域全体の発展を牽引してきた。

このような東南沿海部の地域発展における都市の役割は，そのまま内陸部の開発でも踏襲されるようになった。2000年代以降の「西部大開発」，「中部崛起」，「東北振興」，そして2010年代以降の「新型都市化計画」，「一帯一路」などの国家的地域発展戦略においては，各地域における核心的都市と中心的な都市群の建設と発展を優先的に進める都市化政策が実行されてきた。その結果，中・西部の内陸地域にも成都，重慶，西安などのいくつかの巨大都市が出現し，周辺の中小都市を率いながら地域全体の発展を牽引するようになった。

まず初めに，中国における都市の分類に基づいて多様な都市の存在を確認しておこう。図表12-１では，中国の第一財経社[3)]が，都市の経済規模，生活水準，企業や商業施設の集積度，さらには発展可能性などを指標化してランク付けした中国の主要都市の分類を示している。世界的な巨大都市として有名な上海，北京，広州，深圳の４都市は，その規模や発展水準において他都市の追随を許さない特別的な存在であり，「（特大）一線都市」に分類される。

その他の天津や蘇州などの有名な大都市は，前記の４都市には遠く及ばないが，次のランクの二線都市に比べるとまた相当に発展しており，「（新）一線都市」（計15個）となっている。その下には，順に大連などの「二線都市」（30），揚州などの「三線都市」（70），承徳などの「四線都市」（90），延安などの「五線都市」（128）が並ぶ。これらの計337の都市が中国国内では地級[4)]以上都市に分類されており，その下には約389個の小規模県級市がある。

加藤（2011）では，広大な領土と厖大な人口を有し，かつ自然地理的，歴史文化的，民族宗教的，政治社会的な要因によって多様性に富んでいる中国には四つの世界[5)]があり，それぞれの世界の間には，越えられない大きな経済発展の格差があると説明している。しかし，上記の各分類の都市の間では，特大一線都市と他の一線都市の間の格差は大きいが，（新）一線都市と二線都市の

図表 12－1　中国における都市の分類（2019 年）

分類	都市数	代表的な都市
（特大）一線都市	4	北京市，上海市，広州市，深圳市
（新）一線都市	15	瀋陽市，天津市，青島市，蘇州市，武漢市，成都市など
二線都市	30	哈爾浜市，大連市，煙台市，温州市，珠海市，昆明市など
三線都市	70	唐山市，威海市，洛陽市，揚州市，スワ頭市，綿陽市など
四線都市	90	延辺州，丹東市，承徳市，濱州市，周口市，大理市など
五線都市	128	四平市，通遼市，延安市，普洱市，雅安市，酒泉市など
その他の小規模県級都市	389	新民市，膠州市，常熟市，昆山市，都江堰市，延吉市など

出所：『中国都市年鑑』（2019 年），第一財経『2019 中国都市ランキングボード』に基づいて筆者作成。

間，三線都市と四線都市の間，四線都市と五線都市の間には，それほど大きな格差は存在せず，各都市の今後の発展過程で入れ替わる可能性も十分にある。

次に，上記のような多様な都市の発展がもたらした都市化の実態を確認しよう。図表12－2は，中国における都市化，特に都市インフラの側面からみる都市化の推移である。まず都市の数は，1985年の324個から2018年の672個に増加しており，30年余りの間で２倍ほどとなっている。都市の建設用地面積も大幅に拡大し，同期間中に６倍以上となっているが，その間の都市人口の増加スピードには追いつけず，都市の人口密度は約10倍の規模に拡大している。都市化の進展によって水道の普及が進み，水の供給は生活用水では約６倍，産業用水を含む全体では約５倍に拡大している。LNGとLPGの供給はともに大きく増加しているが，家庭用だけを見ると，都市化の進展に伴うガスパイプラインの整備に伴って，2000年以降ではボンベ式で多く使われるLPGは増えず，LNGの方が大きく伸びている。

交通インフラは，都市の建設が進むにつれて道路の総延長が11倍ほどに伸び，道路の総面積においては約21倍の規模となっているので，都市道路の幅も２倍ほどに拡張されていることがわかる。また，都市内の交通輸送も発達し，バスや電車などの公共交通輸送車両が10倍ほどに増え，タクシーも約10倍に増えている。また，都市の景観や住環境などの側面で重要な意味をもつ都市公園の面

図表12－2　中国における都市化の概況

		1985年	1990年	2000年	2010年	2018年
都市数（個）		324	467	663	661	672
都市建設用地面積（㎢）		9,386	12,856	22,439	40,058	58,456
都市人口密度（1㎢当たり）		262	279	442	2,209	2,546
水供給（億㎥）	総量	128	382	469	508	615
	内生活用水	52	100	200	239	329
LNG供給（億㎥）	総量	16	64	82	488	1444
	内家庭用	—	12	25	117	314
LPG供給（億㎥）	総量	—	219	1,054	1,268	1,015
	内家庭用	55	143	532	634	545
道路の総延長（万km）		4	10	16	29	43
道路の総面積（億㎡）		4	10	24	52	85
公共交通輸送車両（万台）		5	6	21	38	57
タクシー台数（万台）		—	11	83	99	110
都市公園面積（㎢）		2	4	8	26	49
生活ゴミ廃棄量（万トン）		4,477	6,767	11,819	15,805	22,802

出所：中国国家統計局『中国統計年鑑』（各年）に基づいて筆者作成。

積は約25倍に増えている。一方で，都市住民の増加と生活水準の向上に伴って生活ゴミの廃棄量も急増し（同期間中に約5倍），新しい都市型環境問題を引き起こしていることも確認できる。

このように，都市の建設面積，道路や都市公園の建設，さらには都市生活に必要なインフラ整備の側面から見ると，中国における「空間の都市化」は大きく進んでいると言える。そして，都市の規模拡大は従来の郊外を都市の中に編入しながら，かつ農業用地を都市建設用地に転換させながら進んできたという視点から，「土地の都市化」も確実に進んでいると言える。

「空間の都市化」と「土地の都市化」の進展はもちろん「人の都市化」を伴うものである。図表12－3は，都市人口の側面から見る中国の都市化の推移である。新中国が誕生してからの70年間，中国の都市人口は継続的に増え，2019年末現在では総人口の61%（8.5億人）を占めるようになっており，「新型都市化計画」における2020年までの目標（60%以上）に達している。しかし，これ

図表 12－3　中国における都市化の推移（都市常住人口ベース）

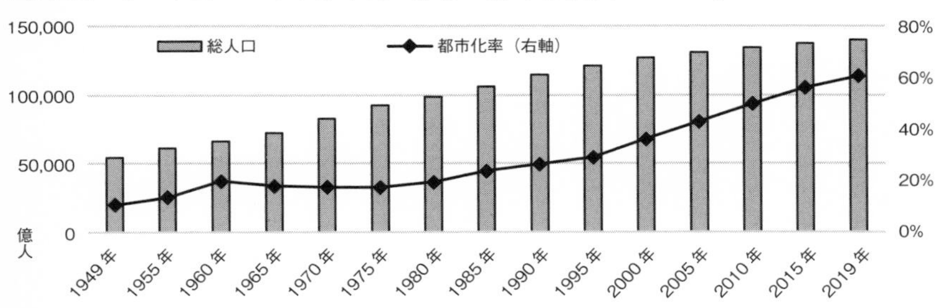

出所：中国国家統計局『中国統計年鑑』(2019 年)，「国民経済と社会発展統計公報」(2020 年) に基づいて筆者作成。

は都市常住人口ベースで見た割合であり，中国の場合は戸籍制度との関係を考慮する必要である。

中国では都市住民と農村住民は，それぞれ都市戸籍と農村戸籍が与えられており，戸籍の変更は一部の特殊な場合[6)]を除くと難しく，改革開放がはじまる前までは戸籍地を離れて他地域に定住することは制限されていた。しかし，1980年代以降になると，東南沿海地域における労働集約型輸出産業の発展が大量の労働力を必要としたことから，農村戸籍の労働者が大挙都市に流入するようになった。いわゆる「農民工」の出現である。農民工は，戸籍は故郷の農村に残したまま都市部で働き，生活する。政府は産業発展と経済成長のためにこれらの農民工の移動制限を徐々に緩和し，農村部の余剰労働力が，都市部の製造業やサービス産業に向けて秩序をもって移動することを促してきた。

その結果，2019年の中国の常住人口ベースの都市化率は61%となっているが，戸籍ベースでみると都市化率は44%ほどに留まる。すなわち，両者の間には約17%ポイントの相違が存在するが，これを人口数に換算すると約2.3億人に達し，２億人を超える農村戸籍者たちが「住・籍分離」の状態にあることになる。これらの戸籍地と離れた都市で就労，生活する農村戸籍者たちは，都市戸籍の住民と同等の医療，教育，福祉などの公共サービスを受けることができない。農民工は都市戸籍の労働者と同じく，都市と中国経済の発展を支えているが，都市戸籍を持っていないということで差別的な待遇を受けており，都市の中の

図表12－4　中国における主要な一線都市の都市化率（2019年）

都市	域内総人口（万人）	常住人口（万人）	都市戸籍人口（万人）	常住人口数に基づく都市化率	戸籍に基づく都市化率
深圳市	1,344	1,344	495	100%	37%
東莞市	846	780	251	92%	30%
佛山市	816	775	458	95%	56%
上海市	2,428	2,139	1,450	88%	60%
広州市	1,531	1,323	954	86%	62%
北京市	2,154	1,865	1,396	87%	65%
天津市	1,562	1,304	1,005	83%	64%
重慶市	875	792	640	91%	73%
蘇州市	1,075	828	723	77%	67%
杭州市	1,036	813	795	78%	77%

出所：各都市統計局『社会発展公告』（2020年）に基づいて筆者作成。

「二等公民」として生活している。

そして，次の図表12－4で示すように，常住人口ベースに基づく都市化率と戸籍ベースの都市化率の間の乖離は，労働集約型輸出産業の集積を通じて中国の経済成長を牽引してきた東南沿海部の広東省の深圳，東莞，佛山などで特に大きい。これは，改革開放当初から続いた農民工の吸収地域としての特徴が依然として残されていることを示している。また，人口流入を厳しく制限している上海，広州，北京，天津などの超大都市における乖離も大きい。これらの1,000万以上の人口を有する大都市では，学歴選別やミーンズテストなどを通じて戸籍付与を限定しているが，巨大都市における仕事や機会を求めて多くの農民工が押し寄せているからである。これらの超大都市においては，平均所得水準も高いが，住宅価格をはじめとする生活コストも高い。その結果，都市戸籍労働者と農民工の間の所得，公共サービスへのアクセスなどにおける格差は，低位所得層の不満を累積させ，都市の安定的な発展を脅かす要因となりうる。

以上のように，中国の都市化は改革開放後の40年間において大きく進展しているが，「空間の都市化」や「人の都市化」の進展に比べると，「制度の都市化」は遅れていると言える。つまり，経済の発展に伴う人々の都市への流入は自然発生的に（市場経済の役割），また政府による政策的推進（政府の役割）によって増加し，都市は空間的にも，人口規模的にも拡大している。しかし，これらの流入してきた人々が都市に定着し，都市の公共サービスを受けられる都市住民になるための制度の改革は遅れていると言わざるを得ない。

このような戸籍制度の存在と，その硬直的な適用によって発生する社会経済的格差と労働市場の歪みを是正しつつ，都市化を通じて内需を創出し，また発展が遅れた内陸地域の経済発展を促進するために打ち出されたのが，2014年の「新型都市化計画」である。この新しい都市化政策では，「農村地域を開発して中小規模の都市を創設する」と同時に，「農民（工）の都市住民化を促す」と訴えており，農村と都市の格差問題を解決し，都市における農民工の厚生水準を高めるといった，中国独自の文脈における公正さの追求，という意味が込められている（梶谷2018）。

2.2　国家主導の都市化政策と内陸地域の経済発展

前述のとおり，中国の都市化は「政府主導」の側面が強く，国家の経済発展戦略および地域開発政策の一環として進められてきたという特徴をもつ。ここでは，これまでの中国における地域開発政策の軌跡を辿りながら，現在の新型都市化政策と内陸地域の経済開発との関係について説明する。

1978年の改革開放以降，中国は従来の自力更生の計画経済時代に進めていた地域均衡の発展方式を改め，外向型経済の発展に有利な東南部沿海地域を優先的に発展させる地域不均衡の発展戦略を推進してきた（加藤2014）。しかし，外資系企業をはじめとする輸出型産業が集積した東部沿海地域の経済発展が加速し，中・西部の内陸地域との地域間格差が顕著になっていくと，1990年代以降では地域均衡発展を重要視するようになり，2000年代以降では内陸部の地域開発を促すさまざまな政策を講じるようになった。

改革開放の初期に，東部沿海地域の優先的発展を支えた戦略的枠組みは，「国際大循環論」である。国際大循環論は，1985年のプラザ合意を契機に東アジア先進経済から溢れ出る対外直接投資を積極的に受け入れながら，「両頭在外（原材料と中間財の入手と，組立加工を行った製品の販売，という両端を海

図表12－5　東部沿海地域中心の地域発展政策構造のイメージ

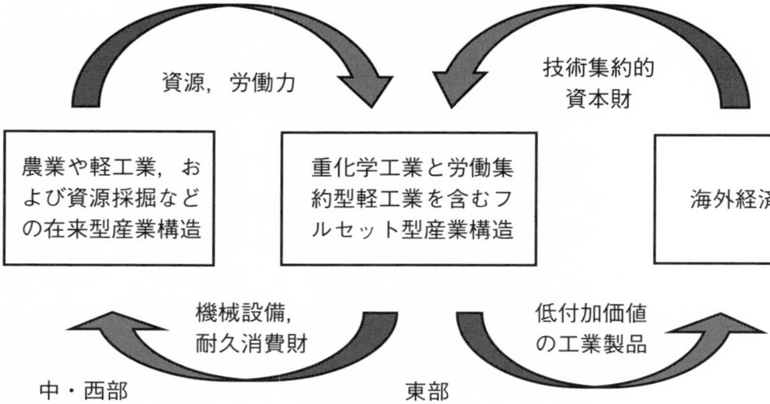

出所：王（2009）の図表1－4（p.21）に加筆修正。

外市場に依存する)」を通じて国際分業体制に主体的に参画することを目指す戦略であった。東部沿海地域では，郷鎮企業を中核とする労働集約型の加工業（輸出指向工業化）を大いに発展させ，雇用創出（農村余剰労働力の解消）と外貨獲得（技術集約的資本財と中間財の輸入資金を稼ぐ)，さらに国内産業発展に伴う輸入代替と輸出促進政策の推進を通じて，東南沿海地域および中国全体の経済発展に大きく寄与した。

国際大循環論の下で進められた東部沿海地域の傾斜的な地域発展政策は，図表12－5に示しているように，東部地域においてフルセット型の産業基盤を形成して，海外経済とのリンケージを拡大させると同時に，中・西部の内陸地域とのリンケージも強化していく構想であった。しかし，1990年代の終わり頃になると東部地域の輸出主導型発展が内陸地域の経済発展に対する牽引作用の限界性が明らかになり，中国政府は地域発展戦略の修正をはじめるようになった。その具体的な施策としては，1999年に提起され，2000年からスタートした「西部大開発」，それに続く「中部崛起」，そして「東北振興」が挙げられる。

図表12－5に示すように，両地域間の分業関係，すなわち東部地域から先進的技術が体化された機械設備などの工業品を移入し，東部地域向けに資源やエネルギーおよび廉価労働力を移出する中・西部地域，という関係は，付加価値

の分配構造においても，産業や技術発展の機会においても中・西部地域の一層の発展を制約するものであった。そのため，2000年代における三つの内陸地域の発展を促進する政策では，従来の両地域間の産業間のリンケージを維持しつつ，産業や企業の東部地域から中・西部地域への移転を促し，内陸地域の産業構造の高度化を通じた一層の経済発展を図った。

その結果，2000年代以降においては，中・西部地域各省（直轄市，自治区）の経済成長率が東部地域各省（直轄市）よりも高く，その過程で中・西部においてもそれぞれ地域の中枢的役割を果たす大都市や中小都市が建設された。また，東部沿海地域の開発区や産業集積地では生産要素の価格上昇が進み，内陸地域への企業と産業の移転が進むようになり，その受け皿となった都市や地域が発展を遂げるようになった。この流れをさらに拡大させるために，2014年からの「新型都市化計画」が実施された。国土全体では中・西部内陸地域の発展を，各地域内では中小都市の発展を政策的に推進し，東部地域と中・西部地域，大都市と中小都市の連結発展を促す戦略である。

その政策の推進を受け，各省の内部でも中小都市が急速に発展を遂げている。図表12-6は，中国東部の山東省内の各都市の2008年から2018年までの10年間の発展様子をまとめている。産業や経済の発展を示す指標である一人当たりGDP，製造業やサービス業，工業企業数，就業者数，平均賃金，および工業用電力の消費量などにおいて，四線都市がもっとも高い伸び率を示している。また，都市化に伴う消費財の販売額や生活用電力の消費量など，都市住民の生活関連指標の変化をみると，三線，四線の中小都市が，二線の大都市よりも伸び率が大きい。

中小都市は，都市の規模（建設面積，人口，GDPなど）においてはまだ沿海開放都市の青島市に及ばないところがあるが，企業数や就業者数，および生活関連諸指標の伸び率では上回っている側面もあり，内陸の都市化が進んでいることが示されている。ただし，海外直接投資の受入れ額では，依然として一線，二線都市の方が三線，四線都市よりも伸び率が大きく，外資系企業の進出は依然大都市に集中していることが分かる。外資系企業の中には，いまだに海外とのつながり（中間財や部品の輸入と製品の輸入）が強い企業が多く，内陸

図表 12－6　中国山東省の各レベル都市における経済・社会指標の変化
（2008 年から 2018 年までの 10 年間における年率変化率，単位：%）

都市分類		都市建設用地面積	都市人口	1人当たりのGDP	第二産業	第三産業	就業者数	平均賃金（職工）	工業企業数	工業企業の利潤総額	新規のFDI総額	消費財の販売総額	電力消費量		
													総計	工業用	生活用
一線都市	青島市	8	1	9	8	12	2	11	－5	8	8	12	10	8	7
二線都市	済南市	5	1	8	8	11	2	11	1	5	11	12	6	1	5
	煙台市	3	0.04	8	6	12	4	10	－5	2	9	11	19	20	11
	平均	4	0.4	8	7	12	3	10	－2	4	10	11	12	11	8
三線都市	濰坊市	4	1	8	6	13	2	11	－3	4	10	12	18	18	17
	淄博市	3	0.3	7	6	11	3	10	－2	4	6	11	4	3	3
	済寧市	8	1	8	6	12	4	9	－2	4	－6	11	15	13	19
	臨沂市	4	1	8	7	12	12	10	3	11	－3	11	16	15	12
	東営市	4	1	6	5	12	2	10	－0.1	－30	－1	12	12	12	10
	泰安市	5	0.3	8	7	12	4	10	－2	－3.2	14	12	19	16	20
	威海市	5	0.2	7	4	11	3	10	－1	1	5	11	13	12	10
	平均	5	1	8	6	12	4	10	－1	－1	4	12	14	13	13
四線都市	徳州市	12	1	8	7	12	4	12	－1	3	2	12	18	18	17
	聊城市	5	1	8	7	14	4	13	1	－1	－13	12	24	25	15
	菏澤市	10	1	13	13	17	6	13	8	14	24	15	23	21	18
	濱州市	6	1	7	5	12	6	12	－0.5	4	－4	12	34	35	16
	枣庄市	3	1	7	6	12	3	9	－3	－4.3	－5	12	12	10	10
	日照市	5	1	10	9	13	4	11	－2	4	－9	13	12	12	9
	平均	7	1	9	8	13	5	12	1	3	－1	13	20	20	14

注：工業企業数，および工業企業利潤総額は，規模以上（生産額が 2,000 万元以上）企業のみ集計されている。
出所：中国都市発展研究会『中国都市年鑑』（2009，2019 年）に基づいて筆者作成。

中小都市への立地や移転が簡単ではないことを表す。

また，特筆すべき点は，工業企業数の伸び率は内陸の四線都市の方だけがプラスであり，沿海都市の青島市や煙台市および山東省の省都である済南市，という大都市ではマイナスである。しかし，工業企業の利潤総額の伸び率は，これらの大都市の方が三線，四線都市を顕著に上回っている。本書の前半部分で説明しているように，企業の本社もしくは中枢機能が大都市に集中していることの表れであると言える。つまり，生産要素価格の上昇や環境規制の強化などによって，大企業の生産拠点が大都市から中小都市に移転されても，生産・経営の利益は本社が立地している大都市に集中する可能性があることを説明している。もう一方では，大都市の労働集約型産業のような付加価値率と利潤率の低い企業が転出し，高新技術産業の企業が増えていれば，企業数は減っても利潤総額の伸び率は高くなる可能性もある。

つまり，中国の都市化政策の推進は，国土全体では中・西部内陸地域における中核都市の発展を，各省内部では中枢都市以外の中小都市，特に東部沿海地域の場合は，沿海開放都市以外の中小都市の建設を中心に行われてきた。次項では，このような都市化政策が中小都市における産業と企業の立地環境の変化に及ぼす影響について見てみよう。

2.3　都市化政策の推進と企業立地環境の変化

前述のとおり，改革開放以後の国家主導の都市化政策の推進によって，「空間の都市化」と「土地の都市化」は大きく進んだ。また，都市人口の割合が継続的に増加するという「人の都市化」も進んだ。しかし，それには「制度の都市化」の遅れによって，都市で生活しながらも都市住民となっていない「見かけ上の都市住民」（２億人超）が含まれている，という歪んだ都市化の様相を呈している。その解決策として「新型都市化計画」では，内陸地域において中小都市を建設し，戸籍制度や土地制度の改革を通じて農民（工）を市民化（都市住民化）することを推進している。

しかし，梶谷（2018）も指摘しているように，都市で就労し，また生活している農民工の中には，農村戸籍を放棄して都市戸籍に入ることを望んでいない人が多く存在する。農民工にとって，農村戸籍の放棄は現在経営権を請け負っている土地を手放すことを意味し，都市部において安定的な職を得て，所得が生涯を通じて保障されない限り，人生の最後の砦である土地に対する権利を放棄できないからである。政府は農民工の都市への移住を促すために，社会保障制度の構築と拡充に力を入れ，農民工の包摂を進めているが，都市部における

図表 12－7　中国における GDP と就業者の産業別構成の推移

	GDP 総額（億元）	産業別の割合（%）			就業者数（万人）	産業別の割合（%）		
		第一次	第二次	第三次		第一次	第二次	第三次
1978 年	3,679	27.7	47.7	24.6	40,152	70.5	17.3	12.2
1985 年	9,099	27.9	42.7	29.4	49,873	62.4	20.8	16.8
1990 年	18,873	26.6	41	32.4	64,749	60.1	21.4	18.5
1995 年	61,339	19.6	46.8	33.7	68,065	52.2	23	24.8
2000 年	100,280	14.7	45.5	39.8	72,085	50	22.5	27.5
2005 年	187,319	11.6	47	41.3	74,647	44.8	23.8	31.4
2010 年	412,119	9.3	46.5	44.2	76,105	36.7	28.7	34.6
2015 年	685,993	8.4	41.1	50.5	77,451	28.3	29.3	42.4
2018 年	900,310	7.2	40.7	52.2	77,586	26.1	27.6	46.3

出所：国家統計局『中国統計年鑑』（2019）に基づいて筆者作成。

高い生活費用を賄うためには，安定的な職業（場）が必要になる。

「新型都市化計画」が進めている内陸地域の中小都市の発展においても，都市インフラの建設だけではなく，多くの農民工が働き，所得が得られる産業の育成，企業立地の促進が必要である。すなわち，国家主導の都市化政策においては，財政支出を増やして「空間の都市化」を進めること，戸籍制度や土地制度の改革を通じて「人の都市化」を進めることに加えて，新しい中小都市において製造業やサービス産業の発展を促して「産業の都市化」を実現しなければならない。

図表12-７で示すように，中国経済全体における産業構造の高度化は経済成長に伴って大きく進んでいる。GDPの産業別割合では，第二次産業と第三次産業の割合が大きく増加しており，とりわけ2000年代以降の都市化の推進過程でサービス産業の割合が著しく拡大している。同様な構造変化は，就業者数の産業別割合の推移からも確認できるが，GDPにおける第一産業の割合の低下に比べると，就業者数全体に占める第一産業の割合はまだ高い。

「新型都市化計画」では，内陸地域の大都市と農村部の連結部に新しい中小都市を建設し，産業や人が過度に集中している東部地域から一部の企業や人（そこで働き，生活している農民工たち）が，この新しい内陸の中小都市に移転することを目指している。一方においては，内陸地域の経済発展を促進しながら内需を創出し，もう一方では，東部沿海地域において生産コストの増加に耐えられず国内外へ移転しようとする企業の受け皿を作ろうとしている。

このような都市化政策の目標設定と達成経路については，国内外の多くの研究者が理論的根拠を提示していた。例えば，「田園都市」の父とも呼ばれたエベネザー・ハワードは，一国の主要産業が農業から工業と現代サービス業に移行するとき，労働力も農業部門から製造業やサービス業に移行する。その過程で企業と労働者が都市に集中し，生産要素の集積と人口集中に伴う規模の経済性が都市化を促進すると述べている（エベネザー・ハワード2016）。中国国内では，辜・呂（2013）が，産業発展と移入人口の就業安定こそが新型都市化の基礎であり，産業発展を通じて都市の雇用吸引力を高めることの重要性を強調し，謝（2013）は産業発展の支えがない都市化は蜃気楼であり，一旦移入した農民（工）も再び農村に帰る可能性が高いことを指摘している。

実際に，東部沿海地域からの企業移出は2000年代半ばから増加し，産業の東から西への移動が始まったが，依然として各省内での内陸各都市か，国全体では中部地域にとどまり，西部内陸地域への移転は限られていた（肖2018）。また，東南沿海部の労働集約型産業，資源消耗型産業，および環境負荷の高い産業を中心に，経済発展が遅れている内陸への移動が見られるものの，移転する産業の種類別（技術集約型産業の移転は少ない）や移転する地域別（特に長江沿岸の各都市に集中）に大きな相違もあり，内陸地域における中小都市の建設を通じた都市化政策が外部からの産業立地を促進するまでには至っていない。

それは楊・孫（2015）が分析しているように，西部の内陸地域では産業発展が遅れているため，大量の農村からの移住者を吸収するための就業先が確保できない；都市の規模が小さく，産業集積の能力が低い；関連する産業の発展と企業立地がないため，産業連関効果も期待できない，などの産業の発展と都市化を妨げる制約が存在する。政府が東部沿海地域から西部内陸地域への産業移転を政策的に推進しても，内陸の中小都市およびその周辺に，当該産業の発展と企業の生産活動に必要な生産要素の賦存がないと，産業移転促進政策の効果は発揮できない。

経済発展が相対的に遅れている西部内陸地域においては，自然資源の賦存，安価な労働力の賦存に基づいて資源開発型の鉱工業や労働集約型製造業の企業立地を実現することが可能であろう。しかし，労働力の教育水準が相対的に低く，関連する産業の集積が困難であるがゆえに，技術集約型のIT産業や機械器具製造業の企業立地は難しい。また，対外開放度も相対的に遅れ，海外の企業や産業とのつながりが密接な外資系企業や輸出中心の企業の立地も難しい。

以上をまとめると，現状では西部内陸地域が東部沿海地域から移出する産業や企業の受け皿となる可能性は低い，と言わざるを得ない。「新型都市化計画」では，農民（工）の都市住民化を促すために戸籍制度の改革を通して「人の都市化」を実現しようとしている。しかし，中小都市が建設され「空間の都市化」が実現されても，「産業の都市化」が進まないと「人の都市化」も成し得ない。ここに中国式の国家主導の都市化政策の限界性があり，都市化過程における「政府の役割と市場の役割の最適な組み合わせ」の探究が課題となる。

次節では，中国西部の四川省における国内外からの企業誘致事例から，企業立地と都市化との関係についてみていく。とりわけ，域外からの企業誘致は本当に内陸地域の「人の都市化」や「産業の都市化」の促進に効果的であったのか，について考えてみる。

3　内陸地域への産業移転の事例研究

3.1　大型外資系企業の誘致事例：成都市におけるフォックスコン（富士康）の立地事例

四川省，とりわけ省都である成都市とその周辺地域には，国内外の大量のIT関連機械器具製造業およびITソフト開発企業が立地しており，中国の中西部地域におけるIT産業の一大集積地を形成している。計画経済時代から中国国内最大の電気機械器具メーカーの長虹機器廠（現四川長虹電子グループ，本部：綿陽市，2018年の『世界企業ブランドランキング500』において286位）が立地していたこともあり，四川省には電気・電子機械産業の発展基盤が形成されていた。

しかし，成都市に国内外からの電気・電子機械器具メーカーの進出が急増したのは2000年以降である。これは，2000年から本格的にスタートした「西部大開発」戦略の中心地域に位置づけられ，国内外からの注目が集まってからである。四川省政府は，この国内経済発展戦略の大転換を契機に，省内の立地環境の優位（国家発展戦略の重要な拠点地域，産業基盤の存在，豊富な労働力・人材の存在）を活用しながら，政府が先頭に立って国内外のIT産業の誘致に取り組んできた。その結果，2003年のインテルの半導体工場の立地を皮切りに，モトローラ，ノキア，エリクソン，マイクロソフト，テキサス・インスツルメンツ，富士通などの外資系企業，レノボー，ファーウェイなどの国内IT企業が立地し，四川省は中国国内のIT産業の集積地へと成長した。

そして，2010年のフォックスコンの成都市（郫県）への進出が，翌年のコンパルエレクトロニクス（COMPAL）の立地，2012年の啓碁科技術（WNC）の立地を呼び込む形で，世界的なジャイアントOEM企業の進出によって四川省は世界的なIT産業の集積地として知られるようになった。2009年10月に投資契約を締結し，2010年10月には生産をスタートさせたフォックスコンの進出事例は，「成都速度」として国内外に知られ，四川省および成都市によるフォックスコンの誘致に向けた手厚い政策的支援は，その後のIT関連産業の四川省への進出を強く促す要因となった。

このような国内外のIT関連企業の立地に伴って産業集積が形成され，IT関連産業，とりわけIT機械器具製造業が急速に成長し，雇用を創出し，輸出も急拡大した。成都市を中心に，周辺の綿陽市，楽山市，内江市，遂寧市などにまで広がるIT産業の一大集積地が形成され，西部地域における経済成長（GDP，雇用，税収，輸出等）と産業構造の高度化，さらには製造業と社会経済全体の技術レベルの向上に大きく貢献している。すなわち，四川省，その中でも成都市は国内外からIT関連企業を誘致して，地域の経済発展を大いに促進させた。しかし，このような域外から企業や産業を誘致して地域の経済発展を促す「外発的発展」には，一定の限界性も見られている。

ここでは，成都市におけるフォックスコンの立地を事例に，企業の立地に伴って雇用は増加しても，それが労働者の都市住民化を通じて都市化を促す効果としては限定的であることを説明する。

2010年10月に生産がスタートした時点でフォックスコンは約7,000人の労働者を採用し，その後生産規模の拡大に伴って採用を増やし，2013年頃のピーク時は12万人規模の従業員を雇用するようになった[7)]。前節でも言及しているが，2000年代半ば以降において中国の東南沿海部地域では「民工荒」という加工組立生産ラインで働く農民工の採用難が起き，フォックスコンが内陸の四川省に立地を決定したのも，中国有数の人口規模を誇り，かつ最大の農民工の送り出し地域の優位を利用するためであった。

しかし，2010年代に入ってからは西部地域，とりわけ西部経済の中心である成都周辺でも労働者の採用は簡単ではなかった。この状況を把握しているフォックスコンは，成都市への進出に際して，四川省と成都市政府から労働者の採用に関わる協力約束を取り付けた。よって，成都フォックスコンの組立ラインの労働者の募集は，企業に代わって四川省と成都市政府が主導し，行政区域内の各地方政府に行政命令・任務の形で労働者をあっせんする，という形で行われた。

中国の各地方政府は外資誘致において熾烈な競争をしており，フォックスコンのような巨大企業の誘致に際して，税制優遇，土地利用やインフラ整備，労働者の募集に協力するなどの措置は，他の地域でも行われることであり，ある程度理解できる。しかし，このように政府が前面に出て，公務員の年末考課の基準として労働者のあっせん実績を取り入れるような徹底的な事例は他に見ない。その結果，労働者の募集任務を果たせていない公務員らが，年末などの繁忙期に不足する労働力に代わって生産ラインで働く，という「怪現象」も生まれた（王2012)。

成都フォックスコンでは開業後，常に労働者の採用難が起きており，労働者が不足する度に政府に協力要請を出して労働力の確保を政府の努力によって賄っている。その背景には，やはりフォックスコンの労務管理の問題がある。フォックスコンでは，軍隊式の労働者管理が行われ，生産ラインで働く農民工たちは，機械の一部としてロボットのように働く。現代の製造現場で働く労働者のほとんどがそうではあるが，世界最大のIT機器の組立企業であるフォックスコンはその典型的な例であり，もっとも「先進」的な事例と言える。

その結果，成都フォックスコンでは，従業員の自殺，賃金や宿舎管理に対する不満に起因する集団的暴動などの事件が相次いた。労働者の離職率も高く，常に新しい労働者を募集している（山口2018）。また，従業員の勤続年数は短く，特に生産ラインで働く若年農民工の定着率が低く労働者の流動性が非常に高い。もともと，製造業の企業を誘致して雇用を創出することは，農村から都市へ，第一次産業から第二次産業への移動を促すことによって都市人口の増加をもたらす。四川省と成都市が各種優遇措置を動員してフォックスコンを誘致したのも，地域の経済成長に加えて都市化の促進効果を期待したからである。

しかし，企業立地による雇用機会の増加，農民工の就業する地域での戸籍取得（中国語：落戸），そしてこれらの農民工の都市住民化は，必ずしも成功しているようには見えない。一部の管理職や技術職の労働者は，地方政府がフォックスコンのような大手の外資系企業に与える従業員の戸籍取得に関する割当政策の対象となり，成都市の戸籍を取得する事例もありうるが，多数を占める生産ラインで働く若年労働者は，企業にも，都市にも定着できていない。フォックスコンのような組立生産企業は，単に東南沿海部の賃金コスト増を避け，内陸地方政府の優遇政策を狙って移転する。経済成長（生産額，輸出額，雇用，税収，産業高度化）などでは効果があっても，人の都市化を促す，と言う意味での真の都市化においては限定的な役割しか果たさない。

労働者の都市への定着を促し，内陸地域の都市化をさらに一歩前に進めるためには，政府による戸籍制度の改革，住居問題，労働者の子女の教育問題，社会保障問題などにおいて，農民工がアクセスできるような制度の構築と政策の実施が必要である。また，企業側も従業員の都市生活への定着を促すべく，住宅手当，家族手当などの支援を行うべきである。企業として給与を支払い，社会保険料支払いの法的義務を果たしたからと言って，他は関与しないと言うのは，企業にとっても正しくない。そういう意味でも，従業員を短期的な低賃金労働力として使い捨てるのではなく，労働者の技能形成にも力をいれ，長期安定的な雇用関係を構築していくべきであろう。

3.2　大型工業団地の造成を通じた企業誘致の事例：四川省綿陽市北川県の事例

北川（羌族自治）県は，四川省綿陽市傘下の六つの県・市の一つである。まったく無名だった西部内陸地域の貧困小城鎮である北川県が国内外に知られるようになったのは，2008年５月に起きた四川大地震によってである。四川大地震の被害がもっとも大きかった地域の一つとして，災害後の中国における国を挙げての復興の代表的な事例として有名になった。

震災後，北川県では地震によって崩壊した旧市街地（曲山鎮）を「地震遺跡」としてダークツーリズムの観光地にし，10Kmほど離れた地域に全く新しい県所在地（永昌鎮）を建設し，地震遺跡と合わせて観光地化している。中国国内では，中国共産党の指導の下で国民全体が一致団結して，大型自然災害からの奇跡的な復興を遂げたシンボル的な存在として，「紅色ツーリズム」の対象地域に指定され，毎年国内外から多くの観光客が訪れる。

四川大震災からの復興事業では，「ペアリング支援[8)]」と言う中国式の国家主導の災害復興メカニズムが構築され，北川県は山東省とペアを組まれた。復興においては，山東省が64億元（2008年の北川県GDPの６倍超）の財政資金を支援して，真新しい都市を建設した。新都市には，住宅用マンションに加えて，政府官庁，学校，病院，図書館，体育館などの社会的インフラ建設も行われた。さらに，被災地の持続可能な発展とペアリング支援の長期的な実施に向けて，生活エリアに隣接した広大な土地に「北川―山東産業園」を建設して，域外からの企業誘致を図った。

2010年の使用開始から2018年までの間，産業園には47社の企業（生産額2,000万元以上の企業が16社）が立地し，2018年では11億元の工業生産額，1,500人の雇用創出を果たしている。産業園の工業生産額は北川県の工業生産総額（35億元）の約三分の一を占め，地域の経済成長と産業発展に大きく貢献している（「北川羌族自治県2018年国民経済と社会発展統計公報」）。

産業園では，上級行政区の綿陽市の産業分布の特色に倣って，IT関連企業，食品・薬品製造業，機械器具製造業などの企業の誘致に力を入れ，一定の成果もあげている。しかし，新しい企業の誘致と産業の発展が期待したようには増えていない。これは，域外から移転してきた産業と企業は，地域の既存産業や資源賦存との関係が希薄であることに由来する。2018年末時点でも従来の内陸山地の鉱物資源の利用に基づくガラスやセメントなどの建築資材の生産が中心であり，地域の経済発展に対する波及効果も大きくない。

鄭ほか（2011）では，北川県経済全体における製造業企業の発展の重要性を指摘しつつも，内陸山間部という地理的条件，資源賦存，さらには関連産業の発展状況などを勘案して，産業園が誘致している外来型企業の発展可能性にも，それらの企業の立地がもたらす地域経済発展の牽引効果についても疑問を呈している。すなわち，産業園に進出している企業の中には山東省から北川県を支援するために設立されている企業が多く，立地環境の優劣についてほとんど考慮していないまま工場を建設している。現在のところ，土地利用や税制において地方政府の優遇措置を受けているが，長期的な視点からみると，これらの原材料調達と製品販売を域外の市場に依存している外来型企業の成長は容易ではない。

一般的に，製造業とサービス産業の発展と都市化は密接な関係があり，相互促進・相互依存的関係にある。農業以外で就労する人が増えれば増えるほど，都市型の需要が増え，工業とサービス産業が発展し，それがまた新しい都市型雇用を生み出す。産業園を建設し，インフラを整備して地域外から企業を誘致することは，このような都市化の促進要因となり得る。しかし，地域の立地環境を考慮しない，もしくは無視したままの産業園の造成と企業誘致は，期待していた効果を発揮できない可能性も高い。

写真12-1は，綿陽市のある工業団地の様子である。広大な土地が工業団地として造成され，立派な道路や電気などのインフラも整備されている。一部では，立派な工場用建物も建設されているが，立地している企業は少なく，道路も空っぽである。条件を整え，準備を進めておけばいつかは企業の進出があるかもしれないが，現在のところ，西部内陸山間地域が企業誘致を通じて工業を大いに発展させ，都市化も進めていくには乗り越えなければならない課題が多くあるように感じる。

写真 12-1　四川省綿陽市の工業団地

工業団地内に建設されている工場建物

工業団地を縦横する新設道路

出所：筆者撮影。

4　終わりに

本章では，中国が国土の均衡ある発展によって国内の地域間経済発展の格差を修正しつつ，輸出主導型成長から内需主導型成長への発展戦略の転換を促すための重要な施策であった都市化政策の実施成果と課題について考察した。特に，中央政府主導で進められている都市化が内陸地域における経済発展と国民生活の向上を促す役割に焦点を合わせ，「空間の都市化」と「土地の都市化」は進んでいるが，「制度の都市化」と「産業の都市化」が遅れていることから「人の都市化」も遅れていることを指摘した。

地域政策の視点からみると，新型都市化の究極な目標は「人の都市化」を成し遂げ，都市型就労と都市型生活の増大による新しい内需の創出を通じて地域の内発的発展を促すことであると言える。その一方で，このような内発的発展を可能にする強力なエンジンが成長しておらず，今日までの都市化の進展はバランスを欠いているように見える。とりわけ労働力の第一産業から第二次，第三次産業への移動の条件となる企業の成長，新規立地の増加が緩慢である。

そんな中，2020年５月17日，中国政府は西部内陸地域のさらなる改革と発展を促すべく，「新時代の西部大開発の新しい構図の形成を促すための指導意見」を発表し，制度と政策，財政と金融，産業と人材，土地と社会保障などにおける一段と強力な支援計画を打ち出した。西部内陸地域は，「一帯一路」イニシアティブの「一帯」経済のコアエリアに位置づけられ，西部地域の生態環境，ビジネス環境，開放環境，およびイノベーション環境の改善に国を挙げて取り組む，とした。この新しい計画の実施は，これまでの新型都市化のネックとなっている「産業の都市化」と「制度の都市化」の制約を打ち破り，西部内陸地域におけるバランスのとれた都市化の実現を促すだろう。

特に，前記の「指導意見」では西部内陸地域における巨大都市群の形成とその発展による西部地域全体の発展に対する牽引的役割を強調した。中・西部における成都と重慶を中心とする「成渝都市群」(15個の都市，9,500万人の人口を含む)，北西部における西安を中心とする関中平野都市群（10余りの都市，4,000万人を含む)，および南西部における南寧を中心とする北部湾都市群（12個の都市を含む）の建設を促し，これらの内陸都市群の間の経済的連携に加えて，これらの内陸都市群と東南沿海地域との経済的連携を強化しながら，国土の均衡ある発展の新たなコアエンジンを作り上げることとしている。

今後，改革開放以降における東南沿海地域を「成長の極」として進めてきた都市化と地域発展戦略から，2000年代以降の西部大開発や新型都市化計画などを通じて進めてきた中・西部内陸地域の都市化と経済発展戦略への転換がさらに加速することが予測される。これは，内陸部の経済発展を力強く推進することを通して国内経済の内なる好循環を生み出し，一帯一路が推進する国際的循環を支える，という今日の中国政府の「双循環」発展戦略とも整合性をもつ。

もちろん，東部・中部・西部地域が高速鉄道網や高速道路によって繋がり，また５Gという超高速インターネットによって繋がり，国土全体およびユーラシア大陸全体の一体化が進んでいく現在において，従来のような東南沿海部から撤退する一部産業，企業の移転を受け入れるだけでは足りない。現実（Off-line）と仮想（On-line）の両方において高度に連結されている現在においては，西部内陸地域でも人々は自分のアイディアと地域の資源を結合して新しいビジネス機会を作り出すことが可能になっている。まさしく「万衆創新・万衆創業」時代の到来であり，西部内陸地域の都市化は新しい段階を迎えようとしている。

注

1） 本章の内容は，朴（2021）を加筆・修正したものである。
2） 「空間的都市化」とは，人口が都市に集中すること，そして増加する人口を都市が受け入れるためにどのようにして効率的に空間を活用するか，という側面のことを指す。人々の流入によって人口密度が上昇することによって，空間利用の効率化が必要となる。そのための政策としては，住居の高層化，鉄道や道路の地下化あるいは高架化などの都市空間に対する従来の意味での都市計画が期待される。もう一つの都市化の内容と実態を表す概念として「制度的都市化」があるが，それは都市に流入した移民をどのように定着させるか，膨らむ都市と過疎化する農村間の格差をどのように解消するか，という側面のことを指す。とりわけ都市に流入してきた人々が制度的（住居，労働，社会サービスなど）に疎外されないように制度を改革，整備する必要がある（岡本2018）。
3） 中国の第一財経（2003年に上海で設立された，経済情報収集・発信メディア企業）が，毎年，経済規模，生活水準，企業や商業施設の集積度，さらには発展可能性などを指標化し，発表している都市分類とランキング。
4） 中国の行政分類において，「地級」は「省・自治区」政府の直轄であり，中国の地方行政組織としては，省（自治区，直轄市）に続く二級の行政区となる。
5） 第一世界は，上海浦東，北京中関村，深圳開発区などの先進国水準の地域，第二世界は，製造業やサービス産業の大・中・小規模企業が多数立地している東南沿海部の農村地域，第三世界は，農業生産を主たる生業としている内陸地域の農村地域，そして第四世界は，中国の経済発展の中心から遠い周辺地域（内陸山岳地域や辺境地域）を指す。
6） 例えば，都市戸籍の人と結婚する，都市の大学を卒業した後に都市の大企業に正規の雇用者として採用される，などのケースがある。
7） フォックスコンの中国における生産拡大は巨大な雇用を創出している。雇用者数がもっとも多かった2013年では中国全体で約120万人の従業員を抱えていた。その後，賃金上昇に伴う事業整理・移転，および生産工程の機械化によって雇用者数は減少し，2019年現在では60万人超を雇用している。
8） 中国語では「対口支援」とも言い，中国の内陸・辺境にある少数民族地域の社会経済発展を促進するための政策として考案された，中心部の発展地域の地方政府と内陸・辺境地域の地方政府がペアを組み，発展地域が貧困地域を支援する国策の一つである。このペアリング支援には，物質支援，開発プロジェクト支援，資金支援などからなる経済的支援以外にも，幹部の支援，人材の支援，教育支援などが含まれている。この1979年に構築された地域間協力・支援政策が，四川大地震の復興において適用され，被災地ごとに復興を支援する東南沿海部や中部地域の地方政府が割り当てられ，両地方政府がペアを組んで災害復興を行うことになった。詳細な組み合わせや具体的な事業，その成果や問題点などに関する説明については，朴（2017）を参照。

参考文献

第１章～第８章

<日本語文献>

阿部和俊（1997）『先進国の都市体系研究』地人書房。

阿部和俊・山崎朗（2004）『変貌する日本のすがた―地域構造と地域政策』古今書院。

阿部和俊編（2007）『都市の景観地理　韓国編』古今書院。

阿部和俊（2010）『近代日本の都市体系研究―経済的中枢管理機能の地域的展開』古今書院。

阿部和俊（2015）『世界の都市体系研究』古今書院。

梶谷懐・藤井大輔編著（2018）『現代中国経済論[第２版]』ミネルヴァ書房。

加藤美穂子（2013）『アメリカの分権的財政システム』日本経済評論社。

神谷浩夫・轟博志編（2010）『現代韓国の地理学』古今書院。

河村哲二（2003）『現代アメリカ経済』有斐閣。

経済産業省他編『2019年版ものづくり白書（PDF版）』経済産業調査会，2020年。

厳成男（2011）『中国の経済発展と制度変化』京都大学学術出版会。

小宮隆太郎・奥野正寛・鈴村興太郎編（1984）『日本の産業政策』東京大学出版会。

小宮隆太郎（1999）『日本の産業・貿易の経済分析』東洋経済新報社。

渋谷博史・根岸毅宏編（2012）『アメリカの分権と民間活用』日本経済評論社。

田中康一（2011）「経営学分野における本社の定義及び関連諸事項に関する一考察―より詳細かつ正確な本社立地分析のために（その５）」『高知論叢』第101号，pp. 35-60。

Park Jong-Hyun（2008a）「企業内ネットワークからみた韓中間の国際的都市システム，『経済志林』75(4)，pp.67-107。

Park Jong-Hyun（2008b）「韓中間の国際的都市システムにおける都市間結合と産業・企業構造」『経済志林』76(1)，pp.1-28。

日野正輝（1996）『都市発展と支店立地―都市の拠点性』古今書院。

日野正輝（2013）「経済センサスによる主要都市の支店集積量の把握と問題点」，『商学論集』第81号第４号，pp.149-161。

藤本典嗣（2008a）「21世紀のオフィス立地と東北地方（2000-2006）（その２）」『東北開発研究』147，pp.1-７。

藤本典嗣（2008b）「分散型県土構造とオフィス立地(1)全国的な動向」『福島の進路』336，pp.20-28。

藤本典嗣（2008c）「分散型県土構造とオフィス立地(2)福島県の動向と県土構造，『福島の進路』337，pp.21-28。

藤本典嗣（2015）「東京一極集中を加速する中枢管理機能の構造と情報通信の高速化」，『都市問題』第106号第２巻，pp.22-28。

藤本典嗣（2017）「グローバル都市システムにおける東京の地位変遷」『経済地理学年報』第63巻第４号，pp.292-303。

藤本典嗣（2018）「２．都市（群）システム」『経済地理学年報』第64巻第５号，pp.115-118。

松浦寿幸（2015）「日本企業の本社部門の立地について：本社移転の決定要因と生産性による選別」『日本経済研究（日本経済研究センター）』No.72，pp.73-93。

松原宏編（2003）『先進国経済の地域構造』東京大学出版会。

丸川知雄（2013）『現代中国経済』有斐閣。

村蔦由直（1996）「林産物貿易の拡大とアメリカ木材企業」『京都大学生物資源経済研究』，No.2，pp.129-146。

森地茂・『二層の広域圏』形成研究会編（2005）：『人口減少時代の国土ビジョン―新しい国のかたち「二層の広域圏」日本経済新聞社。

矢ケ崎典隆編（2011）『アメリカ（世界地誌シリーズ）』朝倉書店。

矢田俊文（1999）『21世紀の国土構造と国土政策―21世紀の国土のグランドデザイン・考』大明堂。

山﨑朗（1998）『日本の国土計画と地域開発―ハイ・モビリティ対応の経済発展と空間構造』東洋経済新報社。

李明伍（2001）『現代中国の支配と官僚制』有信堂高文社。

渡瀬義男（2012）『アメリカの財政民主主義』日本経済評論社。

<英語文献>

Pred, A. (1973), "Systems of Cities and Information Flows : The Growth and Development of Systems of Cities in Advanced Economies," *Lund Studies in Geography*, No. 3.

Pred, A. (1977), *City-systems in Advanced Economies*. Hutchinson.

Zipf, G.K. (1949) : Human Behavior and the Principle of Least Effort. Addition Wesley Press, Cambridge, Massachusetts, p.573

第9章～第12章

<日本語文献>

エベネザー・ハワード著・山形浩生訳（2016）『明日の田園都市』鹿島出版会。

王在喆（2009）『中国経済の地域構造』慶応義塾大学出版会。

岡本信広編（2018）『中国の都市化と制度改革』アジア経済研究所。

加藤弘之（2011）「中国経済への招待」（加藤弘之・上原一慶編著『現代中国経済論』ミネルヴァ書房，2011年所収，pp.1-14）。

加藤弘之（2014）「地域開発政策―新しい経済地理学の観点から」（中兼和津次編『中国経済はどう変わったか』国際書院，2014年所収，pp.55-83）。

梶谷懐（2018）『中国経済講義―統計の信頼性から成長のゆくえまで』中央公論新社。

関権（2016）「外資は何をもたらしたか―外資の役割と評価」（南亮進・牧野文夫編著『中国経済入門』日本評論社，2016所収，pp.163-181）。

黒田篤郎（2001）『メイド・イン・チャイナ』東洋経済新報社。

島田幸司（2006）「環境規制は企業の競争力を削ぐか？―近年の実証研究のレビュー」『表面技術』，57⑿：1-6。

鈴木洋太郎（2018）『国際産業立地論への招待―アジアにおける経済のグローバル化』新評論。

JETRO（2018）「中国における環境規制と市場規模の最新動向調査」『JETRO調査レポート』，pp.1-78。

戴二彪（2014）「中国における日系企業の立地戦略の変化と影響要因」『AGI Working Paper Series』（国際東アジア研究センター），Vol.2014-04。

戴二彪（2014）「中国における日系企業の立地戦略の変化と影響要因」『AGI Working Paper Series』（国際東アジア研究センター），Vol.2014-04。

舛山誠一（2014）「中堅・中小企業のチャイナプラスワン戦略の枠組み」『産業経済研究所紀要』，24：pp.51-82。

朴美善（2017）「中国四川大地震―ペアリング支援型の工業復興を中心に」（藤本典嗣・厳成男・佐野孝治・吉高神明編著『グローバル災害復興論』中央経済社，2017年所収，pp.159-172）。

朴美善（2019）「中国における環境規制が企業の立地行動に与える影響」『国際地域学研究』（東洋大学国際学部），22：pp.73-91。

朴美善（2021）「中国内陸地域における都市化と企業立地環境の変化」『城西大学経済経営紀要』38：pp.1-21。

丸川知雄・梶谷懐著（2015）『超大国・中国のゆくえ４―経済大国化の軋みとインパクト』東京大学出版会。

マーシャル，A.著，馬場啓之助訳（1966）『経済学原理』東洋経済新報社。

三浦有史（2015）「都市化政策と戸籍制度改革は中国を救うか―着地点のみえない改革の行方」『JRIレビュー』，4(23)：pp.85-105。

宮本拓郎（2014）「環境規制の企業活動への影響」『ファイナンス』，2014(12)：73-78。

山口真美（2018）「地方政府の都市化戦略―富士康（フォックスコン）の内陸進出を事例に」（前掲岡本信広編『中国の都市化と制度改革』2018年，アジア経済研究所所収，pp.207-237）。

李強編著・蒋芳婧訳（2018）『多元的都市化と中国の発展』日本経済評論社。

渡部直樹・楊錦華（2005）「中国の改革開放政策と中国進出外国企業の経営戦略―TEDAにおける外国企業の分析を中心に」『三田商学研究』，48(4)：pp.147-168。

＜中国語＞

遅福林（2013）「人口の都市化における四つのキーワード」『上海証券報』，2013年８月13日版。

国務院（2019）『国務院発国家級経済技術開発区の革新促進と改革開放の新高地構築に向けた意見』，2019年５月18日。

傅京燕，李麗莎（2010）「FDI，環境規制与汚染避難所効応―基于中国省級数拠的経験分析」『公共管理』，7(3)：pp.65-76。

辜勝阻・呂勉（2013）「都市化をめぐる五つの要素」『経済日報』，2013年８月12日版。

賈馥冬・楊雪倫（2016）「産業園区から都市新区へ―天津経済技術開発区の第三回目の創業」『都市』，2016年３期。

李強（2013）「環境規制与産業結構調整―基于Baumol模型的理論分析与実証研究」『経済評論』，2013(5)：pp.100-107。

林季紅，劉瑩（2013）「内生的環境規制：汚染天堂仮説」在中国的再検験」『中国人口・資源与環境』，23(1)：pp.13-18。

劉巧玲，王奇，李鵬（2012）「我国汚染型産業及其区域分布変化趨勢」『生態経済』，2012(1)：pp.107-112。

王垚烽（2012）「公務員が何故フォックスコン労働者に代わって働くことになっているか」『新西部（上）』，2012(6)：p.5。

肖婷（2018）「中国製造業の地域間移転に関する研究」『合作経済と科学技術』，2018(8)：pp.6-７。

謝宝富（2013）「中国の都市化の進展は如何に束縛から脱出するか」『人民論壇』，2013(13)：pp.78-82.

楊麗・孫之淳（2015）「西部の新型都市化産業発展に存在する主要問題に関する研究」『現代化農業』，2015(9)：pp.37-40。

張雨微，呉航，劉航（2016）「中国対外能合作不存在汚染避難所効応－理論与実践依拠」『現代経済探討』，2016(4)：pp.78-82。

趙絵存（2019）「天津経済技術開発区の革新と発展の34年に対する回顧と展望」『天津経済』，296：pp.3-13。

鄭徳高・付磊・李新陽・陳烨（2011）「“ポスト震災復興時代”の北川発展経路について」『都市規画』，2011(2)：pp.110-114。

＜英語文献＞

BP.（2017），Statistical Review of World Energy, June 2017.

Copeland, B. R., and M. S. Taylor.（2003），*Trade and the Environment : Theory and Evidence,* Princeton : Princeton University Press.

Greenstone, M. (2002), "The impacts of Environmental Regulations on Industrial Activity : Evidence from the 1970 and 1977 Clean Air Act Amendments and the Census of Manufactures," *Journal of Political Economy*, 110(6), pp.1175-1219.

Henderson, J. V., (1996) "Effects of Air Quality Regulation," *The American Economic Review,* 86(4), pp.789-813.

Kirkpatrick, C., and K. Shimamoto. (2008), "The Effect of Environmental Regulation on the Locational Choice of Japanese Foreign Direct Investment," *Applied Economics*, 40, pp.1399-1409.

Lucas, R. E. B., D. Wheeler, and H. Hettige. (1992), "Economic Development, Environmental Regulation and the International Migration of Toxic Industrial Pollution : 1960-88," *World Development Report*, The World Bank Working Papers, 1062.

Marconi, D. (2012), "Environmental Regulation and Revealed Comparative Advantages in Europe : Is China a Pollution Haven?" *Review of International Economics*, 20(3), pp.616-635.

Palmer, K., W. Oates, and P. Portney. (1995), "Tightening Environmental Standards: The Benefit-Cost or the No-Cost Paradigm?" *Journal of Economic Perspectives*, 9(4), pp.119-132.

Porter, M. E. (1991), "America's green strategy," *Scientific American*, 264(4), p.168.

Porter, M. E., and C. van der Linde. (1995), "Green and Competitive : Ending the Stalemate" *Harvard Business Review*, September-October, pp.120-134.

索　引

さ　行

は　行

ま　行

ら　行

[著者紹介]

藤本典嗣(ふじもと のりつぐ) **第1章～第8章**

東洋大学国際学部教授。

1970年生まれ。2004年1月九州大学大学院経済学研究科博士学位取得（経済学)。2007年4月福島大学共生システム理工学類准教授，2016年4月東洋大学国際地域学部教授，2017年4月から東洋大学国際学部教授（学部改編のため）を経て現在に至る。この他，2015年10月からブリティッシュコロンビア大学客員准教授（カナダ，2016年3月まで)，2016年4月から福島大学FURE客員教授，現在に至る。なお，2017年5月から延辺大学客員教授（中国，2020年5月まで)。

朴　美善(ぼく　びぜん) **第9章～第12章**

城西大学経済学部助教。

1978年中国延辺朝鮮族自治州生まれ。2016年3月福島大学大学院共生システム理工学研究科博士学位（理工学）取得。2017年から東洋大学国際共生社会研究センター研究員，東洋大学非常勤講師を経て，2020年4月から現職，現在に至る。

東アジア・北米諸国の地域経済

――中枢管理機能・工業の立地と政策

2021年4月25日　第1版第1刷発行

著者　藤本典嗣
　　　朴　美善
発行者　山本　継
発行所　㈱中央経済社
発売元　㈱中央経済グループパブリッシング

〒101-0051　東京都千代田区神田神保町1-31-2
電話　03(3293)3371(編集代表)
　　　03(3293)3381(営業代表)
https://www.chuokeizai.co.jp
印刷／文唱堂印刷㈱
製本／㈲井上製本所

ISBN978-4-502-38221-5 C3033